NORBERT LIEDMEIER

Die Auslegung und Fortbildung arbeitsrechtlicher Kollektivverträge

Münsterische Beiträge zur Rechtswissenschaft

Herausgegeben im Auftrag der Rechtswissenschaftlichen Fakultät
der Westfälischen Wilhelms-Universität in Münster durch die Professoren
Dr. Hans-Uwe Erichsen Dr. Helmut Kollhosser Dr. Jürgen Welp

Band 53

Die Auslegung und Fortbildung arbeitsrechtlicher Kollektivverträge

Von

Norbert Liedmeier

Duncker & Humblot · Berlin

Die Deutsche Bibliothek – CIP-Einheitsaufnahme

Liedmeier, Norbert:
Die Auslegung und Fortbildung arbeitsrechtlicher Kollektivverträge / von Norbert Liedmeier. –
Berlin: Duncker und Humblot, 1991
(Münsterische Beiträge zur Rechtswissenschaft; Bd. 53)
Zugl.: Münster (Westfalen), Univ., Diss., 1991
ISBN 3-428-07213-8
NE: GT

D 6

Fotoprint: Werner Hildebrand, Berlin 65
Printed in Germany

ISSN 0935-5383
ISBN 3-428-07213-8

Vorwort

Die Arbeit hat im Wintersemester 1990/91 der Rechtswissenschaftlichen Fakultät der Westfälischen Wilhelms-Universität Münster als Dissertation vorgelegen. Rechtsprechung und Schrifttum sind bis Ende Februar 1991 berücksichtigt.

Herrn Professor Dr. Dr. h.c. (F) Wilfried Schlüter danke ich für die Betreuung der Arbeit. Er hat mir in großzügiger Weise Gelegenheit gegeben, die Schrift neben meiner Tätigkeit als wissenschaftlicher Mitarbeiter am Institut für Arbeits-, Wirtschafts- und Sozialrecht anzufertigen. Mein Dank gilt auch Herrn Professor Dr. Meinhard Heinze, der das Zweitgutachten erstattet hat.

Kleve, im März 1991

Norbert Liedmeier

Inhaltsverzeichnis

Abkürzungsverzeichnis 11

Einführung 15

A. Zweck der Untersuchung 15

B. Gegenstand der Untersuchung 18

C. Gang der Untersuchung 20

Erster Teil

Die Auslegung und Fortbildung von Tarifverträgen

Erster Abschnitt

Der normative Teil von Tarifverträgen

A. Die Auslegung von Tarifnormen 21

I. Die bisherigen Lösungsansätze 21

1. Die Rechtsprechung 21

a) Das Auslegungsziel 22

b) Die Auslegungskriterien 27

aa) Die einzelnen Kriterien 27

(1) Wortsinn und Bedeutungszusammenhang 27

(2) Die Vorstellungen der Tarifparteien bei Abschluß des Tarifvertrags 28

bb) Die Rangfolge der Auslegungskriterien 31

2. Das Schrifttum 32

a) Das Ziel der Auslegung 32

aa) Der erkennbare Wille der Tarifparteien als Auslegungsziel 33

bb) Der normative Sinn als Auslegungsziel 37

cc) Die Bedeutung der unterschiedlichen Bestimmung des Auslegungsziels 38

b) Die Auslegungskriterien 39

aa) Die Bedeutung eines Sondersprachgebrauchs 39

bb) Die Auslegung von Ausnahmevorschriften ... 40

cc) Die Bedeutung anderer Tarifverträge ... 40

dd) Die Berücksichtigung nur allgemein zugänglicher Quellen zur Entstehungsgeschichte ... 41

ee) Die Vernehmung von Zeugen zum Willen der Tarifparteien ... 41

ff) Unklarheitenregel zugunsten der Arbeitnehmerseite ... 42

II. Die eigene Konzeption ... 43

1. Das Ziel der Auslegung ... 45

a) Die Auslegung von Nicht-Normenverträgen anhand der §§ 133, 157 BGB ... 45

b) Die Anwendbarkeit der Auslegungsgrundsätze auf Tarifnormen ... 55

aa) Die Vergleichbarkeit der Sachverhalte ... 55

(1) Die gleiche Entstehung von Tarifverträgen und Nicht-Normenverträgen ... 55

(2) Die Vergleichbarkeit der Interessenlage ... 55

(a) Die Existenz eines schutzwürdigen Interesses Dritter an einer vom Willen der Tarifparteien abweichenden Erklärungsbedeutung ... 56

(aa) Die Interessen der Tarifunterworfenen ... 56

(-1-) Der Zugang zum Willen der Tarifparteien ... 57

(-a-) Die Verbandsmitglieder ... 57

(-b-) Die nach § 3 Abs. 2 TVG tarifgebundenen Arbeitnehmer ... 58

(-c-) Die aufgrund einer Allgemeinverbindlicherklärung tarifgebundenen Personen ... 59

(-d-) Zwischenergebnis ... 61

(-2-) Die Zumutbarkeit des Zugangs ... 61

(-3-) Zwischenergebnis ... 65

(bb) Die Interessen anderer Personen und Institutionen ... 65

(-1-) Die an einem Beitritt zu einer der Tarifparteien interessierten Personen ... 65

(-2-) Die Personen, deren Einzelarbeitsverträge auf den Tarifvertrag Bezug nehmen ... 66

(-3-) Die über die Allgemeinverbindlicherklärung entscheidenden Personen ... 66

(-4-) Zwischenergebnis ... 67

(b) Die Einbeziehung des Vertrauens auf den Vertragstext in die Auslegung ... 67

(3) Zwischenergebnis ... 68

bb) Verfassungsrechtliche Überlegungen ... 68

(1) Die Bedeutung des Willens der Tarifparteien ... 69

(2) Die Interessen dritter Normadressaten ... 71

(a) Der Regelungsgehalt des Rechtsstaatsprinzips ... 71

(aa) Die Bedeutung des Normtextes 71
(bb) Die Bedeutung von Umständen außerhalb des Normtextes 79
(cc) Die mangelnde Schutzbedürftigkeit der Normadressaten 80
(dd) Zwischenergebnis 81
(b) Die Bedeutung des Rechtsstaatsprinzips für die Auslegung von Tarifnormen 81
c) Sonderfall: Mit dem Vertragstext lassen sich mehrere Bedeutungen vereinbaren, die jedoch sämtlich nicht gewollt sind 86
d) Der Dissens der Tarifparteien 87
e) Zwischenergebnis 88
2. Das ausnahmsweise Fehlen eines schutzwürdigen Vertrauens der Normadressaten 90
a) Die Normadressaten kennen den Willen der Tarifparteien oder können ihn doch bei Anwendung der ihnen zumutbaren Sorgfalt erkennen 90
b) Die von den Tarifparteien gewollte Normbedeutung ist für die Normadressaten günstiger als die aus dem Vertragstext ersichtliche Bedeutung 92
3. Die Auslegungskriterien 94
a) Der Text des Tarifvertrags 95
aa) Der Wortsinn des auszulegenden Ausdrucks 95
(1) Allgemeiner und Sondersprachgebrauch 95
(2) Heutiger und damaliger Sprachgebrauch 97
(3) Der eindeutige Wortsinn 98
bb) Der tarifliche Bedeutungszusammenhang 99
b) Der Wille der Tarifparteien 101
B. Die Fortbildung von Tarifnormen 111
I. Die bisherigen Lösungsansätze 111
1. Die Rechtsprechung 111
a) Die Lücke als Voraussetzung der Fortbildung 111
aa) Die "bewußte" und die "unbewußte Tariflücke" 111
(1) Die "bewußte Tariflücke" 112
(2) Die "unbewußte Tariflücke" 113
bb) Die Lücke als planwidrige Unvollständigkeit 113
cc) Die Bedeutung der unterschiedlichen Beurteilung, wann eine ergänzungsbedürftige Unvollständigkeit vorliegt 114
b) Die Ausfüllung einer Tariflücke 115
2. Das Schrifttum 117
II. Die eigene Konzeption 121
1. Die generelle Zulässigkeit der Fortbildung 122
2. Die Lücke als Voraussetzung für die Fortbildung des Tarifvertrags 125
a) Die Lücke als planwidrige Unvollständigkeit 125

b) Die bloß unbewußte Unvollständigkeit 128
c) Das Fehlen einer Regelung als dem Regelungsplan am besten entsprechende Gestaltung 129
d) Das Eingreifen von Gesetzesrecht 133
e) Der bewußte Verzicht der Tarifparteien auf eine Regelung 133
3. Die Ausfüllung einer Lücke 134
4. Die Existenz mehrerer Gestaltungsmöglichkeiten 136
C. Die Auslegung und Fortbildung von Bestimmungen über die Geltung des Tarifvertrags 139

Zweiter Abschnitt

Der schuldrechtliche Teil von Tarifverträgen

A. Die in Rechtsprechung und Schrifttum vertretenen Auffassungen 140
B. Die eigene Konzeption 140

Zweiter Teil

Die Auslegung und Fortbildung von Betriebsvereinbarungen

Erster Abschnitt

Der normative Teil von Betriebsvereinbarungen

A. Überblick 144
I. Die Auslegung 144
II. Die Fortbildung 146
B. Die eigene Konzeption 146
I. Die Auslegung 146
1. Das Ziel der Auslegung 146
2. Die Auslegungskriterien 150
II. Die Fortbildung 152

Zweiter Abschnitt

Der schuldrechtliche Teil von Betriebsvereinbarungen

Zusammenfassung der wichtigsten Ergebnisse 154

Literaturverzeichnis 163

Entscheidungsregister 170

Abkürzungsverzeichnis

a.A.	anderer Ansicht
a.a.O.	am angegebenen Ort
Abs.	Absatz
AcP	Archiv für die civilistische Praxis, Zeitschrift
AG	Amtsgericht
AGBG, AGB-Gesetz	Gesetz zur Regelung des Rechts der Allgemeinen Geschäftsbedingungen (AGB-Gesetz) v. 9.12.1976 (BGBl. I S. 3317)
AktG	Gesetz über Aktiengesellschaften und Kommanditgesellschaften auf Aktien (Aktiengesetz) v. 6.9.1965 (BGBl. I S. 1089)
allg.	allgemein
Anm.	Anmerkung
AP	Arbeitsrechtliche Praxis
ArbGG	Arbeitsgerichtsgesetz i.d.F. v. 2.7.1979 (BGBl. I S. 853)
AR-Blattei	Arbeitsrecht-Blattei
ArbRSlg.	Arbeitsrechts-Sammlung (früher Entscheidungen des Reichsarbeitsgerichts und der Landesarbeitsgerichte, verlegt bei Bensheimer)
ArbuR	Arbeit und Recht, Zeitschrift
Art.	Artikel
Aufl.	Auflage
BAG	Bundesarbeitsgericht
BAT	Bundesangestelltentarifvertrag
BayObLG	Bayerisches Oberstes Landesgericht
BB	Der Betriebs-Berater, Zeitschrift
Bd.	Band
Beil.	Beilage
Bem.	Bemerkung
BenshSamml.	Entscheidungen des Reichsarbeitsgerichts und der Landesarbeitsgerichte, verlegt bei Bensheimer (später Arbeitsrechts-Sammlung)
BErzGG	Gesetz über die Gewährung von Erziehungsgeld und Erziehungsurlaub (Bundeserziehungsgeldgesetz) i.d.F. v. 25.7.89 (BGBl. I S. 1550)

Beschl.	Beschluß
BetrAVG	Gesetz zur Verbesserung der betrieblichen Altersversorgung v. 19.12.1974 (BGBl. I S. 3610)
BetrVG	Betriebsverfassungsgesetz i.d.F. v. 23.12.1988 (BGBl. 1989 I S. 1)
BFH	Bundesfinanzhof
BGB	Bürgerliches Gesetzbuch v. 18.8.1896 (RGBl. S. 195)
BGBl.	Bundesgesetzblatt
BGB-RGRK	Das Bürgerliche Gesetzbuch mit besonderer Berücksichtigung der Rechtsprechung des Reichsgerichts und des Bundesgerichtshofes, Kommentar
BGH	Bundesgerichtshof
BGHZ	Entscheidungen des Bundesgerichtshofes in Zivilsachen
Bl.	Blatt
BPersVG	Bundespersonalvertretungsgesetz v. 15.3.1974 (BGBl. I S. 693)
BUrlG	Mindesturlaubsgesetz für Arbeitnehmer (Bundesurlaubsgesetz) v. 8.1.1963 (BGBl. I S. 2)
BVerfG	Bundesverfassungsgericht
BVerwG	Bundesverwaltungsgericht
d.	der, des
DB	Der Betrieb, Zeitschrift
ders.	derselbe
d.h.	das heißt
dies.	dieselben
DM	Deutsche Mark
DNotZ	Deutsche Notar-Zeitschrift
DVO	Durchführungsverordnung
E	Entscheidung (in der amtlichen Sammlung)
Einl.	Einleitung
einschl.	einschließlich
erg.	ergänzend
EuGH	Gerichtshof der Europäischen Gemeinschaften
EWG-Vertrag	Vertrag zur Gründung der Europäischen Wirtschaftsgemeinschaft v. 25.3.1957 (BGBl. II S. 759)
EzA	Entscheidungssammlung zum Arbeitsrecht
f.	folgende (Seite)
FeiertagslohnzahlungsG	Gesetz zur Regelung der Lohnzahlung an Feiertagen v. 2.8.1951 (BGBl. I S. 479)
ff.	folgende
Fn.	Fußnote(n)

GBO	Grundbuchordnung i.d.F. v. 5.8.1935 (RGBl. S. 1073)
GenG	Gesetz betreffend die Erwerbs- und Wirtschaftsgenossenschaften i.d.F. v. 20.5.1898 (RGBl. S. 369, 810)
GewO	Gewerbeordnung i.d.F. v. 1.1.1978 (BGBl. I S. 97)
GG	Grundgesetz für die Bundesrepublik Deutschland v. 23.5. 1949 (BGBl. I S. 1)
ggf.	gegebenenfalls
GmbHG, GmbH-Gesetz	Gesetz betreffend die Gesellschaften mit beschränkter Haftung i.d.F. v. 20.5.1898 (RGBl. S. 369)
GmbH-Rdsch.	GmbH-Rundschau, Zeitschrift
i.d.F.	in der Fassung
JBl.	Juristische Blätter, Zeitschrift
JuS	Juristische Schulung, Zeitschrift
HausarbTagsG Nordrh.-Westf.	Gesetz über Freizeitgewährung für Frauen mit eigenem Hausstand v. 27.7.1948 (SGV NW S. 805)
JW	Juristische Wochenschrift, Zeitschrift
JZ	Juristen-Zeitung, Zeitschrift
Komm.	Kommentar
KSchG	Kündigungsschutzgesetz i.d.F. v. 25.8.1969 (BGBl. I S. 1317)
LAG	Landesarbeitsgericht
LAGE	Entscheidungen der Landesarbeitsgerichte
LM	Lindenmaier/Möhring, Nachschlagewerk des Bundesgerichtshofs
MTB	Mantel-Tarifvertrag für Arbeiter des Bundes
mtl.	monatlich
m. w. Nachw.	mit weiteren Nachweisen
NJW	Neue Juristische Wochenschrift, Zeitschrift
NJW-RR	NJW-Rechtsprechungs-Report Zivilrecht, Zeitschrift
Nr.	Nummer
NZA	Neue Zeitschrift für Arbeitsrecht
RAG	Reichsarbeitsgericht
RdA	Recht der Arbeit, Zeitschrift
Rdnr.	Randnummer(n)
RG	Reichsgericht
RGBl.	Reichsgesetzblatt
RGZ	Entscheidungen des Reichsgerichts in Zivilsachen
Rpfleger	Der Deutsche Rechtspfleger, Zeitschrift
RVO	Reichsversicherungsordnung i.d.F. v. 15.12.1924 (RGBl. I S. 779)
s.	siehe
S.	Seite(n)

SAE	Sammlung arbeitsrechtlicher Entscheidungen
SchwBeschG	Gesetz über die Beschäftigung Schwerbeschädigter i.d.F. v. 14.8.1961 (BGBl. I S. 1233)
SchwbG	Gesetz zur Sicherung der Eingliederung Schwerbehinderter in Arbeit, Beruf und Gesellschaft (Schwerbehindertengesetz) i.d.F. v. 26.8.1986 (BGBl. I S. 1421)
SGV NW	Sammlung des bereinigten Gesetz- und Verordnungsblattes für das Land Nordrhein-Westfalen
sog.	sogenannt
st. Rspr.	ständige Rechtsprechung
TOA	Tarifordnung für Angestellte
TVAL	Tarifvertrag für Angehörige alliierter Dienststellen
TVG	Tarifvertragsgesetz i.d.F. v. 25.8.1969 (BGBl. I S. 1323)
TVRatAng	Tarifvertrag über den Rationalisierungsschutz für Angestellte
u.a.	und andere
Urt.	Urteil
u.U.	unter Umständen
v.	vom, von
Verf.	Verfasser
VerwArch	Verwaltungsarchiv
vgl.	vergleiche
VVDStRL	Veröffentlichungen der Vereinigung der Deutschen Staatsrechtslehrer
wirkl.	wirklich
WG	Wechselgesetz v. 21.6.1933 (RGBl. I S. 399)
WM	Wertpapier-Mitteilungen, Zeitschrift
z.	zum
z.B.	zum Beispiel
ZfA	Zeitschrift für Arbeitsrecht
ZHR	Zeitschrift für das gesamte Handelsrecht und Wirtschaftsrecht
ZPO	Zivilprozeßordnung v. 30.1.1877 (RGBl. S. 83)
ZTR	Zeitschrift für Tarifrecht
zust.	zustimmend

Einführung

A. Zweck der Untersuchung

Die Auslegung und Fortbildung[1] arbeitsrechtlicher Kollektivverträge, vor allem der Tarifverträge, ist seit langem Gegenstand arbeitsrechtlicher Stellungnahmen. Die hierzu veröffentlichte Rechtsprechung läßt sich kaum mehr übersehen. In der Sammlung "Arbeitsrechtliche Praxis" sind schon unter dem Stichwort "§ 1 TVG Auslegung" 136 Entscheidungen des Bundesarbeitsgerichts abgedruckt. Im Sachverzeichnis der Sammlung finden sich zur "Auslegung von Tarifverträgen" zahlreiche weitere Entscheidungen. Das Schrifttum ist nicht minder umfangreich. Zwischen 1934 und 1990 sind zur Thematik allein fünf Monographien erschienen.[2]

Zwei Gründe sind dafür ursächlich, daß die Frage der Auslegung und Fortbildung arbeitsrechtlicher Kollektivverträge Rechtsprechung und Wissenschaft in diesem Ausmaß beschäftigt hat. Zunächst ist die Frage von herausragender praktischer Bedeutung. Einen Tarifvertrag oder eine Betriebsvereinbarung auszulegen, heißt, den Inhalt der Vereinbarung, die durch sie begründeten Rechte und Pflichten zu ermitteln.[3] Eine Inhaltsermittlung und damit eine Auslegung ist bei jedem Tarifvertrag und bei jeder Betriebsvereinbarung erforderlich, auch wenn das Vertragswerk noch so präzise gefaßt ist.[4] Die Präzision der Formulierungen erleichtert die Auslegung, macht sie aber nicht entbehrlich. Schwierigere Fragen der Ausle-

---

[1] In Anlehnung an die Terminologie, die bei Nicht-Normenverträgen verbreitet ist, wird anstelle von Fortbildung auch von ergänzender (Vertrags-) Auslegung gesprochen, vgl. etwa *Mayer-Maly*, RdA 1988, 136.

[2] Vgl. *Miltrup*, Die Auslegung von Tarifverträgen, Köln 1934; *Schwerin*, Die Auslegung von Tarifnormen, Kiel 1934; *Achilles*, Der tatsächliche Parteiwille bei der Auslegung von Tarifverträgen, Köln 1967; *Ananiadis*, Die Auslegung von Tarifverträgen, Berlin 1974; *Brötzmann*, Probleme bei der Auslegung von Tarifvertragsnormen, Frankfurt am Main u.a. 1990.

[3] *Buchner*, AR-Blattei, [D] Tarifvertrag IX Auslegung, A I.

[4] *Herschel*, Festschrift für Erich Molitor, S. 161, 166; *Achilles*, Der tatsächliche Parteiwille bei der Auslegung von Tarifverträgen, S. 54 ff.

gung, aber auch der Fortbildung treten freilich meist erst auf, wenn der Vertragstext eine Unklarheit aufweist. Auch wenn sich die Präzision der Formulierungen zumindest in Tarifverträgen nach den Feststellungen *Herschels*[5] im Laufe der Jahre gebessert hat, sind Unklarheiten in Tarifverträgen und Betriebsvereinbarungen auch heute noch weit verbreitet. Ganz werden sie sich wegen der Unzulänglichkeiten und Mängel der menschlichen Sprache nie vermeiden lassen.[6] Dasselbe gilt für Unklarheiten, die darauf zurückgehen, daß sich die wirtschaftlichen oder rechtlichen Verhältnisse seit dem Vertragsschluß geändert haben.[7] Nicht selten beruht eine Unklarheit jedoch allein darauf, daß es die Tarifparteien bei einer als unklar erkannten Stelle haben bewenden lassen, um zu einer (zügigen[8]) Einigung zu gelangen oder um das Zustandekommen des Tarifvertrags nicht zu gefährden.[9]

Der zweite Grund dafür, daß Fragen der Auslegung und Fortbildung arbeitsrechtlicher Kollektivverträge so viel Beachtung gefunden haben, ist die janusköpfige Erscheinung dieser Verträge: Einerseits entstehen sie wie jeder andere Vertrag dadurch, daß zumindest zwei Personen übereinstimmende Willenserklärungen abgeben. Andererseits geht ihre Wirkung über die der sonstigen Verträge hinaus. Nach §§ 1 Abs. 1, 4 Abs. 1 TVG sowie § 77 Abs. 4 BetrVG enthalten Tarifverträge und Betriebsvereinbarungen unmittelbar und zwingend wirkende Rechtsnormen. Sie entfalten damit eine gesetzesgleiche Wirkung. Mit ihrer vertraglichen Entstehung und ihrer gesetzesgleichen Wirkung vereinen die arbeitsrechtlichen Kollektivverträge rechtsgeschäftliche und normative Elemente in sich. An diesem Umstand entzündet sich seit jeher der Streit, ob ihre Auslegung und Fortbildung den für Gesetze oder den für Rechtsgeschäfte geltenden Regeln zu folgen hat.

---

[5] Anm. zu BAG, AP Nr. 119 zu § 1 TVG.

[6] *Gern*, VerwArch 1989, 415, 416.

[7] So bereits *Miltrup*, Die Auslegung von Tarifverträgen, S. 9.

[8] Auf die Zeitnot der Tarifparteien weisen *Herschel*, Festschrift für Erich Molitor, S. 161, 169 f.; *ders.*, ArbuR 1976, 1; *Achilles*, Der tatsächliche Parteiwille bei der Auslegung von Tarifverträgen, S. 57, 94; *Joachim*, Anm. zu BAG, AP Nr. 9 zu § 1 TVG: Rundfunk, sowie *Neumann*, ArbuR 1985, 320, hin.

[9] *Herschel*, Festschrift für Erich Molitor, S. 161, 170; *ders.*, ArbuR 1976, 1; *ders.*, Anm. zu BAG, AP Nr. 119 zu § 1 TVG Auslegung; *Achilles*, Der tatsächliche Parteiwille bei der Auslegung von Tarifverträgen, S. 57, 94; *Neumann*, ArbuR 1985, 320; *Joachim*, Anm. zu BAG, AP Nr. 9 zu § 1 TVG Tarifverträge: Rundfunk; *Zilius* in Hagemeier/Kempen/Zachert/Zilius, TVG, Einleitung Rdnr. 225. Die beiden letztgenannten führen noch weitere Ursachen für etwaige Unklarheiten auf.

Gemeinhin wird für beide Regelungskreise angenommen, daß sie sich wesentlich voneinander unterscheiden.[10]

Der Umstand, daß bis heute nicht abschließend geklärt ist, ob die für Gesetze oder die für Rechtsgeschäfte geltenden Regeln anzuwenden sind, zeigt, daß trotz der umfangreichen Beschäftigung mit Fragen der Auslegung und Fortbildung arbeitsrechtlicher Kollektivverträge wesentliche Fragen noch offen sind. Zu dem Problem der Zuordnung zur Rechtsgeschäfts- oder Gesetzesauslegung treten viele wichtige Einzelfragen, zu denen sich noch keine gefestigte Auffassung hat bilden können. So hat es das Bundesarbeitsgericht 1984 für notwendig befunden, die Rangfolge der von ihm aufgestellten Auslegungskriterien neu zu definieren.[11] In bezug auf die Fortbildung von Tarifverträgen hat sich das Gericht erst in den letzten Jahren dafür entschieden, sie mit Rücksicht auf die Autonomie der Tarifparteien diesen zu überlassen, wenn mehrere Gestaltungsmöglichkeiten zur Verfügung stehen. Das bedeutet freilich nicht, daß es sich in allen neueren Entscheidungen an dieses Prinzip gehalten hat.[12]

Im Schrifttum werden Fragen der Auslegung und Fortbildung arbeitsrechtlicher Kollektivverträge ebenfalls kontrovers diskutiert: Im Vordringen begriffen ist der Gedanke, daß die durch Art. 9 Abs. 3 GG geschützte Autonomie der Tarifparteien als grundsätzliches Auslegungsziel den Willen der Tarifparteien vorgibt. *Däubler/Hege*[13] und *Zilius*[14] vertreten diesen Standpunkt mit der - vom übrigen Schrifttum und der Rechtsprechung nicht geteilten - Maßgabe, daß der Wille der Tarifparteien sogar dann bestimmend ist, wenn er im Tarifvertrag keinen Ausdruck gefunden hat. Zur Meinungsvielfalt hat unlängst auch *Brötzmann*[15] beigetragen, indem er einen aus der ersten Hälfte dieses Jahrhunderts stammenden Gedanken wiederbelebt hat. Nach seiner Auffassung dürfen bei der Auslegung von Tarifverträgen aus Vertrauensschutzgesichtspunkten nur allgemein zugängliche Quellen zur Entstehungsgeschichte des jeweiligen Tarifvertrags herangezogen werden.

---

[10] Vgl. etwa *Larenz*, Methodenlehre der Rechtswissenschaft, S. 286 ff., 298 ff.

[11] Urt. v. 12.9.84 - 4 AZR 336/82, E 46, 308 = AP Nr. 135 zu § 1 TVG Auslegung.

[12] Abweichend Urt. v. 14.12.82 - 3 AZR 251/80, BAG 41, 163, 171 f. = AP Nr. 1 zu § 1 BetrAVG Besitzstand.

[13] Tarifvertragsrecht, Anm. 82 ff.

[14] In Hagemeier/Kempen/Zachert/Zilius, TVG, Einleitung Rdnr. 239 f.

[15] Probleme bei der Auslegung von Tarifvertragsnormen, S. 69 f., 151.

Heftig umstritten ist weiter die auf *Wiedemann*[16] zurückgehende Annahme, Tarifnormen seien im Zweifel zugunsten der Arbeitnehmerseite auszulegen.

Die vorliegende Untersuchung geht auf die angeführten Streitfragen ein und bemüht sich darum, sie befriedigenden Lösungen zuzuführen. Das geschieht im Rahmen des Versuchs, eine geschlossene Konzeption zur Auslegung und Fortbildung arbeitsrechtlicher Kollektivverträge zu entwickeln. Diese Konzeption soll es ermöglichen, Antworten auch auf weitere Fragen zu finden. Die Untersuchung wird sich in begrenztem Umfang auch damit befassen müssen, wie (andere) Rechtsgeschäfte und Gesetze auszulegen sind. Nur auf diese Weise läßt sich feststellen, ob die insoweit geltenden Regeln wirklich so unterschiedlich sind, daß für die Auslegung und Fortbildung arbeitsrechtlicher Kollektivverträge zu entscheiden ist, welchem von beiden Regelwerken zu folgen oder ob gar ein dritter Weg vonnöten ist.

B. Gegenstand der Untersuchung

Die Untersuchung beschäftigt sich mit Fragen der Auslegung und Fortbildung. Auslegung und Fortbildung sind hierbei als zwei voneinander verschiedene Stufen desselben gedanklichen Verfahrens zu verstehen,[17] das die Anwendung eines Regelwerks vorbereitet. Beide unterscheiden sich dadurch, daß die Auslegung darauf abzielt, das zu ermitteln, was im Vertrag bereits geregelt ist, während es der Fortbildung darum geht, eine noch nicht existierende Regel zu schaffen, die durch die vorhandenen Regelungen lediglich vorgezeichnet ist.[18]

Von Auslegung und Fortbildung sind verschiedene, ihnen in mancher Hinsicht nahestehende Verfahren zu trennen. Das gilt zunächst für die Berichtigung von Schreib- und Druckfehlern. Für Gesetze ist anerkannt, daß Fehler, die sich einstellen, nachdem der Normgeber zum Ausdruck gebracht hat, die ihm vorliegende Fassung in Kraft treten lassen zu wollen, im Wege einer Textkritik berichtigt werden können, die der Auslegung vorangeht.[19] Dementsprechend ist für arbeitsrechtliche Kollektivverträge unstreitig, daß

---

[16] Anm. zu BAG, AP Nr. 17, 18 zu § 1 TVG Tarifverträge: Bau.

[17] So *Larenz*, Methodenlehre der Rechtswissenschaft, S. 351; zur Ähnlichkeit beider Schritte vgl. auch *Herschel*, Festschrift für Erich Molitor, S. 161, 162.

[18] Zu den Unterschieden vgl. auch *Kelsen*, Reine Rechtslehre, S. 102.

[19] *Nipperdey* in Enneccerus/Nipperdey, Allgemeiner Teil des Bürgerlichen Rechts, 1. Halbbd., § 52, S. 322; *Denecke* in BGB-RGRK, Einl. Allg. Teil Anm. 13.

die sog. Textkritik bei Fehlern möglich ist, die sich nach Unterzeichnung durch die Tarif- oder Betriebspartner eingeschlichen haben.[20] Nach Auffassung von *Herschel*[21] soll dasselbe für offenbare Unrichtigkeiten gelten, die bereits vor der Unterzeichnung entstanden sind. Dagegen spricht jedoch, daß die Tarif- oder Betriebspartner den Text, der ihnen vorgelegen hat, mitsamt seiner Unrichtigkeiten durch ihre Unterschrift sanktioniert haben.[22] Wirksam geworden ist deshalb die Norm in ihrer "unrichtigen" Fassung. Sie ist Gegenstand von Auslegung und Fortbildung. Nur im Rahmen dieser Verfahren darf der wahre Sinn des betreffenden Ausdrucks oder der Wortverbindung berücksichtigt werden.[23]

Diese Beschränkung liegt auch im Interesse der Normadressaten. Für sie ist ein schützenswertes Vertrauen auf den "unrichtigen" Text denkbar. Dieses Vertrauen würde, wenn die einfache Berichtigung im Wege der Textkritik zulässig wäre, ignoriert. Anders verhält es sich, wenn man eine eventuelle Berücksichtigung des wahren Sinns der Auslegung und Fortbildung des Vertrags vorbehält. Im Rahmen dieser Verfahren sind, wie noch zu zeigen ist,[24] Vertrauensgesichtspunkte von wesentlicher Bedeutung.

Von Auslegung und Fortbildung sind weiter Fragen der Wirksamkeit des Vertrags zu unterscheiden.[25] Ihnen wird in der vorliegenden Untersuchung nicht nachgegangen. Das schließt freilich nicht aus, daß die Überlegungen zu Ausbildung und Fortbildung zugleich eine Antwort auf manche Wirksamkeitsfragen geben.[26] Die Frage der Wirksamkeit ist ferner dadurch mit Auslegung und Fortbildung verknüpft, daß die Teilnichtigkeit eines Vertrags

---

[20] *Herschel*, Festschrift für Erich Molitor, S. 161; *Achilles*, Der tatsächliche Parteiwille bei der Auslegung von Tarifverträgen, S. 32.

[21] Festschrift für Erich Molitor, S. 161.

[22] So auch *Achilles*, Der tatsächliche Parteiwille bei der Auslegung von Tarifverträgen, S. 32; den Gesichtspunkt der Sanktionierung hat auch das RG in einer Entscheidung vom 16.2.1898 (Rep. I. 376/97, RGZ 41, 32, 34) betont.

[23] Diesen Gesichtspunkt heben auch *Achilles*, Der tatsächliche Parteiwille bei der Auslegung von Tarifverträgen, S. 32, *Nipperdey* in Enneccerus/Nipperdey, Allgemeiner Teil des Bürgerlichen Rechts, 1. Halbbd., § 52, S. 322, und *Denecke* in BGB-RGRK, Einl. Allg. Teil Anm. 13, hervor.

[24] Vgl. S. 55 ff., 71 ff. und 127 f.

[25] Darauf weist auch *Bettermann* (Die verfassungskonforme Auslegung - Grenzen und Gefahren, S. 21 f.) hin.

[26] Hierzu auf S. 67 f., 75 f. und vor allem auf S. 87 f.

eine Lücke zur Folge haben kann, die im Wege der Fortbildung zu schließen ist.[27]

Von der Fortbildung muß schließlich die Anwendung der Regeln über das Fehlen oder den Fortfall der Geschäftsgrundlage getrennt werden. Der Fortbildung geht es darum, eine zwar fehlende, im Regelwerk aber bereits vorgezeichnete Regelung zu verwirklichen. Demgegenüber soll in den Fällen des Fehlens oder des Wegfalls der Geschäftsgrundlage eine grobe Unbilligkeit, als die sich die unveränderte Durchführung des Regelwerks darstellen würde, vermieden werden.[28] Dasselbe Regelwerk, das die Fortbildung erst zu verwirklichen sucht, wird hier aus Billigkeitsgründen abgeändert. Eine solche Korrektur kommt erst in Betracht, wenn feststeht, daß das Regelwerk den an ihn gestellten Anforderungen nicht genügt. Da sich das erst feststellen läßt, nachdem die auf die Verwirklichung des Regelwerks abzielenden Verfahren der Auslegung und Fortbildung ausgeschöpft sind, gehen beide der Anwendung der Lehre vom Fehlen und vom Fortfall der Geschäftsgrundlage vor.[29]

C. Gang der Untersuchung

Die Untersuchung ist so aufgebaut, daß zunächst die Auslegung und Fortbildung von Tarifverträgen, hier erst der Tarifnormen, dann auch des schuldrechtlichen Teils, behandelt wird. Anschliessend wird in gleicher Weise auf die Betriebsvereinbarungen eingegangen.

In den einzelnen Abschnitten wird zunächst ein Überblick über den bisherigen Meinungsstand gegeben. Anschließend wird in Auseinandersetzung mit den vorgetragenen Argumenten eine eigene Konzeption entwickelt.

---

[27] Vgl. S. 115 und 128 f.

[28] *Larenz*, Allgemeiner Teil des deutschen Bürgerlichen Rechts, § 29 I, S. 545.

[29] So auch BGH, Urt. v. 28.2.90 - 7 AZR 143/89, DB 1990, 1923, 1926; *Manfred Wolf* in Soergel, BGB, § 157 Rdnr. 108.

Erster Teil

Die Auslegung und Fortbildung von Tarifverträgen

Erster Abschnitt

Der normative Teil von Tarifverträgen

A. Die Auslegung von Tarifnormen

I. Die bisherigen Lösungsansätze

1. Die Rechtsprechung

Das Reichsarbeitsgericht zog für die Auslegung sämtlicher Bestimmungen eines Tarifvertrags die Grundsätze heran, die für die Auslegung von Willenserklärungen gelten.[30] Im Unterschied dazu stellt das Bundesarbeitsgericht seinen Ausführungen zur Auslegung von Tarifnormen zumeist den Satz voran, daß Tarifverträge in ihrem normativen Teil objektives Recht darstellten[31] und daher wie Gesetze auszulegen seien.[32] Das Gericht setzt sich dann

---

[30] RAG, Urt. v. 4.1.28 - 21/27, BenshSammI. 2, 59, 61 f.; Urt. v. 29.9.28 - 88/28, E 2, 235, 238 f; Urt. v. 23.9.33 - 107/33 - ArbRSlg. 19, 29, 30.

[31] Urt. v. 10.9.62 - 5 AZR 367/61, AP Nr. 115 zu § 1 TVG Auslegung.

[32] So erstmals BAG, Urt. v. 2.6.61 - 1 AZR 573/59, E 11, 135, 137 f. = AP Nr. 68 zu Art. 3 GG; aus neuerer Zeit Urt. v. 12.9.84 - 4 AZR 336/82, E 46, 308 = AP Nr. 135 zu § 1 TVG Auslegung; Urt. v. 30.4.87 - 6 AZR 428/84, E 55, 255, 260 = AP Nr. 3 zu § 23 SchwbG; Urt. v. 30.4.87 - 6 AZR 644/84, E 55, 246, 251 = AP Nr. 2 zu § 1 TVG Ausbildungsverhältnis; Urt. v. 14.5.87 - 6 AZR 555/85, AP Nr. 46 zu § 611 BGB Ärzte, Gehaltsansprüche; Urt. v. 25.11.87 - 4 AZR 403/87, AP Nr. 18 zu § 1 TVG Auslösung; Urt. v. 8.11.88 - 1 AZR 721/87, AP Nr. 48 zu § 112 BetrVG 1972; Urt. v. 24.11.88 - 6 AZR 243/87, AP Nr. 127 zu § 611 BGB Gratifikation; Urt. v. 10.5.89 - 6 AZR 660/87, EzA § 16 BErzGG Nr. 2; Urt. v. 29.6.89 - 6 AZR 459/88, EzA § 4 TVG Ausschlußfristen Nr. 78; Urt. v. 7.12.89 - 6 AZR 324/88, EzA § 4 TVG Bekleidungsindustrie Nr. 4; ebenso LAG Baden-Württemberg, Beschl. v. 7.11.89 - 8 TaBV 2/89, LAGE § 4 TVG Metallindustrie Nr. 19.

aber nicht - wie man das erwarten könnte - mit den für die Gesetzesauslegung vertretenen Regeln auseinander. Vor allem läßt es unbeachtet, daß namentlich das Ziel der Auslegung von Gesetzen bis heute nicht abschließend geklärt ist. So halten das Bundesverfassungsgericht,[33] der Bundesgerichtshof[34] und im Schrifttum etwa *Larenz*[35] einen normativen Sinn des Gesetzes für maßgebend, während z.B. *Säcker*[36] auf den realen Willen des historischen Gesetzgebers abstellt. Statt sich mit diesem Streit zu beschäftigen, stellt das Bundesarbeitsgericht zu Ziel und Kriterien der Auslegung von Tarifnormen eigenständige Überlegungen an.

a) Das Auslegungsziel

Die Frage nach dem Auslegungsziel beantwortet das Gericht im wesentlichen einheitlich. In seinen Entscheidungen heißt es - entgegen einer im Schrifttum verbreiteten Annahme[37] nicht erst in neuerer Zeit - , die Auslegung habe sich "nach dem ... Willen der Tarifvertragsparteien ... zu richten".[38] Diese Formulierung deutet darauf hin, daß es dem Gericht um die

---

[33] Urt. v. 21.5.52 - 2 BvH 2/52, E 1, 299, 312; bestätigt durch Beschl. v. 12.11.58 - 2 BvL 4, 26, 40/56, 1, 7/57, E 8, 274, 307; Beschl. v. 15.12.59 - 1 BvL 10/55, E 10, 234, 244; Beschl. v. 17.5.60 - 2 BvL 11/59, 11/60, E 11, 126, 129 ff; Beschl. v. 11.1.66 - 2 BvR 424/63, E 19, 354, 362.

[34] Urt. v. 7.7.60 - VIII ZR 215/59, BGHZ 33, 321, 330; Beschl. v. 15.2.62 - KVR 1/61, BGHZ 36, 370, 377; Urt. v. 21.3.62 - IV ZR 251/61, BGHZ 37, 58, 60; Urt. v. 30.6.66 - KZR 5/65, BGHZ 46, 74, 76.

[35] Methodenlehre der Rechtswissenschaft, S. 301 ff.

[36] Münchener Kommentar zum BGB, Bd. 1, Einleitung Rdnr. 105 ff.

[37] Vgl. etwa *Blank*, NZA Beil. 2/1988, S. 9, 13.

[38] So wörtlich Urt. v. 11.12.74 - 4 AZR 108/74 - AP Nr. 124 zu § 1 TVG Auslegung; sinngemäß z.B. auch Urt. v. 8.2.61 - 4 AZR 14/59, AP Nr. 105 zu § 1 TVG ("Bei der Auslegung einer Tarifnorm ... ist der wirkl. Wille zu erforschen"); Urt. v. 24.5.61 - 4 AZR 96/60, AP Nr. 107 zu § 1 TVG Auslegung ("Bei Beantwortung der Frage, welche Bedeutung dieser Vorschrift nach dem Willen der TVParteien zukommt, ..."); Urt. v. 7.2.79 - 4 AZR 562/77, AP Nr. 8 zu § 1 TVG Tarifverträge: Rundfunk ("Für die Tarifauslegung ist in erster Linie der Wille der Tarifvertragsparteien maßgebend ... "); Urt. v. 26.4.66 - 1 AZR 242/65, E 18, 278 = AP Nr. 117 zu § 1 TVG Auslegung (" Für die Tarifvertragsauslegung ist der Wille der Tarifpartner maßgeblich, ..."); Urt. v. 12.9.84 - 4 AZR 336/82, E 46, 308 = AP Nr. 135 zu § 1 TVG Auslegung; Urt. v. 24.9.86 - 4 AZR 400/85, AP Nr. 2 zu § 2 BAT; Urt. v. 30.4.87 - 6 AZR 428/84, E 55, 255, 260 = AP Nr. 3 zu § 23 SchwbG; Urt. v. 30.4.87 - 6 AZR 644/84, E 55, 246, 251 = AP Nr. 2 zu § 1 TVG Ausbildungsverhältnis; Urt. v. 14.5.87 - 6 AZR 555/85, AP Nr. 46 zu § 611 BGB Ärzte, Gehaltsansprüche; Urt. v. 25.11.87 - 4 AZR 403/87, AP Nr. 18 zu § 1 TVG Auslösung; Urt. v. 17.3.88 - 6 AZR 634/86, E 58, 31, 33 = AP Nr. 1 zu § 2

Ermittlung des realen Willens des historischen Normgebers, also um den Willen der Tarifparteien (genauer: der an den Tarifverhandlungen beteiligten Personen[39]), geht. Dasselbe gilt für die verschiedentlich zu findende Annahme, § 133 BGB sei bei der Auslegung von Tarifverträgen (entsprechend) anwendbar.[40]

Damit der Wille der Tarifparteien bestimmend ist, muß er jedoch - so das Bundesarbeitsgericht - für Dritte erkennbar seinen Niederschlag in den Tarifnormen gefunden haben.[41] Das Gericht hat diese Einschränkung mit den als rechtsstaatlich empfundenen[42] Grundsätzen der Rechtsklarheit und Rechtssicherheit begründet.[43] Tarifverträge seien nicht nur für die am Ver-

---

TVRatAng; Urt. v. 7.12.89 - 6 AZR 322/88, EzA § 4 TVG Metallindustrie Nr. 66 ("Bei der ... Tarifauslegung steht der Wille der Tarifvertragsparteien im Vordergrund"). Zurückhaltender formuliert das LAG Baden-Württemberg (Beschl. v. 7.11.89 - 8 TaBV 2/89, LAGE § 4 TVG Metallindustrie Nr. 19), "der wirkliche Wille der Tarifvertragsparteien" sei "mitzuberücksichtigen".

[39] BAG, Urt. v. 7.12.89 - 6 AZR 322/88, EzA § 4 TVG Metallindustrie Nr. 66.

[40] BAG, Urt. v. 22.6.56 - 1 AZR 116/54, E 3, 52, 54 = AP Nr. 11 zu § 611 BGB Urlaubsrecht; Urt. v. 26.9.57 - 2 AZR 148/55, AP Nr. 10 zu § 1 TVG Auslegung; Urt. v. 18.12.58 - 2 AZR 24/56, AP Nr. 4 zu § 293 ZPO; Urt. v. 22.1.60 - 1 AZR 449/57, AP Nr. 96 zu § 1 TVG Auslegung; Urt. v. 8.2.61 - 4 AZR 14/59, AP Nr. 105 zu § 1 TVG Auslegung; Urt. v. 10.9.62 - 5 AZR 367/61, AP Nr. 115 zu § 1 TVG Auslegung; Urt. v. 19.6.63 - 4 AZR 125/62, AP Nr. 116 zu § 1 TVG Auslegung; Urt. v. 9.7.80 - 4 AZR 560/78, AP Nr. 2 zu § 1 TVG Tarifverträge: Seeschiffahrt; Urt. v. 24.11.88 - 6 AZR 243/87, AP Nr. 127 zu § 611 BGB Gratifikation.

[41] St.Rspr., so bereits in Urt. v. 27.3.57 - 4 AZR 22/55, E 4, 86, 89 = AP Nr. 3 zu § 1 TVG Auslegung; aus neuerer Zeit Urt. v. 12.9.84 - 4 AZR 336/82, E 46, 308 = AP Nr. 135 zu § 1 TVG Auslegung; Urt. v. 14.5.87 - 6 AZR 555/85, AP Nr. 46 zu § 611 BGB Ärzte, Gehaltsansprüche; Urt. v. 25.11.87 - 4 AZR 403/87, AP Nr. 18 zu § 1 TVG Auslösung; Urt. v. 24.2.88 - 4 AZR 614/87, E 57, 334, 339 = AP Nr. 2 zu § 1 TVG Tarifverträge: Schuhindustrie; Urt. v. 17.3.88 - 6 AZR 634/86, E 58, 31, 33 = AP Nr. 1 zu § 2 TVRatAng; Urt. v. 24.11.88 - 6 AZR 243/87, AP Nr. 127 zu § 611 BGB Gratifikation; Urt. v. 10.5.89 - 6 AZR 660/87, EzA § 16 BErzGG Nr. 2; Urt. v. 29.6.89 - 6 AZR 459/88, EzA § 4 TVG Ausschlußfristen Nr. 78; Urt. v. 7.12.89 - 6 AZR 324/88, EzA § 4 TVG Bekleidungsindustrie; LAG Baden-Württemberg, Beschl. v. 7.11.89 - 8 TaBV 2/89, LAGE § 4 TVG Metallindustrie Nr. 19.

[42] Urt. v. 10.9.80 - 4 AZR 719/78, AP Nr. 125 zu § 1 TVG Auslegung.

[43] Urt. v. 27.3.57 - 4 AZR 22/55, E 4, 86, 89 = AP Nr. 3 zu § 1 TVG Auslegung; Urt. v. 27.11.58 - 2 AZR 9/58, E 7, 81 = AP Nr. 69 zu § 1 TVG Auslegung; Urt. v. 26.4.66 - 1 AZR 242/65, E 18, 278 = AP Nr. 117 zu § 1 TVG Auslegung; Urt. v. 11.12.74 - 4 AZR 108/74, AP Nr. 124 zu § 1 TVG Auslegung (hier nur auf die Rechtssicherheit abstellend); Urt. v. 10.9.80 - 4 AZR 719/78, AP Nr. 125 zu § 1 TVG Auslegung; Urt. v. 25.8.82 - 4 AZR 1072/79, E 40, 86, 95 = AP Nr. 9 zu § 1 TVG Auslösung; Urt. v. 9.3.83 - 4 AZR 61/80, E 42, 86, 93 = AP Nr. 128 zu § 1 TVG Auslegung; Urt. v. 8.2.84 - 4 AZR 158/83, E 45, 121, 126 f. = AP Nr. 134 zu § 1 TVG Auslegung.

tragsschluß beteiligten Tarifparteien von Bedeutung. In erster Linie beträfen sie unbeteiligte Dritte, vor allem die tarifgebundenen Mitglieder der vertragschließenden Verbände, die in der Lage sein sollten, den Tarif ohne Schwierigkeiten zu verstehen und anzuwenden. Dieses Ziel würde verfehlt, wenn die Tarifadressaten, deren Zahl nicht einmal feststehe,[44] im Einzelfall Überlegungen und Ermittlungen anstellen müßten, aus welchen im Tarif nicht zum Ausdruck gebrachten Beweggründen eine bestimmte Regelung getroffen worden sei.[45] Ergänzend hat das Bundesarbeitsgericht auf das Schriftformerfordernis für Tarifverträge (§ 1 Abs. 2 TVG) abgestellt, das wesentliche Voraussetzung für die Rechtsklarheit von Tarifverträgen sei.[46]

In der Regel dürfte mit dem Erfordernis des Niederschlags gemeint sein, daß es genüge, wenn der Wille einen auch nur unvollkommenen oder zweideutigen Ausdruck im Tarifvertrag gefunden hat.[47] Für den Fall, daß in bereits erworbene Rechtspositionen von Arbeitnehmern eingegriffen wird, verlangt das Bundesarbeitsgericht allerdings, der Wille der Tarifparteien müsse im Tarifvertrag klar und eindeutig seinen Ausdruck gefunden haben.[48] Dasselbe soll gelten, wenn bestimmten Arbeitnehmern tarifliche

---

[44] Hierauf abstellend Urt. v. 7.11.69 - 3 AZR 9/69, AP Nr. 1 zu § 18 MTB II.

[45] Urt. v. 27.3.57 - 4 AZR 22/55, E 4, 86, 89 = AP Nr. 3 zu § 1 TVG Auslegung; ähnlich Urt. v. 26.4.66 - 1 AZR 242/65, E 18, 278, 282 = AP Nr. 117 zu § 1 TVG Auslegung; Urt. v. 8.2.84 - 4 AZR 158/83, E 45, 121, 126 f. = AP Nr. 134 zu § 1 TVG Auslegung (" Klarstellungsfunktion für die Tarifunterworfenen").

[46] Urt. v. 26.4.66 - 1 AZR 242/65, E 18, 278 = AP Nr. 117 zu § 1 TVG Auslegung.

[47] So ausdrücklich BAG, Urt. v. 10.10.57 - 2 AZR 48/55, E 5, 323, 329 f. = AP Nr. 12 zu § 1 TVG Auslegung; Urt. v. 18.12.58 - 2 AZR 24/56, AP Nr. 4 zu § 293 ZPO; ebenso die vom Reichsgericht sowie vom Bundesgerichtshof vertretene sog. Andeutungstheorie, nach der bei einer formbedürftigen Willenserklärung der wirkliche Wille des Erklärenden nur dann von Bedeutung ist, wenn er in der Erklärung "irgendeinen, wenn auch noch so unvollkommenen Ausdruck gefunden hat, vgl. RG, Urt. v. 6.4.05 - 494/04 IV., JW 1905, 336; Urt. v. 13.6.25, 447/24 V., JW 1925, 2237; Urt. v. 12.2.37 - III 105/36, RGZ 154, 41, 44 f. ; BGH, Urt. v. 27.5.57 - VII ZR 410/56, WM 1957, 1222; Urt. v. 1.7.68 - III ZR 214/65, DB 1969, 170, 171; Urt. v. 20.12.74 - V ZR 132/73, BGHZ 63, 359, 362; Beschl. v. 9.4.81 - IV a B 4/80, BGHZ 80, 242, 244; Urt. v. 25.3.83 - ZR 268/81, BGHZ 87, 150, 154; sogar ohne Beschränkung auf formbedürftige Willenserklärungen RG, Urt. v. 3.4.39 - IV 165/38, RGZ 160, 109, 111 sowie *Nipperdey* in Enneccerus/Nipperdey, Allgemeiner Teil des Bürgerlichen Rechts, 2. Halbbd., § 205 I 4, S. 1250 f.

[48] Urt. v. 17.9.57 - 1 AZR 312/56, AP Nr. 4 zu § 1 TVG Auslegung - der darüber hinausgehende Leitsatz der Entscheidung, daß bei einer Tarifnorm, die mehrere Auslegungen zulasse, die weitergehende und dem Arbeitnehmer ungünstige Auslegung unterbleiben müsse, wird von den Entscheidungsgründen nicht gedeckt; Urt. v. 27.11.58 - 2 AZR 9/58, E 7, 81 = AP Nr. 69 zu § 1 TVG Auslegung; Urt. v. 19.11.68 - 1 AZR 195/68, AP Nr. 39 zu § 4 TVG Ausschlußfristen; wohl auch - sogar ohne Beschränkung auf die dargelegte Fallkonstellation - LAG Berlin, Urt. v. 25.2.74 - 5 Sa 87/73, BB 1975, 92.

Rechte vorenthalten werden.[49] In jedem Fall hat das Erfordernis zur Folge, daß der Wille der Tarifparteien nur dann von Bedeutung ist, wenn eine entsprechende Auslegung der betreffenden Tarifbestimmung nach Wortlaut oder Gesamtzusammenhang[50] des Tarifvertrags möglich ist. Das Bundesarbeitsgericht meint deshalb, der im rechtsgeschäftlichen Bereich anerkannte Grundsatz "falsa demonstratio non nocet" sei auf die Auslegung von Tarifverträgen nicht anwendbar.[51]

Die Rechtsprechung des Bundesarbeitsgerichts läßt sich, was das Ziel der Auslegung von Tarifnormen anbelangt, auf die von ihm selbst gewählte Kurzformel bringen, "Gegenstand der Auslegung" sei "der in der Norm objektivierte Wille des Normgebers".[52] Das Gericht hebt den Willen der Vertragsparteien hervor und wählt damit - im Sinne der Terminologie zur Auslegung von Gesetzen[53] -einen subjektiven Auslegungsansatz. Indem es allerdings verlangt, daß eine dem Willen entsprechende Auslegung nach Wortlaut und Gesamtzusammenhang möglich sein muß, nimmt es Elemente der objektiven Auslegung auf.[54] Im Ergebnis muß deshalb zunächst ermittelt werden, wie der auszulegende Ausdruck oder die Wortverbindung nach ihrem Wortsinn unter Berücksichtigung des Bedeutungszusammenhangs verstanden werden kann. Besteht nur eine Verständnismöglichkeit, ist die

---

[49] BAG, Urt. v. 31.3.82 - 4 AZR 1099/79, E 38, 221, 226 = AP Nr. 64 zu §§ 22, 23 BAT 1975; Urt. v. 29.8.84 - 4 AZR 309/82, E 46, 292, 299 = AP Nr. 93 zu §§ 22, 23 BAT 1975; Urt. v. 10.10.84 - 4 AZR 411/82, E 47, 61, 67 f. = AP Nr. 95 zu §§ 22, 23 BAT 1975; ähnlich auch Urt. v. 30.5.84 - 4 AZR 512/81, E 46, 61, 67 = AP Nr. 3 zu § 9 TVG 1969.

[50] Daß der Wille seinen Niederschlag nicht notwendig im Wortlaut eines auszulegenden Begriffs gefunden haben muß, hat das BAG in einem Urteil vom 12.9.68 - 5 AZR 240/67, AP Nr. 2 zu § 51 BAT ausgeführt; die Bedeutung des tariflichen Gesamtzusammenhangs hat das BAG auch in anderen Entscheidungen betont, vgl.Urt. v. 12.9.84 - 4 AZR 336/82, E 46, 308 = AP Nr. 135 zu § 1 TVG Auslegung; Urt. v. 14.5.87 - 6 AZR 555/85, AP Nr. 46 zu § 611 BGB Ärzte, Gehaltsansprüche; Urt. v. 25.11.87 - 4 AZR 403/87, AP Nr. 18 zu § 1 TVG Auslösung; Urt. v. 17.3.88 - 6 AZR 634/86, E 58, 31, 33 = AP Nr. 1 zu § 2 TV RatAng; Urt. v. 24.11.88 - 6 AZR 243/87, AP Nr. 127 zu 611 BGB Gratifikation; Urt. v. 10.5.89 - 6 AZR 660/87, EzA § 16 BErzGG Nr. 2; Urt. v. 29.6.89 - 6 AZR 459/88, EzA § 4 TVG Ausschlußfristen Nr. 78; Urt. v. 7.12.89 - 6 AZR 324/88, EzA § 4 TVG Bekleidungsindustrie Nr. 4.

[51] So ausdrücklich BAG, Urt. v. 2.6.61 - 1 AZR 573/59, E 11, 135, 137 = AP Nr. 68 zu Art. 3 GG.

[52] BAG, Urt. v. 20.11.70 - 1 AZR 409/69, E 23, 62, 69 = AP Nr. 8 zu § 72 BetrVG 1952.

[53] Vgl. *Larenz*, Methodenlehre der Rechtswissenschaft, S. 302 f.

[54] Ähnlich faßt *Ananiadis*, Die Auslegung von Tarifverträgen, S. 50, die Rechtsprechung zusammen.

Bestimmung in diesem Sinne auszulegen.[55] In dem Fall ist also ein normativer Sinn[56] maßgebend,[57] der indes - was nicht weiter untersucht zu werden braucht - mit dem realen Willen der Tarifparteien übereinstimmen kann. Sind Wortlaut und Gesamtzusammenhang mehrdeutig, ist Ziel der Auslegung der Wille der Tarifparteien.

In Vorwegnahme der Erkenntnis, daß es auf die Vorstellungen der Tarifparteien nicht ankommt, wenn die Tarifnorm nach Wortlaut und Kontext nur in einem ganz bestimmten Sinne ausgelegt werden kann, hat schon das Reichsarbeitsgericht[58] ausgeführt, daß ein Dissens der Tarifparteien dann nicht schadet, wenn die Tarifbestimmung "eindeutig" ist. Darüber hinausgehend hat das Bundesarbeitsgericht[59] entschieden, daß ein Dissens der Tarifparteien der Wirksamkeit einer Tarifnorm wegen ihres Normcharakters generell nicht entgegensteht. Freilich lagen die zu entscheidenden Fälle jeweils so, daß Wortlaut und Kontext nur eine Verständnismöglichkeit zuließen. Das Gericht hatte deshalb keinen Anlaß, darauf einzugehen, wie eine trotz des Dissenses der Tarifparteien wirksame Norm bei mehrdeutigem Wortlaut und Kontext auszulegen ist. Jedoch hat das Bundesarbeitsgericht schon früher entschieden, daß es an einer justitiablen und damit an einer wirksamen Norm fehlt, wenn alle Auslegungsversuche erfolglos bleiben.[60]

---

[55] So ausdrücklich BAG, Urt. v. 3.12.86 - 4 AZR 19/86, AP Nr. 6 zu § 51 TVAL II.

[56] Das Bundesarbeitsgericht spricht dann von "dem im Auslegungswege ermittelten objektiven Inhalt einer Tarifnorm", vgl. Urt. v. 15.9.71 - 4 AZR 93/71, E 23, 424, 429 = AP Nr. 15 zu § 611 BGB Bergbau; Urt. v. 11.12.74 - 4 AZR 108/74, AP Nr. 124 zu § 1 TVG Auslegung.

[57] Darauf dürfte die verbreitete, wenngleich unscharfe Feststellung beruhen, das BAG folge der bei der Gesetzesauslegung üblichen objektiven Methode, vgl. *Canaris*, Anm. zu BAG, AP Nr. 26 zu § 1 FeiertagslohnzahlungsG; *Wiedemann/Stumpf*, TVG, § 1 Rdnr. 390; *Zilius* in Hagemeier/Kempen/Zachert/Zilius, TVG, Einleitung Rdnr. 238; *Dütz*, Festschrift für Karl Molitor, S. 63, 64, anders auf S. 66 und 71.

[58] Urt. v. 12.10.29 - 175/29, BenshSamml. 7, 192, 194; Urt. v. 3.5.30 - 50/30, BenshSamml. 9, 464, 470; Urt. v. 21.12.32 - 374/32, BenshSamml. 18, 391, 392.

[59] Urt. v. 9.3.83 - 4 AZR 61/80, E 42, 86, 92 f. = AP Nr. 128 zu § 1 TVG; Urt. v. 30.5.84 - 4 AZR 512/81, E 46, 61, 69 = AP Nr. 3 zu § 9 TVG 1969; Urt. v. 24.2.88 - 4 AZR 614/87, E 57, 334, 341 = AP Nr. 2 zu § 1 TVG Tarifverträge: Schuhindustrie.

[60] Urt. v. 26.4.66 - 1 AZR 242/65, E 18, 278, 284 f. = AP Nr. 117 zu § 1 TVG Auslegung mit zust. Anm. *Alfred Hueck*.

b) Die Auslegungskriterien

aa) Die einzelnen Kriterien

Nach dem Befund zu a. geht es für das Bundesarbeitsgericht darum zu ermitteln, welche Bedeutung einem bestimmten Ausdruck oder einer Wortverbindung nach Wortsinn und Bedeutungszusammenhang zukommt und welche Vorstellungen die Tarifparteien bei Abschluß des Vertrags gehabt haben.

(1) Wortsinn und Bedeutungszusammenhang

Im Rahmen der Erforschung des Wortsinns stellt das Gericht auf die allgemeine, "landläufige"[61] Wortbedeutung ab;[62] gibt es einen fachspezifischen, insbesondere einen rechtlichen Sprachgebrauch, soll im Zweifel dieser als von den Tarifparteien gewollt maßgeblich sein.[63] Enthält der Tarifvertrag eine Legaldefinition, soll das gleiche für sie gelten.[64]

Was den Bedeutungszusammenhang anbelangt, zu dem die Legaldefinitionen überleiten, so stellt das Bundesarbeitsgericht auf den inneren Zusammenhang der Tarifbestimmungen, die Systematik des Tarifvertrags sowie die Anordnung der einzelnen Bestimmungen im Tarifgefüge ab.[65] In mehreren

---

[61] BAG, Urt. v. 26.5.76 - 4 AZR 240/75, AP Nr. 92 zu §§ 22, 23 BAT.

[62] BAG, Urt. v. 19.6.63 - 4 AZR 125/62, AP Nr. 116 zu § 1 TVG Auslegung; Urt. v. 27.6.84 - 4 AZR 284/82, AP Nr. 92 zu §§ 22, 23 BAT 1975.

[63] Vgl. BAG, Urt. v. 14.11.57 - 2 AZR 481/55, E 5, 338, 341 = AP Nr. 13 zu § 1 TVG Auslegung; Urt. v. 7.2.79 - 4 AZR 562/77, AP Nr. 8 zu § 1 TVG Tarifverträge: Rundfunk mit zust. Anm. *Herschel*; Urt. v. 16.4.80 - 4 AZR 261/78, E 33, 83, 90 = AP Nr. 9 zu § 4 TVG Effektivklausel; Urt. v. 9.7.80 - 4 AZR 560/78, AP Nr. 2 zu § 1 TVG Tarifverträge: Seeschiffahrt; Urt. v. 8.2.84 - 4 AZR 158/83, E 45, 121, 129 = AP Nr. 134 zu § 1 TVG Auslegung; Urt. v. 30.5.84 - 4 AZR 512/81, E 46, 61, 66 = AP Nr. 3 zu § 9 TVG 1969; Urt. v. 27.6.84 - 4 AZR 284/82, AP Nr. 92 zu §§ 22, 23 BAT 1975; Urt. v. 19.8.87 - 4 AZR 128/87, AP Nr. 3 zu § 1 TVG Tarifverträge: Fernverkehr; Urt. v. 25.11.87 - 4 AZR 361/87, E 56, 357, 362 = AP Nr. 18 zu § 1 TVG Tarifverträge: Einzelhandel.

[64] BAG, Urt. v. 25.8.82 - 4 AZR 1072/79, E 40, 86, 90 = AP Nr. 9 zu § 1 TVG Auslösung; Urt. v. 9.3.83 - 4 AZR 61/80, E 42, 86, 90 = AP Nr. 128 zu § 1 TVG Auslegung; Urt. v. 19.8.87 - 4 AZR 128/87, AP Nr. 3 zu § 1 TVG Tarifverträge: Fernverkehr.

[65] So BAG, Urt. v. 15.9.71 - 4 AZR 93/71, E 23, 424, 427 = AP Nr. 15 zu § 611 BGB Bergbau; Urt. v. 16.4.80 - 4 AZR 261/78, E 33, 83, 91 = AP Nr. 9 zu § 4 TVG Effektivklausel; ähnlich Urt. v. 26.9.57 - 2 AZR 148/55, AP Nr. 10 zu § 1 TVG Auslegung.

Entscheidungen[66] hat das Gericht die Ansicht vertreten, als Ausnahmeregeln gestaltete Tarifbestimmungen seien zumindest grundsätzlich eng auszulegen.

(2) Die Vorstellungen der Tarifparteien bei Abschluß des Tarifvertrags

Wortsinn und Bedeutungszusammenhang sind für das das Bundesarbeitsgericht wichtige Erkenntnisquellen auch für die Vorstellungen der Tarifparteien bei Abschluß des Tarifvertrags.[67] Um diese Vorstellungen zu ermitteln, berücksichtigt das Gericht auch noch folgende Kriterien:

Zunächst stützt es sich auf die Entstehungsgeschichte des betreffenden Tarifvertrags.[68] Um sie in Erfahrung bringen zu können, sollen die Gerichte die bei den Tarifverhandlungen entstandenen Protokolle[69] heranziehen und zu den Verhandlungen Zeugen vernehmen sowie schriftliche Auskünfte der Tarifparteien einholen.[70] Als Rechtsgrundlage hierfür sieht das Bundesar-

---

[66] Urt. v. 13.1.81 - 6 AZR 678/78, AP Nr. 2 zu § 46 BPersVG; Urt. v. 24.11.88 - 6 AZR 243/87, AP Nr. 127 zu § 611 BGB Gratifikation; Urt. v. 10.5.89 - 6 AZR 660/87, EzA § 16 BErzGG Nr. 2.

[67] Vgl. etwa Urt. v. 12.9.84 - 4 AZR 336/82, E 46, 308 = AP Nr. 135 zu § 1 TVG Auslegung; Urt. v. 24.11.88 - 6 AZR 243/87, AP Nr. 127 zu § 611 BGB Gratifikation; Urt. v. 10.5.89 - 6 AZR 660/87, EzA § 16 BErzGG Nr. 2; Urt. v. 29.6.89 - 6 AZR 459/88, EzA § 4 TVG Ausschlußfristen Nr. 78; Urt. v. 7.12.89 - 6 AZR 322/88, EzA § 4 TVG Metallindustrie Nr. 66; Urt. v. 7.12.89 - 6 AZR 324/88, EzA § 4 Bekleidungsindustrie Nr. 4; LAG Baden-Württemberg, Beschl. v. 7.11.89 - 8 TaBV 2/89, LAGE § 4 TVG Metallindustrie Nr. 19.

[68] Vgl. Urt. v. 26.9.57 - 2 AZR 148/55, AP Nr. 10 zu § 1 TVG Auslegung; aus neuerer Zeit Urt. v. 12.9.84 - 4 AZR 336/82, E 46, 308 = AP Nr. 135 zu 1 TVG Auslegung; Urt. v. 25.11.87 - 4 AZR 403/87, AP Nr. 18 zu § 1 TVG Auslösung; Urt. v. 17.3.88 - 6 AZR 634/86, E 58, 31, 33 f. = AP Nr. 1 zu § 2 TVRatAng; Urt. v. 24.11.88 - 6 AZR 243/87, AP Nr. 127 zu § 611 BGB Gratifikation; Urt. v. 10.5.89 - 6 AZR 660/87, EzA § 16 BErzGG Nr. 2; Urt. v. 29.6.89 - 6 AZR 459/88, EzA § 4 TVG Ausschlußfristen Nr. 78; Urt. v. 7.12.89 - 6 AZR 324/88, EzA § 4 TVG Bekleidungsindustrie Nr. 4; LAG Baden-Württemberg, Beschl. v. 7.11.89 - 8 TaBV 2/89, LAGE § 4 Metallindustrie Nr. 19.

[69] Protokollnotizen können auch Bestandteil des Tarifvertrags sein, vgl. BAG, Urt. v. 13.10.82 - 5 AZR 401/80, E 40, 214, 217 = AP Nr. 113 zu § 611 BGB Gratifikation; Urt. v. 28.2.90 - 7 AZR 143/89, DB 1990, 1923, 1925. In diesem Fall gehören sie zum tariflichen Bedeutungszusammenhang und werden hier berücksichtigt.

[70] Urt. v. 26.4.66 - 1 AZR 242/65, E 18, 278, 284 = AP Nr. 117 zu § 1 TVG Auslegung; ebenso Urt. v. 10.10.57 - 2 AZR 48/55, E 5, 323, 329 = AP Nr. 12 zu § 1 TVG Auslegung; Urt. v. 16.4.80 - 4 AZR 261/78, E 33, 83, 91 = AP Nr. 9 zu § 4 TVG Effektivklausel; Urt. v. 25.8.82 - 4 AZR 1064/79, E 39, 321, 328 = AP Nr. 55 zu § 616 BGB; Urt. v. 16.10.85 - 4 AZR 149/84, E 50, 9, 21 = AP Nr. 108 zu §§ 22, 23 BAT 1975.

beitsgericht § 293 ZPO an.[71] Bedeutung mißt das Gericht ferner (gemeinsamen) Erklärungen der Tarifparteien bei, auch wenn sie selbst keinen tariflichen Charakter haben. Ursprünglich hatte es nur Erklärungen berücksichtigen wollen, die vor Vertragsschluß abgegeben waren.[72] Die neuere Rechtsprechung verzichtet auf die Unterscheidung und gesteht nachträglichen Erklärungen ebenfalls Erkenntniswert zu.[73]

Auf den Willen der Tarifparteien meint das Gericht auch unter Betrachtung der Tarifgeschichte, also früherer Tarifordnungen[74] und ihrer (gerichtlichen) Auslegung,[75] schließen zu können.[76] Darüber hinaus stellt es auf die Tarifübung[77] sowie die Auffassung der beteiligten Berufskreise[78] ab. Neben

---

[71] Urt. v. 29.3.57 - 1 AZR 208/55, E 4, 37, 39 = AP Nr. 4 zu § 4 TVG Tarifkonkurrenz; Urt. v. 25.8.82 - 4 AZR 1064/79, E 39, 321, 328 = AP Nr. 55 zu § 616 BGB; Urt. v. 16.10.85 - 4 AZR 149/84, E 50, 9, 21 = AP Nr. 108 zu §§ 22, 23 BAT 1975.

[72] Urt. v. 19.6.74 - 4 AZR 436/73, E 26, 198, 205 = AP Nr. 3 zu § 3 BAT.

[73] BAG, Urt. v. 27.8.86 - 8 AZR 397/83, E 52, 398, 404 = AP Nr. 28 zu § 7 BUrlG Abgeltung; anders noch Urt. v. 21.3.73 - 4 AZR 225/72, E 25, 114, 122 f. = AP Nr. 12 zu § 4 TVG Geltungsbereich.

[74] Urt. v. 26.4.66 - 1 AZR 242/65, E 18, 278 = AP Nr. 117 zu § 1 TVG Auslegung. Hierbei berücksichtigt das Gericht auch die Auslegung, die ein früherer Tarifvertrag durch die Gerichte erfahren hat, vgl. Urt. v. 14.8.85 - 5 AZR 35/85, SAE 1987, 52, 54; Urt. v. 24.11.88 - 6 AZR 243/87, AP Nr. 127 zu § 611 BGB Gratifikation.

[75] Urt. v. 29.11.73 - 5 AZR 207/73, AP Nr. 8 zu § 3 BUrlG Rechtsmißbrauch; Urt. v. 14.8.85 - 5 AZR 35/85, SAE 1987, 52, 53.

[76] So etwa Urt. v. 26.4.66 - 1 AZR 242/65, E 18, 278 = AP Nr. 117 zu § 1 TVG Auslegung; Urt. v. 16.4.80 - 4 AZR 261/78, E 33, 83, 91 = AP Nr. 9 zu § 4 TVG Effektivklausel; Urt. v. 9.9.81 - 4 AZR 48/79, E 36, 183, 185 = AP Nr. 34 zu § 1 TVG Tarifverträge: Bau; Urt. v. 12.9.84 - 4 AZR 336/82, E 46, 308 = AP Nr. 135 zu § 1 TVG Auslegung; Urt. v. 13.11.85 - 4 AZR 301/84, AP Nr. 4 zu § 1 TVG Tarifverträge: Textilindustrie; Urt. v. 14.5.87 - 6 AZR 555/85, AP Nr. 46 zu § 611 BGB Ärzte, Gehaltsansprüche; Urt. v. 25.11.87 - 4 AZR 403/87, AP Nr. 18 zu § 1 TVG Auslösung; LAG Baden-Württemberg, Beschl. v. 7.11.89 - 8 TaBV 2/89, LAGE § 4 TVG Metallindustrie Nr. 19.

[77] Erstmals Urt. v. 2.12.59 - 4 AZR 400/58, E 8, 245 = AP Nr. 2 zu § 2 TOA; Urt. v. 12.9.84 - 4 AZR 336/82, E 46, 308 = AP Nr. 135 zu § 1 TVG Auslegung; Urt. v. 14.5.87 - 6 AZR 555/85, AP Nr. 46 zu § 611 BGB Ärzte, Gehaltsansprüche; Urt. v. 25.11.87 - 4 AZR 403/87, AP Nr. 18 zu § 1 TVG Auslösung; Urt. v. 17.3.88 - 6 AZR 634/86, E 58, 31, 33 f. = AP Nr. 1 zu § 2 TVRatAng; Urt. v. 24.11.88 - 6 AZR 243/87, AP Nr. 127 zu § 611 BGB Gratifikation; Urt. v. 10.5.89 - 6 AZR 660/87, EzA § 16 BErzGG Nr. 2; Urt. v. 29.6.89 - 6 AZR 459/88, EzA § 4 TVG Ausschlußfristen Nr. 78; Urt. v. 7.12.89 - 6 AZR 324/88, EzA § 4 TVG Bekleidungsindustrie; ebenso LAG Baden-Württemberg, Beschl. v. 7.11.89 - 8 TaBV 2/89, LAGE § 4 TVG Metallindustrie Nr. 19.

[78] Urt. v. 26.4.66 - 1 AZR 242/65, E 18, 278 = AP Nr. 117 zu § 1 TVG Auslegung; Urt. v. 4.11.70 - 4 AZR 121/70, AP Nr. 119 zu § 1 TVG Auslegung; Urt. v. 18.11.75 - 4 AZR 595/74,

der bei Vertragsschluß existierenden[79] kann nach Meinung des Gerichts auch eine erst später entstandene Übung oder Auffassung maßgebend sein. Voraussetzung hierfür soll bei der tariflichen Übung sein, daß sie in Kenntnis und mit Billigung beider Tarifparteien praktiziert wird.[80] Ob das der Fall ist, soll durch eine Anfrage bei den Tarifparteien geklärt werden können.[81]

Das Bundesarbeitsgericht meint, den Tarifparteien unterstellen zu können, eine vernünftige, gerechte, zweckorientierte und praktisch brauchbare Regelung gewollt zu haben. Im Zweifel sei deshalb einer Tarifauslegung der Vorzug zu geben, die ein solches Ergebnis am ehesten herbeiführe.[82] In einer Entscheidung vom 21. Januar 1987[83] hat das Gericht die Regel dahin

---

AP Nr. 91 zu §§ 22, 23 BAT; Urt. v. 26.5.76 - 4 AZR 240/75, AP Nr. 92 zu §§ 22, 23 BAT; Urt. v. 7.2.79 - 4 AZR 562/77, AP Nr. 8 zu § 1 TVG Tarifverträge: Rundfunk; Urt. v. 9.9.81 - 4 AZR 48/79, E 36, 183, 185 = AP Nr. 34 zu § 1 TVG Tarifverträge: Bau; Urt. v. 12.9.84 - 4 AZR 336/82, E 46, 308 = AP Nr. 135 zu § 1 TVG Auslegung; Urt. v. 25.11.87 - 4 AZR 403/87, AP Nr. 18 zu § 1 TVG Auslösung.

[79] Hierauf abstellend Urt. v. 7.2.79 - 4 AZR 562/77, AP Nr. 8 zu § 1 TVG Tarifverträge: Rundfunk; wohl auch Urt. v. 26.4.66 - 1 AZR 242/65, E 18, 278 = AP Nr. 117 zu § 1 TVG Auslegung.

[80] BAG, Urt. v. 2.12.59 - 4 AZR 400/58, E 8, 245 = AP Nr. 2 zu § 2 TOA; Urt. v. 26.11.64 - 5 AZR 502/63, AP Nr. 1 zu § 1 TVG Tarifliche Übung; Urt. v. 15.9.71 - 4 AZR 93/71, E 23, 424, 429 = AP Nr. 15 zu § 611 BGB Bergbau; Urt. v. 25.8.82 - 4 AZR 878/79, E 40, 67 = AP Nr. 2 zu § 1 TVG Tarifliche Übung; Urt. v. 17.4.85 - 4 AZR 510/84, AP Nr. 1 zu § 1 TVG Tarifverträge: Chemie; Urt. v. 25.11.87 - 4 AZR 403/87, AP Nr. 18 zu § 1 TVG Auslösung.

[81] BAG, Urt. v. 16.10.85 - 4 AZR 149/84, E 50, 9, 21 = AP Nr. 108 zu §§ 22, 23 BAT 1975.

[82] Urt. v. 15.9.71 - 4 AZR 93/71, E 23, 424, 427 = AP Nr. 15 zu § 611 BGB Bergbau; Urt. v. 9.3.83 - 4 AZR 61/80, E 42, 86, 89 = AP Nr. 128 zu § 1 TVG Auslegung; Urt. v. 20.4.83 - 4 AZR 497/80, E 42, 244, 254 = AP Nr. 2 zu § 21 TVAL II; Urt. v. 17.3.88 - 6 AZR 634/86, E 58, 31, 34 = AP Nr. 1 zu § 2 TVRatAng; Urt. v. 27.4.88 - 4 AZR 707/87, E 58, 194, 198 = AP Nr. 63 zu § 1 TVG Tarifverträge: Metallindustrie; Urt. v. 24.11.88 - 6 AZR 243/87, AP Nr. 127 zu 611 BGB Gratifikation; Urt. v. 10.5.89 - 6 AZR 660/87, EzA § 16 BErzGG Nr. 2; Urt. v. 29.6.89 - 6 AZR 459/88, EzA § 4 TVG Ausschlußfristen Nr. 78; Urt. v. 7.12.89 - 6 AZR 324/88, EzA § 4 TVG Bekleidungsindustrie Nr. 4; LAG Baden-Württemberg, Beschl. v. 7.11.89 - 8 TaBV 2/89, LAGE § 4 TVG Metallindustrie Nr. 19. Zuvor hatte das BAG in einer Entscheidung vom 24.7.58 (2 AZR 287/55, E 6, 174, 182 = AP Nr. 4 zu § 611 BGB Akkordlohn) bereits ausgeführt, "der bei der Auslegung ... zu berücksichtigende Sinn und Zweck dieser Bestimmungen ... (sei) aus der gesamten Situation zu entnehmen, wie sie zur Zeit der Vereinbarung ... in den Betrieben der von dem ... (Tarifvertrag) erfaßten Wirtschaftszweige bestand".

[83] 4 AZR 547/86, E 54, 113, 127 = AP Nr. 47 zu Art. 9 GG. In ähnlicher Weise ist das BAG in einer Entscheidung vom 28.9.65 (1 AZR 73/65, E 17, 305, 312 = AP Nr. 1 zu § 4 1. VermBG) davon ausgegangen, daß "die Rechtsnormen an sich zukommende Autorität" dazu zwinge, "sie nach Möglichkeit rechts- und, im Hinblick auf übergeordnete Gesetze, gesetzes-

ergänzt, daß die Tarifparteien im Zweifel eine verfassungsmäßige Bestimmung treffen wollten. Hiermit hat es einer Forderung des Schrifttums Rechnung getragen, auch bei der Auslegung von Tarifnormen den Grundsatz der gesetzes- und verfassungskonformen Auslegung anzuwenden.[84] Dieser Grundsatz besagt, daß im Zweifel jede Norm so zu interpretieren ist, daß sie mit den Rechtsvorschriften in Einklang steht, die einen höheren Rang haben als sie selbst.

Andere Tarifverträge können nach Auffassung des Bundesarbeitsgerichts selbst dann "nicht ohne weiteres" zur Auslegung herangezogen werden, wenn sie von denselben Parteien abgeschlossen worden sind und ähnliche Regelungen enthalten.[85]

bb) Die Rangfolge der Auslegungskriterien

Die Rangfolge der Auslegungskriterien wird durch das oben[86] dargelegte Ziel der Auslegung bestimmt.

Seit jeher geht die Rechtsprechung davon aus, daß andere Auslegungskriterien ohne Bedeutung sind, wenn Wortsinn und Bedeutungszusammenhang nur eine Auslegung erlauben.[87] In einer Entscheidung vom 26. April 1966[88] legte das Bundesarbeitsgericht die Rangfolge der Auslegungskriterien im übrigen wie folgt fest: "Falls der Tarifwortlaut keinen hinreichenden

---

konform auszulegen, um sie, soweit das geht, aufrecht erhalten zu können".

[84] *Nipperdey* in Hueck/Nipperdey, Lehrbuch des Arbeitsrechts, II/1, § 18 V 3 n, S. 362; *Siegers*, DB 1967, 1630, 1635; ähnlich *Ananiadis* (Die Auslegung von Tarifverträgen, S. 64) und *Herschel* (Festschrift für Erich Molitor, S. 161, 188), der meint, der jeweilige Tarifvertrag sei "als ein Glied der großen objektiven Rechtsordnung zu würdigen".

[85] Urt. v. 25.6.58 - 4 AZR 442/56, AP Nr. 20 zu Art. 44 Truppenvertrag; Urt. v. 31.10.84 - 4 AZR 604/82, AP Nr. 3 zu § 42 TVAL II.

[86] Vgl. S. 22 ff.

[87] Vgl. die in Fn. 41 angeführten Entscheidungen sowie Urt. v. 17.9.57 - 1 AZR 312/56, AP Nr.4 zu § 1 TVG Auslegung; Urt. v. 26.9.57 - 2 AZR 148/55 - AP Nr. 10 zu § 1 TVG Auslegung; Urt. v. 10.10.57 - 2 AZR 48/55, E 5, 323, 329 = AP Nr. 12 zu § 1 TVG Auslegung; Urt. v. 27.11.58 - 2 AZR 9/58 , E 7, 81 = AP Nr. 69 zu § 1 TVG Auslegung; Urt. v. 17.12.59 - 2 AZR 45/59, AP Nr. 80 zu § 1 TVG Auslegung; Urt. v. 22.1.60 - 1 AZR 449/57, AP Nr. 96 zu § 1 TVG Auslegung; Urt. v. 8.2.61 - 4 AZR 14/59, AP Nr. 105 zu § 1 TVG Auslegung; Urt. v. 2.6.61 - 1 AZR 573/59, E 11, 135, 137 f. = AP Nr. 68 zu Art. 3 GG; Urt. v. 19.6.63 - 4 AZR 125/62, AP Nr. 116 zu § 1 TVG Auslegung.

[88] 1 AZR 242/65, E 18, 278, 282 ff. = AP Nr. 117 zu § 1 TVG Auslegung; ähnlich Urt. v. 9.7.80 - 4 AZR 560/78, AP Nr. 2 zu § 1 TVG Tarifverträge: Seeschiffahrt.

Aufschluß" gebe, seien "in erster Linie der Gesamtzusammenhang, in zweiter Linie die Tarifgeschichte und Tarifübung, drittens die Entstehungsgeschichte des streitigen Tarifvertrags[89] sowie letztlich die Anschauung der beteiligten Berufskreise zur Zeit der Entstehung dieses Tarifvertrages heranzuziehen".

Diese strikte Rangfolge hat das Gericht in einer Entscheidung vom 12. September 1984[90] aufgegeben. Nunmehr sollen in erster Linie Tarifwortlaut und tariflicher Gesamtzusammenhang maßgebend sein. Bei Zweifeln sollen ohne Zwang zu einer bestimmten Reihenfolge alle anderen Auslegungskriterien zur Ermittlung des wirklichen Willens der Tarifparteien herangezogen werden. Insoweit befürwortet das Bundesarbeitsgericht eine topische Vorgehensweise, bei der verschiedene Auslegungskriterien gegeneinander abgewogen werden.

Die Bedeutung der Auffassung der beteiligten Berufskreise hat das Gericht dahin eingeschränkt, daß sie allein genommen ungeeignet sei, Auskunft über den Willen der Tarifparteien zu geben und damit die nach Wortlaut und Bedeutungszusammenhang unklare Auslegung der Tarifnorm zu bestimmen.[91]

2. Das Schrifttum

a) Das Ziel der Auslegung

Das Schrifttum greift die Überlegungen des Bundesarbeitsgerichts auf. Zum Ziel der Auslegung nimmt es ebenfalls zunächst in der Weise Stellung,

---

[89] In einer vereinzelt gebliebenen Entscheidung vom 17.5.73 - 3 AZR 376/72, AP Nr. 29 zu § 1 FeiertagslohnzahlungsG - zog das BAG die Entstehungsgeschichte lediglich "zur Bekräftigung" heran.

[90] 4 AZR 336/82, E 46, 308 = AP Nr. 135 zu § 1 TVG Auslegung; bestätigt durch Urt. v. 25.11.87 - 4 AZR 403/87, AP Nr. 18 zu § 1 TVG Auslösung; Urt. v. 17.3.88 - 6 AZR 634/86, E 58, 31, 33 f. = AP Nr. 1 zu § 2 TVRatAng; Urt. v. 24.11.88 - 6 AZR 243/87, AP Nr. 127 zu § 611 BGB Gratifikation; Urt. v. 10.5.89 - 6 AZR 660/87, EzA § 16 BErzGG Nr. 2; Urt. v. 29.6.89 - 6 AZR 459/88, EzA § 4 TVG Ausschlußfristen Nr. 78; Urt. v. 7.12.89 - 6 AZR 324/88, EzA § 4 TVG Bekleidungsindustrie Nr. 4.

[91] Ähnlich bereits Urt. v. 18.11.75 - 4 AZR 595/74, AP Nr. 91 zu §§ 22, 23 BAT sowie Urt. v. 26.5.76 - 4 AZR 240/75, AP Nr. 92 zu §§ 22, 23 BAT ("darauf kann allenfalls ... unterstützend im Sinne einer 'Probe aufs Exempel' zurückgegriffen werden"); zuletzt auch Urt. v. 25.11.87 - 4 AZR 403/87, AP Nr. 18 zu § 1 TVG Auslösung; Urt. v. 24.2.88 - 4 AZR 640/87, AP Nr. 2 zu § 1 TVG Tarifverträge: Dachdecker; LAG Baden-Württemberg, Beschl. v. 7.11.89 - 8 TaBV 2/89, LAGE § 4 TVG Metallindustrie Nr. 19.

daß Tarifnormen wie Gesetze auszulegen seien.[92] Soweit die Autoren das Ziel näher zu bestimmen suchen, stehen sich zwei Grundpositionen gegenüber:

aa) Der erkennbare Wille der Tarifparteien als Auslegungsziel

Die überwiegende Auffassung teilt im Grundsatz den Standpunkt des Bundesarbeitsgerichts, daß für die Auslegung von Tarifnormen der übereinstimmende Wille der Tarifparteien maßgebend ist, wenn er - was mit den Erfordernissen des Vertrauensschutzes,[93] der Rechtssicherheit[94] und der Schriftlichkeit (§ 1 Abs. 2 TVG)[95] begründet wird - für die Tarifunterworfenen erkennbar ist.[96] Für diese Meinung werden folgende Argumente angeführt:

---

[92] So etwa *Buchner*, SAE 1987, 45; *Gamillscheg*, Arbeitsrecht II, S. 79; *Schaub*, Arbeitsrechts-Handbuch, § 198 II 2, S. 1306; anders noch für die Zeit der Weimarer Republik *Dersch*, BenshSamml. 5 LAG 59: "Es ist eine allgemeine Meinung, daß die Auslegung von Tarifverträgen den allgemeinen Grundsätzen über die Auslegung von Verträgen zu folgen hat".

[93] So *Wiedemann/Stumpf*, TVG, § 1 Rdnr. 395; *Achilles*, Der tatsächliche Parteiwille bei der Auslegung von Tarifverträgen, S. 53, 100 f.

[94] *Wiedemann/Stumpf*, TVG, § 1 Rdnr. 396. *Gerhard Müller* (DB 1960, 119) weist darauf hin, daß die Tarifnormen für eine große Anzahl von Arbeitsverhältnissen unmittelbar gälten und daß die Tarifunterworfenen nicht wissen könnten, wie es bei den Tarifverhandlungen zugegangen sei.

[95] *Zöllner*, RdA 1964, 443, 449. In jüngster Zeit hat auch *Dütz*, Festschrift für Karl Molitor, S. 63, 72 diesen Gesichtspunkt betont.

[96] So z. B. *Nipperdey* in Hueck/Nipperdey, Lehrbuch des Arbeitsrechts, II/1, § 18 V 3 a, S. 358; *Zöllner*, RdA 1964, 443, 449; *Dütz*, Festschrift für Karl Molitor, S. 63, 75; *Buchner*, AR-Blattei, [D] Tarifvertrag IX Auslegung, B I, II 1; *ders.* SAE 1987, 45, 51; *Alfred Hueck*, Anm. zu BAG, AP Nr. 68 zu Art. 3 GG; *Richardi*, Anm. zu BAG, AP Nr. 121 zu § 1 TVG Auslegung; *Siegers*, DB 1967, 1630, 1634; *Ansey/Koberski* in Reichel, TVG, § 1 Rdnr. 64, 68 (anders Rdnr. 71, wo es heißt, für Auslegungserwägungen sei kein Raum, wenn sich ein übereinstimmender Wille der Tarifparteien feststellen lasse - der übereinstimmende Parteiwille gehe dem Wortlaut einer Erklärung vor); tendenziell ebenso *Wiedemann/Stumpf*, TVG, § 1 Rdnr. 391 ff.; *Zilius* in Hagemeier/Kempen/Zachert/Zilius, TVG, Einleitung Rdnr. 239. Auf das Erfordernis der Erkennbarkeit scheinen *Däubler/Hege* (Tarifvertragsrecht, Anm. 82 ff.) sowie *Ananiadis* (Die Auslegung von Tarifverträgen, S. 45) verzichten zu wollen. Die Ausführungen von *Ananiadis* sind indes widersprüchlich: Einerseits hält er den Willen der Tarifpartner für maßgebend, wenn ihn nur der Rechtsanwender anhand der Entstehungsgeschichte, der Begleitumstände und des Textes des Tarifvertrags ermitteln kann. Andererseits soll nicht jeder Wille Vertragsinhalt werden, "sondern nur das, was die Parteien in dem Vertragstext niederlegen".

Nipperdey[97] macht geltend, Ziel sowohl der Vertrags- als auch der Gesetzesauslegung, mithin auch der von Tarifnormen, sei "die Erforschung des wirklichen Willens der Erklärenden, wenn er in der Erklärung noch seinen Ausdruck gefunden" habe. Nach Meinung von *Buchner*,[98] der davon ausgeht, daß der Parteiwille nur die Vertrags-, nicht aber die Gesetzesauslegung beherrscht,[99] spricht der vertragliche Entstehungsgrund für den Willen der Tarifparteien als Auslegungsziel.[100]

Nach verbreiteter Auffassung[101] ist der Wille der Tarifparteien bei der Auslegung von Tarifnormen auch deshalb zu respektieren, weil die durch Art. 9 Abs. 3 GG geschützte Tarifautonomie es verbiete, einen feststellbaren übereinstimmenden Willen der Tarifparteien zurückzudrängen, soweit und solange keine Prinzipien der Rechtssicherheit und des Vertrauensschutzes der Normunterworfenen in Frage stünden.

Ergänzend wird angeführt, der Rechtssicherheit sei dadurch Genüge getan, daß der Wille aufgrund des Schriftformerfordernisses nur berücksichtigt werde, wenn er für die Tarifunterworfenen erkennbar sei.[102] Auch sei der Wille der Tarifparteien nicht schlechter vorhersehbar als das Ergebnis einer Auslegung, der es um die Ermittlung eines normativen Sinnes der Tarifbestimmung gehe; diese sei mit der Unsicherheit belastet, wie das Gericht den Tarifvertrag verstehen werde.[103]

Im Anschluß an *Zöllner*[104] wird weiter darauf hingewiesen, daß es wegen der Mitgliedschaft der Tarifgebundenen in den tarifschließenden Verbänden

---

97 So in Hueck/Nipperdey, Lehrbuch des Arbeitsrechts, II/1, § 18 V 3, S. 358; weniger deutlich auch *Zöllner*, RdA 1964, 443, 449.

98 AR-Blattei, [D] Tarifvertrag IX Auslegung, A II 2 b.

99 AR-Blattei, [D] Tarifvertrag IX Auslegung, A I.

100 So auch *Zilius* in Hagemeier/Kempen/Zachert/Zilius, TVG, Einleitung Rdnr. 239.

101 *Däubler/Hege*, Tarifvertragsrecht, Anm. 83 f., 87; *Dütz*, Festschrift für Karl Molitor, S. 63, 74 f.; *ders.*, Anm. zu BAG, EzA § 4 Nr. 2 TVG Bühnen, S. 37 f.; *Zilius* in Hagemeier/Kempen/Zachert/Zilius, TVG, Einleitung Rdnr. 240; *Achilles*, Der tatsächliche Parteiwille bei der Auslegung von Tarifverträgen, S. 93.

102 *Zöllner*, RdA 1964, 443, 449; *Dütz*, Festschrift für Karl Molitor, S. 63, 72; *Buchner*, AR-Blattei, [D] Tarifvertrag IX Auslegung, B II 2.

103 *Däubler/Hege*, Tarifvertragsrecht, Anm.85; *Dütz*, Festschrift für Karl Molitor, S. 63, 72; *ders.*, Anm. zu BAG, EzA § 4 TVG Bühnen, S. 36; *Zilius* in Hagemeier/Kempen/Zachert/Zilius, TVG, Einleitung Rdnr. 239.

104 RdA 1964, 443, 449.

eine Legitimation für die Zurechnung des Willens der Tarifparteien für und gegen die Tarifgebundenen beider Seiten gebe, so daß diese durch das Abstellen auf den Willen nicht in schutzwürdigen Positionen betroffen würden.[105]

Wiedemann/Stumpf[106] sowie *Zilius*[107] messen dem Willen der Tarifparteien auch deshalb besondere Bedeutung bei, weil tarifliche Regelungen in einem Interessenkompromiß von potentiell gleich starken Parteien zustande gekommen seien. *Siegers*[108] ergänzt, daß ein Abweichen vom übereinstimmenden Willen der Tarifpartner das sorgfältig ausgehandelte Gleichgewicht des ganzen Vertragswerks gefährde.

Häufig wird auch darauf abgestellt, daß der subjektive Wille der Tarifparteien im Gegensatz zur staatlichen Gesetzgebung eine faßbare und praktisch leichter feststellbare Größe sei.[109] Hinzu komme, daß tarifliche Regelungen nicht auf ähnlich lange Dauer wie Gesetze angelegt seien.[110] Auch könnten sie, weil kein so stark formalisiertes Verfahren eingehalten werden müsse, zeitbedingten Veränderungen in der Wirtschafts- und Sozialstruktur schneller angepaßt werden.[111] Zum einen bleibe deshalb der Zusammenhang zwischen dem Vertragsinhalt und dem Willen der Normgeber ein viel engerer als bei den gesetzlichen Vorschriften.[112] Zum anderen sei es nur selten not-

---

[105] *Buchner*, AR-Blattei, [D] Tarifvertrag IX Auslegung, A II 2 b; *Dütz*, Festschrift für Karl Molitor, S. 63, 73; *ders.*, Anm. zu BAG, EzA § 4 Nr. 2 TVG Bühnen, S. 36; *Zilius* in Hagemeier/Kempen/Zachert/Zilius, TVG, Einleitung Rdnr. 239. *Canaris*, Anm. zu BAG, AP Nr. 26 zu § 1 FeiertagslohnzahlungsG, unter II 4, hat den Gesichtspunkt der Willenszurechnung ebenfalls angesprochen, aber offen gelassen, ob aufgrund der Mitgliedschaft auf das Erkennbarkeitserfordernis verzichtet werden kann.

[106] TVG, § 1 Rdnr. 392.

[107] In Hagemeier/Kempen/Zachert/Zilius, TVG, Einleitung Rdnr. 239.

[108] DB 1967, 1630, 1634.

[109] *Zöllner*, RdA 1964, 443, 449; *Siegers*, DB 1967, 1630, 1634; *Buchner*, AR-Blattei, [D] Tarifvertrag IX Auslegung, A II 2 b; *Dütz*, Festschrift für Karl Molitor, S. 63, 72; *ders.*, Anm. zu BAG, EzA § 4 Nr. 2 TVG Bühnen, S. 36; *Däubler/Hege*, Tarifvertragsrecht, Anm. 86; *Zilius* in Hagemeier/Kempen/Zachert/Zilius, TVG, Einleitung Rdnr. 239; ähnlich auch *Wiedemann/Stumpf*, TVG, § 1 Rdnr. 394.

[110] *Siegers*, DB 1967, 1630, 1634; *Däubler/Hege*, Tarifvertragsrecht, Anm. 86; *Zilius* in Hagemeier/Kempen/Zachert/Zilius, TVG, Einleitung Rdnr. 239.

[111] *Wiedemann/Stumpf*, TVG, § 1 Rdnr. 393.

[112] *Nikisch*, Arbeitsrecht, II. Bd., S. 222; *Siegers*, DB 1967, 1630, 1634; *Achilles*, Der tatsächliche Parteiwille bei der Auslegung von Tarifverträgen, S. 93.

wendig, Tarifnormen für nicht vorhergesehene Fallgestaltungen durch Ermittlung eines ihnen selbst innewohnenden Sinngehalts "lebensfähig" zu halten.[113]

Hinsichtlich der Erkennbarkeit des Willens der Tarifparteien für die Normunterworfenen verlangt das überwiegende Schrifttum wie das Bundesarbeitsgericht, daß er einen wenn auch nur unvollkommenen oder zweideutigen Niederschlag im Text des Tarifvertrags gefunden haben müsse.[114]

Gerhard Müller[115] verlangt einen Niederschlag im normativen Teil des Tarifvertrags. *Alfred Hueck*,[116] *Zöllner*[117] und *Richardi*[118] lassen demgegenüber genügen, daß der Wille entweder aus dem Text oder aus sonstigen "den Beteiligten bekannten Umständen" erkennbar ist. Diesen Standpunkt teilt *Brox*,[119] der annimmt, eine Falschbezeichnung schade nicht, wenn die Normunterworfenen etwa aus der bisherigen Tarifpraxis heraus die Norm richtig verstehen könnten. *Ansey/Koberski*[120] halten für ausreichend, daß der Wille, wenn nicht in dem Tarifvertrag, so doch "in einer dazugehörigen Protokollnotiz oder authentischen Interpretation ... zum Ausdruck kommt".

---

[113] *Däubler/Hege*, Tarifvertragsrecht, Anm. 86; *Zilius* in Hagemeier/Kempen/Zachert/Zilius, TVG, Einleitung Rdnr. 239.

[114] *Achilles*, Der tatsächliche Parteiwille bei der Auslegung von Tarifverträgen, S. 53, 92, 100 f., 107 f.; *Schaub*, Arbeitsrechts-Handbuch, § 198 II 2, S. 1306; *Adomeit* in Hanau/Adomeit, Arbeitsrecht, C II 1, S. 62 ("Ausdruck in der Tarifnorm oder im Kontext"); *Gröbing*, ZTR 1987, 236, 237 f.; *Nipperdey* in Hueck/Nipperdey, Lehrbuch des Arbeitsrechts, II/1, § 18 V 3, S. 357, etwas anders auf S. 358, wo ein Ausdruck "in den Worten der Tarifnorm" gefordert wird; auch *Siegers* (DB 1967, 1630, 1634) verlangt einen Niederschlag im Wortlaut der auszulegenden Bestimmung; *Neumann*, ArbuR 1985, 320, 322, anders auf S. 321, wo er formuliert, daß "den Tarifunterworfenen bekannt sein (müsse), was mit der jeweiligen normativen Regelung gemeint ist".

[115] DB 1960, 119, 120, ähnlich *Buchner*, AR-Blattei, [D] Tarifvertrag IX, B I, II 1; *ders.*, SAE 1987, 45, 51.

[116] Anm. zu BAG, AP Nr. 3 zu § 1 TVG Auslegung; *ders.*, Anm. zu BAG AP Nr. 68 zu Art. 3 GG.

[117] RdA 1964, 443, 449, rechte Spalte, anders in der linken Spalte: "... rechtserheblicher Vertragsinhalt ist ... nur eine solche Willenseinigung, die ihren Niederschlag in dem Vertragstext gefunden hat".

[118] Anm. zu BAG, AP Nr. 121 zu § 1 TVG Auslegung.

[119] In Erman, Handkommentar zum BGB, § 133 Rdnr. 36; ähnlich *Gamillscheg*, Arbeitsrecht II, S. 79.

[120] In Reichel, TVG, § 1 Rdnr. 68.

Für *Wiedemann/Stumpf*[121] muß der Wille aus dem Text oder den sonstigen außerhalb des Textes liegenden Umständen "eindeutig" erkennbar sein.

In dem Fall, daß der Wille der Tarifparteien nicht genügend zum Ausdruck kommt, hat früher *Bogs*[122] die betreffende Bestimmung des Tarifvertrags für unwirksam gehalten. Da der für die Tarifunterworfenen maßgebende Wortlaut dem Willen der Tarifparteien widerspreche, fänden die Normen ihren Geltungsgrund nicht mehr in dem Willen der Vertragspartner; es liege daher keine autonome Rechtsetzung und deshalb auch kein gültiger Tarifvertrag vor. Diese Betrachtung hat sich jedoch nicht durchgesetzt. Inzwischen wird angenommen, daß die Tarifparteien das Erklärte in der ihm bei objektiver Auslegung zukommenden Bedeutung gegen sich gelten lassen müssen, wenn der Wille der Tarifparteien für die Tarifunterworfenen nicht hinreichend erkennbar ist oder es wegen eines Dissenses gar an einem übereinstimmenden Willen der Tarifparteien fehlt.[123] Der Tarifvertrag soll dann anhand des Vertragstextes und der aus ihm, aber auch der übrigen objektiven Rechtsordnung zu entnehmenden Wertungen auszulegen sein. Große Bedeutung wird dabei dem Grundsatz von Treu und Glauben beigemessen.[124] Die Maßgeblichkeit außertariflicher Normen wird damit begründet, daß jede einzelne Tarifbestimmung Bestandteil der einheitlichen objektiven Rechtsordnung sei.[125]

bb) Der normative Sinn als Auslegungsziel

Der entgegenstehenden Grundposition neigt vor allem *Herschel*[126] zu. Er meint, Ziel der Auslegung müsse sein, "den Sinngehalt der tarifvertraglichen

---

121 TVG, § 1 Rdnr. 396.

122 AR-Blattei, [D] Tarifvertrag IX Auslegung, A II, Stand 31.10.51; wie *Bogs* auch *Nipperdey* in Hueck/Nipperdey, Lehrbuch des Arbeitsrechts, II/1, § 18 V 3, S. 361, anders auf S. 356.

123 *Achilles*, Der tatsächliche Parteiwille bei der Auslegung von Tarifverträgen, S. 36; *Nikisch*, Arbeitsrecht, II. Bd., S. 222; *Buchner*, SAE 1987, 45, 46; *Nipperdey* in Hueck/Nipperdey, Lehrbuch des Arbeitsrechts, II/1, § 18 V 3, S. 356, anders auf S. 361, wo es heißt, daß bei einer "falsa demonstratio" gar keine gültige Tarifnorm entstehe.

124 *Siegers*, DB 1967, 1630, 1634; *Nipperdey* in Hueck/Nipperdey, Lehrbuch des Arbeitsrechts, II/1, § 18 V 3 c, S. 359 f.

125 *Siegers*, DB 1967, 1630, 1635.

126 Festschrift für Erich Molitor, S. 161, 179 ff.

Normen zu erfassen".[127] Zwar mißt auch er dem Willen der Normgeber Bedeutung bei,[128] scheint ihn aber - wie das *Larenz*[129] für die Gesetzesauslegung lehrt - als eines unter mehreren grundsätzlich gleichrangigen Auslegungskriterien anzusehen. *Belling*,[130] der den gleichen Standpunkt vertritt, verdeutlicht, daß die Interpretation einer Tarifnorm unter Abwägung sämtlicher, objektiver wie subjektiver, Gesichtspunkte erfolgen müsse.

cc) Die Bedeutung der unterschiedlichen Bestimmung des Auslegungsziels

Die Darstellung der beiden Auffassungen läßt erkennen, daß trotz des unterschiedlichen Ausgangspunkts weitreichende Übereinstimmungen bestehen: Die Vertreter beider Positionen stimmen darin überein, daß sowohl der Text des Tarifvertrags als auch die Vorstellungen der Tarifparteien bei Vertragsabschluß Bedeutung für die Auslegung von Tarifnormen haben. Insofern nehmen sie jeweils weder einen streng subjektiven noch einen extrem objektiven, sondern einen vermittelnden Standpunkt ein.

Zu unterschiedlichen Ergebnissen gelangen die Vertreter der verschiedenen Auffassungen - sieht man von den Autoren ab, die entweder den Willen der Tarifparteien unter allen Umständen für maßgeblich zu halten scheinen[131] oder genügen lassen, daß sich die Erkennbarkeit aus außerhalb der Urkunde liegenden Umständen ergibt[132] - , wenn

- der Text des Tarifvertrags mehrdeutig ist und
- ein übereinstimmender Wille der Tarifparteien im Rahmen der Ermittlung eines normativen Sinns der Bestimmung von anderen Auslegungskriterien verdrängt wird.

---

[127] S. 188.

[128] S. 185, 188.

[129] Methodenlehre der Rechtswissenschaft, S. 328 ff.

[130] Anm. zu BAG EzA § 1 TVG Auslegung Nr. 14, S. 75.

[131] *Däubler/Hege*, Tarifvertragsrecht, Anm. 82 ff.; *Zilius* in Hagemeier/Kempen/Zachert/Zilius, TVG, Einleitung Rdnr. 239 f.

[132] Vgl. die in Fn. 116 bis 121 genannten Autoren.

b) Die Auslegungskriterien

Die Vertreter beider unter a. dargelegter Standpunkte verwenden grundsätzlich die gleichen Auslegungskriterien wie das Bundesarbeitsgericht. Zu verschiedenen Punkten werden aber auch abweichende Meinungen vertreten:

aa) Die Bedeutung eines Sondersprachgebrauchs

Siegers[133] will die - vom Schrifttum im allgemeinen unterstützte[134] - These des Bundesarbeitsgerichts, bei der Verwendung eines in der juristischen Terminologie fest umrissenen Begriffs müsse im Zweifel angenommen werden, die Tarifparteien hätten mit diesem Begriff den in der rechtlichen Fachsprache gemeinten Sinn zum Ausdruck bringen wollen, nicht akzeptieren. Er meint, für das Verständnis von Tarifnormen sei nicht der Horizont eines fachlich geschulten Rechtsanwenders maßgebend, sondern die begriffliche Aufnahmefähigkeit der Normadressaten, also juristischer Laien. Tarifliche Bestimmungen seien deshalb so auszulegen, wie die tarifunterworfenen Unternehmer und Arbeitnehmer "die Erklärungen nach allgemeinen, im Verkehr zwischen billig und gerecht denkenden Menschen herrschenden Anschauungen zu verstehen berechtigt" seien. Das könne dazu führen, daß nicht die rechtsterminologische Bedeutung des jeweiligen Begriffs gelte, sondern die Formulierung so auszulegen sei, wie ein Laie sie nach der Verkehrsanschauung verstehen dürfe.

In ähnlicher Weise wollen *Nipperdey*[135] und andere[136] zumindest im Grundsatz nur den allgemeinen Sprachgebrauch, nicht aber örtliche, gewerbliche oder persönliche Redewendungen berücksichtigen. Ein solcher Sondersprachgebrauch ist nach Auffassung von *Nipperdey* nur dann von Bedeutung, wenn der Dritte, dessen Rechte oder Pflichten in Frage stehen, ihn kannte oder doch kennen und für maßgeblich halten mußte. *Achilles*[137]

---

[133] DB 1967, 1630, 1634.

[134] Vgl. etwa *Nipperdey* in Hueck/Nipperdey, Lehrbuch des Arbeitsrechts, II/1, § 18 V 3 b, S. 359; *Gerhard Müller*, DB 1960, 119, 149 f; *Ansey/Koberski* in Reichel, TVG, § 1 Rdnr. 86; *Gröbing*, ZTR 1987, 236, 239; *Gamillscheg*, Arbeitsrecht II, S. 79.

[135] In Enneccerus/Nipperdey, Allgemeiner Teil des Bürgerlichen Rechts, § 206 I 3, S. 1258 f.

[136] *Sieg*, AcP 151 (1950/1951), S. 246, 250; *Maus*, TVG, § 1 Rdnr. 309.

[137] Der tatsächliche Parteiwille bei der Auslegung von Tarifverträgen, S. 103.

wendet dagegen ein, daß sich ein Tarifvertrag gewöhnlich auf bestimmte Bezirke beschränke und nur einen abgrenzbaren Personenkreis betreffe. Daher werde die Sinnermittlung auch durch Gebietseigenarten und Besonderheiten der beteiligten Berufsgruppen, wie Sitten und Sprache, eingeschränkt. Der auslegende Richter müsse sich deshalb mit Fachausdrücken und der Sprache des Arbeitslebens vertraut machen.[138]

bb) Die Auslegung von Ausnahmevorschriften

Der vom Bundesarbeitsgericht[139] aufgestellte Satz, Ausnahmen seien eng auszulegen, ist im Schrifttum kritisch aufgenommen worden. *Herschel*[140] hält ihn als Regel für falsch. Auch bei Ausnahmevorschriften müsse der Gesetzeszweck ausgeschöpft werden.

cc) Die Bedeutung anderer Tarifverträge

Neben den übrigen Normen des Tarifvertrags, deren Bestandteil die auszulegende Bestimmung ist, wollen verschiedene Autoren[141] zur Interpretation auch andere Tarifverträge heranziehen. Mantel-, Lohn- und Urlaubstarif eines bestimmten Sachbereichs seien als Einheit zu begreifen. Mitunter seien auch "Brücken zu Tarifverträgen anderer Geltungsbereiche, z. B. anderer örtlicher oder fachlicher Geltungsbereiche, zu schlagen". Nach Auffassung von *Nipperdey*[142] können andere Tarifverträge nur dann berücksichtigt werden, wenn sich eine gemeinsame Tarifpraxis herausgebildet hat.

---

[138] Ebenso *Herschel*, Festschrift für Erich Molitor, S. 161, 184; *Miltrup*, Die Auslegung von Tarifverträgen, S. 14; im Ergebnis auch *Neumann*, ArbuR 1985, 320, 321.

[139] Vgl. die in Fn. 66 angeführten Entscheidungen.

[140] Festschrift für Erich Molitor, S. 161, 190; ihm folgend *Achilles*, Der tatsächliche Parteiwille bei der Auslegung von Tarifverträgen, S. 133.

[141] *Herschel*, Festschrift für Erich Molitor, S. 161, 188; *Siegers*, DB 1967, 1630, 1635; *Ananiadis*, Die Auslegung von Tarifverträgen, S. 64; *Achilles*, Der tatsächliche Parteiwille bei der Auslegung von Tarifverträgen, S. 115.

[142] In Hueck/Nipperdey, Lehrbuch des Arbeitsrechts, II/1, § 18 V 3 b, S. 359; ähnlich *Blank*, NZA Beil. 2/1988, S. 9, 13, der dem BAG darin folgt, daß andere Tarifverträge "nicht ohne weiteres" herangezogen werden könnten.

dd) Die Berücksichtigung nur allgemein zugänglicher Quellen zur Entstehungsgeschichte

Anders als das Bundesarbeitsgericht und das überwiegende Schrifttum,[143] die Erklärungen und Vorgänge zur Entstehung des Tarifvertrags uneingeschränkt verwerten, will *Brötzmann*[144] diese Quellen nur dann berücksichtigen, wenn sie allgemein zugänglich sind. Das erfordere der Gesichtspunkt des Vertrauensschutzes und der Grundsatz der Rechtssicherheit.[145] In ähnlicher Weise hat sich schon früher *Nipperdey*[146] dafür ausgesprochen, bei der Auslegung von Tarifverträgen in der Regel nur "die aus der Urkunde selbst sich ergebenden Umstände in Betracht" zu ziehen. Der Gedanke läßt sich aber noch weiter zurückverfolgen: *Schwerin*[147] hat sich bereits 1934 dafür ausgesprochen, die Auslegungsmittel zu begrenzen. Dabei ist es ihm vor allem um eine Einschränkung der Verwertung dessen gegangen, "was sich vom Beginn bis zum Abschluß der Tarifverhandlungen zwischen den Tarifparteien zugetragen hat". Diese Vorgänge seien Dritten weder bekannt noch erkennbar.

ee) Die Vernehmung von Zeugen zum Willen der Tarifparteien

Eine ganz andere Begrenzung der Auslegungsmittel hat früher *Maus*[148] vertreten. Er hat es für unzulässig gehalten, über den Willen der Tarifparteien Zeugen zu vernehmen, weil es sich bei der Auslegung von Tarifnormen um Rechtsfragen handele.

---

[143] Vgl. etwa *Schaub*, Arbeitsrechts-Handbuch, § 198 III 2, S. 1306; *Achilles*, Der tatsächliche Parteiwille bei der Auslegung von Tarifverträgen, S. 106 ff.

[144] Probleme bei der Auslegung von Tarifvertragsnormen, S. 151, weniger deutlich auf S. 69 f.

[145] Ebenso bereits die vereinzelt gebliebene Entscheidung des AG Frankfurt, Urt. v. 1.8.61 - 5 Sa 89/61, DB 1962, 574; offen gelassen von *Hanau*, ZfA 1984, 453, 471.

[146] In Enneccerus/Nipperdey, Allgemeiner Teil des Bürgerlichen Rechts, § 206 I 3, S. 1258 f.

[147] Die Auslegung von Tarifnormen, S. 43 ff.

[148] TVG, § 1 Rdnr. 309.

ff) Unklarheitenregel zugunsten der Arbeitnehmerseite

Wie schon erwähnt,[149] hat das Bundesarbeitsgericht einer Entscheidung vom 17. September 1957 den Leitsatz vorangestellt, bei einer mehrdeutigen Tarifnorm müsse die weitergehende und dem Arbeitnehmer ungünstige Auslegung unterbleiben. Diese Regel hat *Wiedemann*[150] dahin verallgemeinert, daß Tarifnormen im Zweifel zugunsten der Arbeitnehmerseite auszulegen seien. Er hat das mit der Erwägung begründet, Tarifnormen unterstünden dem Sozialstaatsgebot und dem arbeitsrechtlichen Schutzprinzip so gut wie andere Rechtsnormen. Die Funktion des Tarifvertrags habe sich zwar vom Schutz der Arbeitnehmer verlagert auf die Ordnung der Wirtschaftsbedingungen und die Verteilung des Sozialprodukts. Das bedeute aber nicht, daß der Tarifvertrag seine Schutzfunktion ganz eingebüßt habe. Erfahrungsgemäß werde der betroffene Arbeitnehmer davon ausgehen, daß sich unklare Vorschriften im Zweifel zu seinen Gunsten auswirkten. Diese Erwartung sei zu schützen.[151]

Däubler/Hege[152] ergänzen, daß nur die Unklarheitenregel für hinreichend klare Maßstäbe und für vorhersehbare Entscheidungen sorge. Sie schütze ebenso wie die entsprechende Regel zu Lasten des Verwenders Allgemeiner Geschäftsbedingungen (§ 5 AGB-Gesetz) vor einseitigen, mit sozialer Übermacht durchgesetzten Bestimmungen. Ohne sie wäre die Tarifnorm entweder unwirksam oder je nach den Vorstellungen des Gerichts in abgeschwächter Form wirksam. Diese "Lücke" würde sich zugunsten des Arbeitgebers auswirken, der ohne tarifliche Schranke voll von seinem Direktionsrecht Gebrauch machen könnte. Ein Verhandlungsergebnis, das möglicherweise mehr als diese dem Arbeitnehmer nachteilige Regelung habe bringen wollen, würde teilweise entwertet.

Das überwiegende Schrifttum lehnt demgegenüber einen Rechtssatz, daß in Zweifelsfällen zugunsten der Arbeitnehmer auszulegen sei, ab. *Siegers*[153] weist darauf hin, daß die einzelne Tarifnorm die von gleichrangigen Partnern frei vereinbarte Lösung eines Interessenkonflikts darstelle. Da ein

---

[149] Vgl. Fn. 48.

[150] Anm. zu BAG, AP Nr. 17, 18 zu § 1 TVG Tarifverträge: Bau; ebenso *Wiedemann/Stumpf*, TVG, § 1 Rdnr. 410.

[151] So auch *Zilius* in Hagemeier/Kempen/Zachert/Zilius, TVG, Einleitung Rdnr. 257.

[152] Tarifvertragsrecht, Anm. 89.

[153] DB 1967, 1630, 1636; ähnlich *Achilles*, Der tatsächliche Parteiwille bei der Auslegung von Tarifverträgen, S. 89 f.

Tarifvertrag grundsätzlich darauf beruhe, daß die eine Partei an dieser, die andere an jener Stelle nachgebe, würde das Gleichgewicht des ganzen Vertragswerks entscheidend gestört, wenn man in Zweifelsfällen grundsätzlich zugunsten der Arbeitnehmerseite entscheiden würde.

Herschel[154] macht geltend, daß unklar sei, wann ein Zweifel vorliege, der die Anwendung der Unklarheitenregel rechtfertige. Nur allzu viele Fragen der Normenauslegung seien mit irgendwelchen Zweifeln behaftet. Auf der Basis der Unklarheitenregel gelange man deshalb zu dem Resultat, daß nahezu das gesamte Arbeitsrecht zugunsten der Arbeitnehmer auszulegen sei. Soweit dürfe man aber keineswegs gehen. Im übrigen sei nicht auszuschließen, daß die Unklarheitenregel sich entgegen den Intentionen ihrer Befürworter zu Lasten der Arbeitnehmer auswirken würde. Sie könnte ein Streben auslösen, die Normen so zu gestalten, daß jede Möglichkeit einer Interpretation zugunsten der Arbeitnehmer ausgeschlossen werde. Die sozialen Momente des Tarifrechts seien deshalb - so das Resümee der Kritiker - nicht einseitig zum Nutzen der Arbeitnehmer zu berücksichtigen, sondern im Rahmen einer ganzheitlichen Betrachtungsweise abzuwägen.[155]

II. Die eigene Konzeption

Auszulegen sind nicht nur Tarifnormen; der Interpretation bedürfen auch die schuldrechtlichen Bestimmungen eines Tarifvertrags, sonstige Willenserklärungen und Gesetze. Zudem ist die Auslegung nicht auf die Rechtswissenschaften beschränkt, sondern bei allen Geisteswerken von Bedeutung, selbst wenn sie, wie etwa im Bereich der bildenden Kunst, nicht sprachlich fixiert sind. Die Interpretation von Normen und Verträgen bildet somit nur einen Teilausschnitt der Auslegung von Geisteswerken. Aus diesem Grund wird verschiedentlich angenommen, die Regeln der allgemeinen Hermeneutik, die man für die Interpretation von Texten entwickelt hat, gälten auch für die Auslegung von Normen und Verträgen.[156] Die allgemeinen Lehren können indes nur insoweit angewendet werden, wie Sonderregeln fehlen.

Für juristische Texte existieren Sonderregeln. Sie ermöglichen es, dem spezifischen Gehalt dieser Geisteswerke gerecht zu werden. Bei juristischen

---

[154] ArbuR 1976, 1, 4.

[155] So *Herschel*, Festschrift für Erich Molitor, S. 161, 183; *Nipperdey* in Hueck/Nipperdey, Lehrbuch des Arbeitsrechts, II/1, § 18 V 3 d, S. 360; *Siegers*, DB 1967, 1630, 1636.

[156] Vgl. etwa *Gadamer*, Wahrheit und Methode, S. 307 ff., vor allem S. 311 und 323; *Coing*, Die juristischen Auslegungsmethoden und die Lehren der allgemeinen Hermeneutik, S. 18 ff.

Texten geht es nicht darum, ihren Sinn schlechthin zu ermitteln. Maßgeblich ist der rechtlich erhebliche Sinn,[157] der ihnen "von Rechts wegen zukommende Inhalt".[158] Dieser Sinn läßt sich nur anhand von Rechtsvorschriften in Erfahrung bringen.[159] Indem Rechtsvorschriften auf diese Weise als Auslegungsregeln fungieren, kommt dem Recht eine Erschließungsfunktion zu.[160]

Zu den Rechtsvorschriften, die Aufschluß über den Sinn einer Regelung geben, gehören zunächst diejenigen Normen, die der Gesetzgeber gerade zu diesem Zweck geschaffen hat. Solche speziellen Auslegungsregeln existieren in Deutschland, wie in den meisten Ländern Kontinentaleuropas,[161] nur für die Auslegung von Willenserklärungen, vor allem von Verträgen. Gemeint sind in erster Linie die in den §§ 133, 157 BGB enthaltenen allgemeinen Auslegungsregeln.[162] Hinsichtlich der Gesetzesauslegung hat der deutsche Gesetzgeber - anders als etwa der österreichische[163] oder italienische[164] - auf solche Vorschriften verzichtet, die Schaffung von Auslegungsregeln mithin der Methodenlehre überlassen.[165] In bezug auf Normenverträge wie etwa Tarifverträge fehlen zumindest speziell auf sie bezogene gesetzliche Auslegungsregeln. Wegen der vertraglichen Entstehung von Tarifnormen sind

---

[157] *Larenz*, Die Methode der Auslegung des Rechtsgeschäfts, S. 1.

[158] *Hölder*, Kommentar zum Allgemeinen Theil des BGB, S. 298.

[159] Zutreffend bezeichnet *Gern* (VerwArch 1989, 415, 430 ff.) als Grundfaktum der Auslegung, daß nicht allein die Methode das Recht bestimmt, sondern auch das Recht die Methode.

[160] So etwa *Hager*, Gesetzes- und sittenkonforme Auslegung und Aufrechterhaltung von Rechtsgeschäften, S. 25 m. w. Nachw.

[161] Vgl. Art. 1156 bis 1164 des französischen Code Civil; Art. 1362 bis 1371 des italienischen Codice Civile; Art. 18 des schweizerischen Obligationsrechts; § 914 des österreichischen Allgemeinen Bürgerlichen Gesetzbuchs.

[162] Daneben existieren spezielle Auslegungsvorschriften wie §§ 314, 2066 ff., 2084, 2350 BGB und 5 AGBG.

[163] Vgl. §§ 6, 7 ABGB.

[164] Vgl. Art. 12 der Disposizioni sulla legge in generale des Codice Civile.

[165] Die früher verbreitete These, Rechtsnormen seien auch Willenserklärungen, so daß auch sie von § 133 BGB erfaßt werden - BGH, Urt. v. 23.5.51 - II ZR 71/50, BGHZ 2, 176, 184; Beschl. v. 10.7.51 - II ZR 30/51, BGHZ 3, 82, 84; Urt. v. 17.3.54 - VI ZR 162/52, BGHZ 13, 28, 30; *Nipperdey* in Enneccerus/Nipperdey, Allgemeiner Teil des Bürgerlichen Rechts, 1. Halbbd., § 51 III 1, S. 320 - wird heute nicht mehr vertreten, vgl. *Hefermehl* in Soergel, BGB, Anh § 133 Rdnr. 1; *Mayer-Maly* in Münchener Kommentar zum BGB, § 133 Rdnr. 2.

jedoch auch hier vom Prinzip her die §§ 133, 157 BGB anwendbar.[166] Allerdings können sie nur insoweit herangezogen werden, wie der Normencharakter der tarifvertraglichen Bestimmungen das zuläßt.

1. Das Ziel der Auslegung

Die §§ 133, 157 BGB könnten zunächst das Auslegungsziel vorgeben. Um beantworten zu können, inwieweit das der Fall ist, gilt es zunächst festzustellen, welches Auslegungsziel die §§ 133, 157 BGB für die gewöhnlichen, d. h. Nicht-Normenverträge, bestimmen (a). In einem zweiten Schritt ist zu ermitteln, in welchem Maße dieses Auslegungsziel auch für Tarifverträge gelten kann (b).

a) Die Auslegung von Nicht-Normenverträgen anhand der §§ 133, 157 BGB

Auf den ersten Blick nennen die §§ 133, 157 BGB verschiedene Auslegungsziele: Zum einen den wirklichen Willen (des Erklärenden), zum anderen den nach Treu und Glauben mit Rücksicht auf die Verkehrssitte erforderlichen Inhalt. Es liegt nahe, den scheinbaren Widerspruch dadurch aufzulösen, daß man § 157 BGB als Spezialregelung für Verträge auffaßt, die die allgemeinere Regelung des § 133 BGB verdrängt und ihre Anwendbarkeit auf einseitige Rechtsgeschäfte beschränkt.

Das Verhältnis der beiden Vorschriften wird indes allgemein anders beurteilt. In Rechtsprechung und Schrifttum besteht Einigkeit darüber, daß die gesetzliche Unterscheidung verunglückt ist.[167] Es ist anerkannt, daß es keinen grundsätzlichen Unterschied zwischen der Auslegung von Willenserklärungen und Verträgen gibt. Auch Verträge bestehen schließlich aus Willenserklärungen. Es entspricht allgemeiner Ansicht, daß auch bei Verträgen - von der ergänzenden Vertragsauslegung abgesehen - nur die einzelnen Willenserklärungen ausgelegt werden.[168] Stimmt die Bedeutung der auf einen Vertragsschluß gerichteten Erklärungen überein, steht damit auch der Inhalt des Vertrags fest. Fällt die Bedeutung der Willenserklärungen auseinander,

---

[166] So bereits *Dersch* in Kaskel/Dersch, Arbeitsrecht, S. 63.

[167] Vgl. *Medicus*, Allgemeiner Teil des BGB, Rdnr. 320.

[168] Vgl. etwa *Larenz*, Allgemeiner Teil des deutschen Bürgerlichen Rechts, § 27 III, S. 525 f.

liegt ein Dissens vor. In diesen - selten vorkommenden - Fällen sind die §§ 154, 155 BGB anzuwenden.

Die §§ 133, 157 BGB werden nun so verstanden, daß beide gemeinsam für die Auslegung von Willenserklärungen maßgeblich sind und damit auch gemeinsam den Inhalt von Verträgen bestimmen. Sie werden als sich gegenseitig ergänzende Vorschriften aufgefaßt.[169] Dabei wird die Fassung des § 133 BGB vielfach als mißverständlich beurteilt.[170] Die Vorschrift wird so verstanden, daß sie nicht auf die Ermittlung des inneren Willens des Erklärenden dringt,[171] sondern verlangt, daß der zum Ausdruck gebrachte Wille ermittelt wird.[172] Käme es auf den inneren Willen an, so wird argumentiert, wäre kein Raum für eine Anfechtung wegen Geschäftsirrtums nach §§ 119, 120 BGB.[173] Aus dem Umstand, daß § 133 BGB nicht näher regelt, wie der "erklärte Wille" festzustellen ist, zieht *Flume*[174] den Schluß, daß das Schwergewicht der Vorschrift in dem Gebot liege, "nicht an dem buchstäblichen Sinne des Ausdrucks zu haften".

Die Ansicht, § 133 BGB dringe nicht auf die Ermittlung des inneren Willens des Erklärenden, ist jedoch Bedenken ausgesetzt. Ihr steht bereits der Wortlaut der Vorschrift entgegen. *Nipperdey*[175] hat zu Recht darauf hingewiesen, es sei "nicht zu bezweifeln, daß unter dem 'wirklichen Willen' der Wille verstanden werden muß, der nach der Vorstellung des Erklärenden durch die Erklärung in Geltung gesetzt werden sollte; denn der nach der Erklärung nur scheinbar zum Ausdruck gebrachte, in Wahrheit jedoch nicht vorhandene Geschäftswille ist eben kein wirklicher Wille". Zu eben diesem Ergebnis gelangt man auch, wenn man § 133 BGB im Lichte der Wertordnung des Grundgesetzes betrachtet. Art. 2 Abs. 1 GG gewährleistet die Privatautonomie.[176] Sie verpflichtet den Staat, den Willen des Erklären-

---

[169] *Flume*, Allgemeiner Teil des Bürgerlichen Rechts, 2. Bd., § 16, 3 a, S. 308.

[170] *Hefermehl* in Soergel, BGB, § 133 Rdnr. 1.

[171] So ausdrücklich BGH, Urt. v. 3.2.67 - VI ZR 114/65, BGHZ 47, 75, 78.

[172] RG, Urt. v. 19.3.08 - IV. 322/07, RGZ 67, 431, 433; Urt. v. 19.2.31 - VI 389/30, RGZ 131, 343, 350; *Larenz*, Die Methode der Auslegung des Rechtsgeschäfts, S. 76 f.

[173] *Hefermehl* in Soergel, BGB, § 133 Rdnr. 1.

[174] Allgemeiner Teil des Bürgerlichen Rechts, 2. Bd., § 16, 2 a, S. 303.

[175] In Enneccerus/Nipperdey, Allgemeiner Teil des Bürgerlichen Rechts, 2. Halbbd., § 205 I 1, S. 1248 f.

[176] Vgl. etwa BVerfG, Beschl. v. 8.1.59 - 1 BvR 425/52, E 9, 83, 88; BVerwG, Urt. v. 18.7.67 - I C 9.66, E 27, 303, 305 ("Recht auf Selbstbestimmung").

den zu achten,[177] denn von ihm leitet die Willenserklärung, das Mittel privater Setzung einer rechtlichen Regelung kraft Parteiwillens,[178] ihre Geltung ab.[179] Auch dieser Gesichtspunkt gibt Anlaß, § 133 BGB so zu verstehen, daß er als grundsätzliches Auslegungsziel den inneren Willen des Erklärenden vorgibt.[180]

Allerdings läßt schon die Formulierung des § 133 BGB erkennen, daß der innere Wille des Erklärenden nicht in jedem Fall das Endergebnis der Auslegung bildet. Der Wille soll "erforscht", also im Rahmen der Auslegung herangezogen werden, was nicht ausschließt, auch andere Gesichtspunkte zu berücksichtigen.[181] Es liegt nahe, als Einfallstor für die Berücksichtigung solcher zusätzlichen Aspekte § 157 BGB aufzufassen.[182] Diese Vorschrift ermöglicht durch ihre Bezugnahme auf Treu und Glauben die Berücksichtigung der Interessen derjenigen, an welche die jeweilige Erklärung gerichtet ist, sowie weitergehend solcher Personen, die durch die Erklärung in ihren rechtlich geschützten Interessen betroffen sind.[183] Beide Personengruppen, deren Interessen allgemein für auslegungserheblich gehalten werden, werden häufig unter der Bezeichnung "Erklärungsempfänger" zusammenge-

---

[177] Ebenso *Brox* in Erman, Handkommentar zum BGB, § 133 Rdnr. 1. In einem Beschl. v. 23.4.86 (2 BvR 487/80, E 73, 261, 271 ff.) hat auch das BVerfG die Auslegung einer Betriebsvereinbarung an Art. 2 Abs. 1 GG gemessen.

[178] Vgl. die "Motive zu dem Entwurfe eines Bürgerlichen Gesetzbuches für das Deutsche Reich", Bd. I, S. 126: "Rechtsgeschäft ... ist eine Privatwillenserklärung, gerichtet auf die Hervorbringung eines rechtlichen Erfolges, welcher nach der Rechtsordnung deswegen eintritt, weil er gewollt ist".

[179] BGH, Urt. v. 26.10.83 - IV a ZR 80/82, NJW 1984, 721 zur Begründung des Rechtssatzes "Falsa demonstratio non nocet".

[180] Im Ergebnis auch BAG, Urt. v. 13.7.56 - 1 AZR 492/54, E 4, 360, 364 = AP Nr. 15 zu § 242 BGB Ruhegehalt; *Hefermehl* in Erman, Handkommentar zum BGB, § 157 Rdnr. 24; *Mayer-Maly* in Münchener Kommentar zum BGB, § 133 Rdnr. 12 ff., vor allem Rdnr. 16; *Säcker* in Münchener Kommentar zum BGB, Einleitung Rdnr. 152; *Scherer*, Bedeutungsformel und falsa demonstratio beim formbedürftigen Rechtsgeschäft in der Rechtsprechung des RG und des BGH, S. 80 f.; früher schon *v. Tuhr*, Der allgemeine Theil des deutschen bürgerlichen Rechts, 2. Bd., 1.Hälfte, S. 538; RAG, Urt. v. 16.10.29 - 222/29, BenshSamml. 7, 187, 189.

[181] So auch *Nipperdey* in Enneccerus/Nipperdey, Allgemeiner Teil des Bürgerlichen Rechts, 2. Halbbd., § 205 I 1, S. 1249.

[182] Ebenso *Medicus*, Allgemeiner Teil des BGB, Rdnr. 321.

[183] So schon *v. Tuhr*, Der allgemeine Theil des deutschen bürgerlichen Rechts, 2. Bd. 1. Hälfte, S. 538 f.

faßt.[184] Diese Erklärungsempfänger sind, um auf die Erklärung angemessen reagieren und ihre Privatautonomie sinnvoll ausüben zu können, darauf angewiesen, daß sie die Bedeutung der Erklärung erkennen können. Diese Möglichkeit würde fehlen, wenn der Erklärungsinhalt uneingeschränkt durch den inneren Willen des jeweiligen Erklärenden bestimmt würde. Die Interessen der Erklärungsempfänger, den Erklärungsinhalt erkennen zu können, sind grundsätzlich schutzwürdiger als die des Erklärenden daran, daß das von ihm Gewollte gilt. Während die Erklärungsempfänger regelmäßig ohne eigene Einflußmöglichkeit mit der Erklärung konfrontiert werden, ist der Erklärende für den Erklärungswert seines Verhaltens verantwortlich.[185] Deshalb ist es in der Regel gerechtfertigt, bei der Abwägung der widerstreitenden Interessen[186] denen der Erklärungsempfänger den Vorrang einzuräumen.

Indem § 157 BGB Raum für die bevorzugte Berücksichtigung der Interessen der Erklärungsempfänger gibt, ergänzt er den § 133 BGB und begrenzt die von dieser Vorschrift hervorgehobene Bedeutung des inneren Willens des Erklärenden. Aus diesem Grund geht der Hinweis fehl, es wäre kein Raum für eine Anfechtung wegen Geschäftsirrtums nach §§ 119, 120 BGB, wenn es im Rahmen des § 133 BGB auf den inneren Willen ankäme.

Als Zwischenergebnis läßt sich festhalten, daß die §§ 133, 157 BGB gemeinsam die Auslegung von Willenserklärungen und Verträgen regeln, jede Vorschrift aber einen unterschiedlichen Akzent setzt: § 133 BGB betont den Willen des Erklärenden und damit sein Erfolgsinteresse,[187] § 157 gewährt den gebotenen Vertrauensschutz für die Erklärungsempfänger. Zusammengenommen läßt sich beiden Vorschriften die Regel entnehmen, daß für die Auslegung von Willenserklärungen und Verträgen der Wille des Erklärenden maßgeblich ist, soweit nicht die Interessen der Erklärungsempfänger einen vom Willen des Erklärenden abweichenden Erklärungsinhalt verlangen.

---

[184] So etwa *Harry Westermann*, Karl Arnold Festschrift, der auf S. 283 von den "Erklärungsempfängern" spricht. Aus den Ausführungen auf den S. 284 ff. ergibt sich, daß er hierunter ganz allgemein die von der Erklärung Betroffenen (S. 289), die an der Erklärung interessierten Personen (S. 284) versteht.

[185] So bereits *Manigk*, Irrtum und Auslegung, S. 115, 219, 249.

[186] Zu Recht hat bereits *Ludwig Raiser* (Das Recht der AGB, S. 154 f.) der Abwägung der Interessen der Personen, die von den möglichen Rechtsfolgen einer Erklärung getroffen werden, die zentrale Stellung in der Auslegungslehre zuerkannt.

[187] Hierzu *Brox*, Die Einschränkung der Irrtumsanfechtung, S. 97 f.

Die Interessen eines einzelnen Erklärungsempfängers erfordern nur dann eine Erklärungsbedeutung, die nicht vom Willen des Erklärenden getragen ist, wenn der Empfänger die abgegebene Erklärung nicht so versteht, wie der Erklärende sie gemeint hat.[188] Anderenfalls wird den Interessen des Empfängers schon dadurch genügt, daß das von ihm Verstandene maßgeblich ist. Versteht der Erklärungsempfänger die Willenserklärung so, wie sie vom Erklärenden gemeint ist, gilt deshalb ungeachtet des Wortlauts der Erklärung das Gewollte.[189]

Erkennt der Erklärungsempfänger nicht, was der Erklärende gewollt hat, werden seine Interessen in der Weise berücksichtigt, daß die Erklärung so ausgelegt wird, wie sie der Empfänger bei der ihm zumutbaren Sorgfalt verstehen muß.[190] Auf diese Weise wird nicht einseitig darauf abgestellt, wie er die Erklärung tatsächlich verstanden hat. Noch viel weniger darf der Erklärungsempfänger eine (mehrdeutige) Erklärung einfach in seinem Sinne auslegen.[191] Vielmehr wird der Hinweis des § 157 BGB auf die Grundsätze von Treu und Glauben so gedeutet, daß auch der Empfänger Rücksicht auf die Interessen des Erklärenden nehmen und sich bemühen muß, das vom Erklärenden Gemeinte zu ermitteln. Damit der Empfänger den an ihn gestellten Sorgfaltsanforderungen genügt, muß er alles zur Ermittlung des Willens des Erklärenden geeignete Material heranziehen. Unter Umständen muß er sogar beim Erklärenden nachfragen.[192] Als Inhalt der Erklärung gilt dann das, was dem Erklärungsempfänger, der diesen Anforderungen nachkommt, als nächstliegende Bedeutung erscheint.[193] *Hefermehl*[194] bezeichnet das Ergebnis dieser (normativen) Auslegung nach dem Empfängerhorizont als "objektivierten Willen" des Erklärenden. Fehlt es ausnahmsweise an

[188] *Hefermehl* in Soergel, BGB, § 133 Rdnr. 20.

[189] BGH, Urt. v. 26.10.83 - IV a ZR 80/82, NJW 1984, 721.

[190] BGH, Urt. v. 26.10.83 - IV a ZR 80/82, NJW 1984, 721; *Brox* in Erman, Handkommentar zum BGB, § 133 Rdnr. 19.

[191] *Brox* in Erman, Handkommentar zum BGB, § 133 Rdnr. 18; *Larenz*, Allgemeiner Teil des deutschen Bürgerlichen Rechts, § 19 II a, S. 340.

[192] *Brox* in Erman, Handkommentar zum BGB, § 133 Rdnr. 18.

[193] RG, Urt. v. 23.4.32 - V 3/32, RGZ 136, 232, 236 für die Auslegung von Grundbucheintragungen, aber auch von privaten Willenserklärungen; für Grundbucheintragungen st. Rspr. des BGH, vgl. Urt. v. 24.9.82 - V ZR 96/81, NJW 1983, 115, 116; Urt. v. 26.10.84 - V ZR 67/83, Rpfleger 1985, 101.

[194] In Soergel, BGB, § 133 Rdnr. 1.

einer nächstliegenden Bedeutung, ist die Erklärung mangels hinreichender Bestimmtheit unwirksam.[195]

Geht eine Erklärung mehrere Personen an, wird sie nach den vorstehenden Grundsätzen gegenüber jeder einzelnen Person, u.U. also unterschiedlich, ausgelegt, wenn sich die durch die Erklärung gesetzte Regelung und das durch sie begründete Rechtsverhältnis nach den verschiedenen Personen aufteilen lassen.[196] Ist das nicht der Fall, kommt es darauf an, ob sämtliche Personen erkennen, was mit der Erklärung gemeint ist. Unter dieser Voraussetzung ist das vom Erklärenden Gewollte maßgeblich. Ansonsten ist - was sich mit dem Hinweis des § 157 BGB auf die Verkehrssitte begründen läßt - die Verständnismöglichkeit eines durchschnittlichen Angehörigen des angesprochenen Personenkreises ausschlaggebend.[197] Das wird insbesondere für Erklärungen angenommen, die wie Satzungen privater Körperschaften[198] oder zum Umlauf bestimmte Wertpapiere[199] einen unbestimmten Personenkreis betreffen. Satzungen etwa enthalten Regelungen, die für künftige Mitglieder, für Gläubiger oder aber für Aufsichtsratsmitglieder bedeutsam

---

[195] *Larenz*, Allgemeiner Teil des deutschen Bürgerlichen Rechts, § 19 a II, S. 340; *Flume*, Allgemeiner Teil des Bürgerlichen Rechts, 2. Bd., S. 314; offen gelassen von *Lüderitz*, Auslegung von Rechtsgeschäften, S. 304 f.

[196] *Flume*, Allgemeiner Teil des Bürgerlichen Rechts, 2. Bd., § 16, 2 b; ähnlich *Pawlowski*, Allgemeiner Teil des BGB, Rdnr. 454, der meint, "ein und dieselbe Erklärung, die sich an verschiedene Personen richtet", könne "für jede dieser Personen eine unterschiedliche Bedeutung haben".

[197] *Larenz*, Allgemeiner Teil des deutschen Bürgerlichen Rechts, § 19 II e, S. 346 f.; *Mayer-Maly* in Münchener Kommentar zum BGB, § 133 Rdnr. 31: "Ihre Auslegung hat sich am typischen Erklärungssinn auszurichten".

[198] Hierzu BGH, Urt. v. 6.3.67 - II ZR 231/64, BGHZ 47, 173, 180; Urt. v. 16.2.81 - II ZR 89/79, GmbH-Rdsch. 1982, 129, 130; Urt. v. 20.1.83 - II ZR 243/81, NJW 1983, 1910 f.; OLG Düsseldorf, Urt. v. 11.3.82 - 6 U 174/81, BB 1982, 762; *Ulmer* in Hachenburg, GmbHG, § 2 Rdnr. 138 ff; *Lutter/Hommelhoff* in Fischer/Lutter/Hommelhoff, GmbHG, § 2 Rdnr. 9; *Emmerich* in Scholz, GmbH-Gesetz, § 2 Rdnr. 33 ff.; *Rittner* in Rowedder u.a., GmbHG, § 2 Rdnr. 67 ff.; *Götz Hueck* in Baumbach/Hueck, GmbHG, § 2 Rdnr. 25 ff; *Kraft* in Kölner Kommentar zum AktG, § 23 Rdnr. 93 ff.; *Klaus Müller*, GenG, § 5 Rdnr. 25; *Metz* in Lang/Weidmüller, GenG, § 5 Rdnr. 11.

[199] Vgl. RG, Urt. v. 10.5.05 - Rep. I. 208/05, RGZ 60, 426, 428; Urt. v. 10.11.25 - II 347/25, RGZ 112, 85, 86; Urt. v. 17.1.28 - II 396/27, RGZ 119, 422, 423 f.; Urt. v. 3.2.75 - II ZR 128/73, BGHZ 64, 11, 14; Urt. v. 9.11.78 - II ZR 114/77, WM 1979, 362; *Brox* in Erman, Handkommentar zum BGB, § 133 Rdnr. 38; *Harry Westermann* in Erman, Handkommentar zum BGB, 6. Aufl., § 133 Rdnr. 21 ff; *Canaris* in Hueck/Canaris, Recht der Wertpapiere, § 6 VI 2; *Zöllner*, Wertpapierrecht, § 12 X; *Richardi*, Wertpapierrecht, § 14 V; *Hefermehl* in Baumbach/Hefermehl, Wechselgesetz und Scheckgesetz, WG Einleitung Rdnr. 56; *Meyer-Cording*, Wertpapierrecht, B VII 2, S. 40.

sind.[200] Bei zum Umlauf bestimmten Wertpapieren werden auch die potentiellen Erwerber des Papiers als Adressaten der Erklärung angesehen.[201] Einen unbestimmten Personenkreis betreffende Erklärungen werden anhand der Umstände ausgelegt, die einem durchschnittlichen Adressaten mutmaßlich bekannt sind oder von ihm ohne Schwierigkeiten erkannt werden können. Nur soweit der Wille des Erklärenden aus diesen Umständen hervorgeht, wird er berücksichtigt.

Ist die Erklärung, wie das bei Erklärungen an einen unbestimmten Personenkreis regelmäßig der Fall ist, schriftlich abgefaßt, handelt es sich bei den berücksichtigungsfähigen Umständen in erster Linie um den Wortlaut und den Bedeutungszusammenhang der Urkunde. Außerhalb der Urkunde liegende Umstände sind nur erheblich, wenn der betreffende Verkehrskreis auf zumutbare Weise Zugang zu ihnen besitzt. Was ihm zumutbar ist, läßt sich für die unterschiedlichen Erklärungen nicht einheitlich beantworten.[202] Die ihn treffenden Erkundigungspflichten hängen von verschiedenen Faktoren ab. In bezug auf Erkundigungen bei den Erklärenden ist zunächst die Nähe der Erklärungsempfänger zu ihnen von Bedeutung. Je intensiver der Kontakt zwischen ihnen ist, um so näher liegt die Verpflichtung, Auskünfte einzuholen. Dementsprechend wird in Betracht gezogen, daß denjenigen, der in eine bereits bestehende GmbH eintritt und der sich dabei zwangsläufig mit den Altgesellschaftern auseinandersetzen muß, die Pflicht trifft, sich bei ihnen zu informieren, welche Vorstellungen bestimmten Teilen der Satzung zugrunde liegen.[203] Für die Erwerber eines zum Umlauf bestimmten Wertpapiers, deren Kontakt zu seinem Urheber meist sehr viel weniger intensiv ist, wird eine solche Erkundigungspflicht nicht diskutiert.

Mit dem Gesichtspunkt der Nähe zu den Informanten ist der Aspekt eng verbunden, daß eine Erkundigungspflicht um so eher zu bejahen ist, je geringer der Aufwand ist, um an verläßliche Informationen zu gelangen. Bei GmbH-Satzungen kann der notwendige Aufwand deshalb ins Gewicht fallen, weil der neu eintretende Gesellschafter sich mit *allen* übrigen Gesellschaf-

---

[200] Nur diese Regelungen sind anhand der Verständnismöglichkeiten nicht am Vertragsschluß beteiligter Personen auszulegen, nicht aber Regeln, die nur die Gründungsgesellschafter betreffen, vgl. die Nachweise in Fn. 43.

[201] BGH, Urt. v. 28.6.56 - II ZR 12/55, BGHZ 21, 155, 162; Urt. v. 18.10.76 - II ZR 194/75, WM 1976, 1244, 1245; *Pflug*, ZHR 1984, 1, 25.

[202] *Larenz*, Allgemeiner Teil des deutschen Bürgerlichen Rechts, § 19 II a, S. 341, Fn. 12.

[203] So *Ostheim*, Festschrift für Heinrich Demelius, S. 381, 395 f.; *Wiedemann*, DNotZ Sonderheft 1977, 99, 105 f.

tern eingehend besprechen muß, um sich ein Bild über die Absicht der Gründer zu machen.[204]

Schließlich dürfen die Anforderungen an die Erkundigungspflicht nicht überspannt werden, um die Leichtigkeit des Rechtsverkehrs nicht zu gefährden. Im Nachtrag zum zweiten Band des Lehrbuchs zum Arbeitsrecht von *Hueck/Nipperdey*[205] heißt es zu Recht, die dem Erklärungsempfänger zumutbare Sorgfalt bei der Erforschung des wirklichen Willens des Erklärenden sei um so geringer, je bedeutsamer die Erklärung für den Rechtsverkehr sei. Dem ähnlich hat *Harry Westermann*[206] gemeint, der objektive Erklärungsgehalt werde bei Erklärungen an einen unbestimmten Personenkreis besonders betont, wenn sie die Grundlage für eine große oder gar unübersehbare Zahl von Rechtsgeschäften abgäben. So wird denn auch aus der Umlauffunktion von Wertpapieren der Schluß gezogen, daß diese aus sich selbst heraus auszulegen sind.[207]

Regelmäßig gehen die Sorgfaltsanforderungen nicht so weit, daß die Erklärungsempfänger auch gehalten sind, den Urkundentext darauf zu überprüfen, ob er den Willen des Erklärenden richtig wiedergibt. Auf außerhalb der Urkunde liegende Umstände, die das ermöglichen würden, braucht grundsätzlich nur zurückgegriffen werden, um Zweifel zu beheben, namentlich um den Sinn mehrdeutiger Klauseln in Erfahrung zu bringen.[208] Mit seiner förmlichen Erklärung erweckt nämlich der Erklärende den Eindruck, die Urkunde gebe seinen Willen vollständig wieder. Er schafft damit für die Erklärungsempfänger einen Vertrauenstatbestand, an dem er sich festhalten lassen muß. Treffend formuliert *Gern*,[209] daß er sich beim Wort nehmen lassen muß. Erst recht gilt das, wenn das Gesetz - wie etwa bei GmbH-Satzungen[210] - die Schriftform (auch) deshalb anordnet, um den Erklärungsinhalt für die Erklärungsempfänger klarzustellen. Gerade dann ist eine

---

[204] *Ostheim*, Festschrift für Heinrich Demelius, S. 381, 395 f.

[205] Halbbd. 2, S. 1654.

[206] In Karl Arnold Festschrift, S. 281, 283 f.

[207] BGH, Urt. v. 3.2.75 - II ZR 128/73, BGHZ 64, 11, 14; Urt. v. 9.11.78 - II ZR 114/77, WM 1979, 362.

[208] So ausdrücklich für die Satzungen privater Körperschaften BayObLG, Beschl. v. 12.4.79 - BReg. 1 Z 13/79, DB 1979, 1075; *Ulmer* in Hachenburg, GmbHG, § 2 Rdnr. 145; wohl auch BGH, Urt. v. 29.9.54 - II ZR 331/53, LM § 549 ZPO Nr. 25; Urt. v. 16.2.81 - II ZR 89/79, GmbH-Rdsch. 1982, 129, 130.

[209] VerwArch 1989, 415, 417.

[210] Vgl. *Ulmer* in Hachenburg, GmbHG, § 2 Rdnr. 11.

Auslegung gegen den Wortlaut und den Bedeutungszusammenhang der Urkunde allenfalls ausnahmsweise zulässig. Im Ergebnis kann auf Umstände außerhalb der Urkunde in der Regel nur zur Auslegung von Klauseln zurückgegriffen werden, deren Inhalt nach der Urkunde zweifelhaft ist.

Die dargelegte an die Verständnismöglichkeit eines durchschnittlichen Adressaten anknüpfende Auslegung wird in Rechtsprechung und Schrifttum außer für zum Umlauf bestimmte Wertpapiere und Satzungen privater Körperschaften auch für Beschlüsse der Mitglieder- oder Hauptversammlungen solcher Körperschaften,[211] Verträge zwischen den Kassenärztlichen Vereinigungen und den Krankenkassen nach § 368 g Abs. 2 und 3 RVO,[212] Vollmachtsurkunden[213] und Auslobungen[214] vertreten. Dasselbe Auslegungsprinzip soll für Grundbucheintragungen gelten, obwohl diese keine privaten Willenserklärungen sind.[215] Schließlich soll auch bei Allgemeinen Geschäftsbedingungen, die ja mit dem jeweiligen Kunden vereinbart werden, nicht dessen Verständnishorizont maßgeblich sein, sondern der eines durchschnittlichen Angehörigen des angesprochenen Kreises von Verkehrsteilnehmern.[216] *Larenz*[217] begründet das mit dem Zweck der Allgemeinen Geschäftsbedingungen, die, vom Verwender her gesehen, die gleichmäßige Abwicklung aller von ihm mit seinen Kunden geschlossenen Verträge ermöglichen sollen. Dieser Zweck könne nur erreicht werden, wenn die Allgemeinen Geschäftsbedingungen auch allen Kunden gegenüber in gleicher Weise ausgelegt würden.

Die vorstehende Auflistung erhebt keinen Anspruch auf Vollständigkeit. Sie gibt nur diejenigen Erklärungen wieder, die an einen unbestimmten

---

[211] *Brox* in Erman, Handkommentar zum BGB, § 133 Rdnr. 37; *Hefermehl* in Soergel, BGB, § 133 Rdnr. 15.

[212] RG, Urt. v. 23.11.22 - IV 167/22, RGZ 106, 120, 123.

[213] *Hefermehl* in Soergel, BGB, § 133 Rdnr. 15; *Larenz*, Allgemeiner Teil des deutschen Bürgerlichen Rechts, § 33 I a, S. 637.

[214] *Seiler* in Münchener Kommentar zum BGB, § 657 Rdnr. 6.

[215] St. Rspr., vgl. etwa BGH, Urt. v. 24.9.82 - V ZR 96/81, NJW 1983, 115, 116; Beschl. v. 16.2.84 - V ZB 8/83, BGHZ 90, 181, 184; Urt. v. 26.10.84 - V ZR 67/83, Rpfleger 1985, 101; *Horber/Demharter*, GBO, § 53 Anm. 2.

[216] BGH, Urt. v. 16.6.82 - IV a ZR 270/80, BGHZ 84, 268, 272; Urt. v. 30.10.85 - VIII ZR 251/84, BGHZ 96, 182, 191; Urt. v. 17.12.87 - VII ZR 307/86, BGHZ 102, 384, 389 f.; Urt. v. 10.12.80 - VIII ZR 295/79, NJW 1981, 867, 868; Urt. v. 10.6.83 - V ZR 252/80, NJW 1984, 169, 170; Urt. v. 22.12.82 - V ZR 315/81, WM 1983, 220, 221 f; Urt. v. 7.3.84 - IV a ZR 135/82, WM 1984, 944, 945; *Ulmer* in Ulmer/Brandner/Hensen, AGBG, § 5 Rdnr. 13 ff.

[217] Allgemeiner Teil des deutschen Bürgerlichen Rechts, § 29 a II, S. 557 f.

Personenkreis gerichtet sind und bei denen Rechtsprechung oder Schrifttum bereits hervorgehoben haben, daß sie anhand der Verständnismöglichkeiten eines durchschnittlichen Adressaten, vor allem ihres Textes auszulegen sind. Dasselbe dürfte für weitere Erklärungen, wie etwa die sog. offerta ad incertas personas[218] gelten, deren Auslegung bislang weniger Beachtung gefunden hat.

Im Rahmen seiner Ausführungen zur Auslegung der Satzungen von Aktiengesellschaften ergänzt *Kraft*[219] die dargelegten Auslegungsgrundsätze. Er schließt nicht aus, den Erklärungsadressaten nicht erkennbare Umstände zu berücksichtigen, wenn sie sich zu ihren Gunsten auswirken. *Kraft* sieht richtig, daß die Auslegung nach dem Empfängerhorizont nach ihrer Zielsetzung, die Erklärungsadressaten zu schützen, nicht zu deren Lasten gehen darf. Allgemein muß es statt auf das Verständnis eines durchschnittlichen Adressaten auf das von dem Erklärenden tatsächlich Gewollte ankommen, wenn dies für die Erklärungsempfänger günstiger ist.

Die vorstehenden Überlegungen lassen sich dahin zusammenfassen, daß der Inhalt eines Vertrags von der gesondert vorzunehmenden Auslegung der auf den Vertragsschluß gerichteten Willenserklärungen abhängt. Stimmen die Willenserklärungen überein, steht der Vertragsinhalt fest. Sonst gelten die §§ 154, 155 BGB.

Eine Willenserklärung ist grundsätzlich so auszulegen, wie sie vom Erklärenden gemeint ist. Wenn allerdings der Erklärungsempfänger sie anders verstanden hat, kommt es darauf an, wie er sie verstehen mußte, es sei denn, das vom Erklärenden Gewollte ist für ihn günstiger. Geht eine Erklärung mehrere Personen an, ist, wenn eine einheitliche Auslegung notwendig ist, die Verständnismöglichkeit eines durchschnittlichen Angehörigen des angesprochenen Personenkreises maßgeblich. Zur Auslegung können deshalb nur Umstände herangezogen werden, zu denen der angesprochene Verkehrskreis auf zumutbare Weise Zugang hat. Welche Erkundigungen ihm zugemutet werden, hängt von der Nähe zu den Informanten, dem erforderlichen Aufwand sowie davon ab, inwieweit die Nachforschungen die Leichtigkeit des Rechtsverkehrs beeinträchtigen. Bei schriftlich abgefaßten Erklärungen ist es den Erklärungsempfängern generell nur bei einem mehrdeutigen Urkundentext zumutbar, Umstände außerhalb der Urkunde zu berücksichtigen.

---

[218] Sie erläuternd *Larenz*, Allgemeiner Teil des deutschen Bürgerlichen Rechts, § 27 I b, S. 518.

[219] In Kölner Kommentar zum AktG, § 23 Rdnr. 104.

b) Die Anwendbarkeit der Auslegungsgrundsätze auf Tarifnormen

aa) Die Vergleichbarkeit der Sachverhalte

(1) Die gleiche Entstehung von Tarifverträgen und Nicht-Normenverträgen

Tarifverträge und damit auch Tarifnormen entstehen auf die gleiche Weise wie Nicht-Normenverträge, nämlich dadurch, daß zumindest zwei Personen von ihnen beabsichtigte Rechtsfolgen durch übereinstimmende Willenserklärungen herbeiführen. Schon diese Parallele legt es nahe, auch die Bedeutung von Tarifnormen anhand der für Nicht-Normenverträge geltenden Grundsätze zu ermitteln und die auf den Abschluß eines Tarifvertrags gerichteten Erklärungen ebenfalls nach den §§ 133, 157 BGB auszulegen.

(2) Die Vergleichbarkeit der Interessenlage

Hinzu kommt, daß bei Tarifverträgen der gleiche Interessengegensatz besteht wie bei Nicht-Normenverträgen. Hier wie dort stehen sich die Interessen der Erklärenden und die der Erklärungsadressaten gegenüber. Zwischen ihnen muß abgewogen werden. Das gilt zunächst für die Interessen der am Vertragsschluß beteiligten Personen, der Tarifparteien. Für die Abwägung ihrer Interessen bieten sich die oben[220] aus §§ 133, 157 BGB entwickelten Grundsätze an. Danach sind die einzelnen Willenserklärungen darauf zu untersuchen, wie sie entweder von allen Tarifparteien verstanden worden sind oder aber, wenn es hieran fehlt, wie sie von den Tarifparteien, an die die jeweilige Erklärung gerichtet gewesen ist, verstanden werden mußten. In der Regel wird die so ermittelte Bedeutung der einzelnen Willenserklärungen übereinstimmen,[221] so daß damit auch der von den Tarifparteien - jedenfalls bei normativer Betrachtung - gemeinsame gewollte Inhalt der Tarifnorm feststeht.

Wie etwa bei Satzungen privater Körperschaften[222] muß jedoch der Wille der Vertragsparteien, hier der Tarifpartner, nicht das Endergebnis der Auslegung bilden. In einem zweiten Schritt, der auf die Abwägung der Interessen der Vertragsparteien folgt, könnten die Interessen am Vertragsschluß

---

[220] Vgl. S. 45 ff.

[221] Auf die Frage, wie zu verfahren ist, wenn die Bedeutung der Erklärungen auseinanderfällt, also ein Dissens der Tarifparteien vorliegt, komme ich später zurück, vgl. S. 87 f.

[222] Hierzu auf S. 50 ff.

unbeteiligter Personen in die Auslegung einzubeziehen sein. Gerade bei Tarifnormen liegt das nahe. Die Tarifparteien befassen sich nicht nur mit ihren eigenen Angelegenheiten. Indem sie Rechte und Pflichten für die Tarifunterworfenen, vor allem für ihre Mitglieder, begründen, regeln sie vornehmlich fremde Rechtsverhältnisse. Die Interessen der Tarifunterworfenen, vielleicht auch noch die weiterer Personen, welche zwar am Vertragsschluß unbeteiligt gewesen sind, aber dennoch von den Tarifnormen betroffen werden, könnten auslegungserheblich sein.

(a) Die Existenz eines schutzwürdigen Interesses Dritter an einer vom Willen der Tarifparteien abweichenden Erklärungsbedeutung

Die Belange der am Vertragsschluß unbeteiligten Personen brauchen nur dann berücksichtigt zu werden, wenn für diese Personen ein schutzwürdiges Interesse an einer Erklärungsbedeutung denkbar ist, die vom - gegebenenfalls normativ ermittelten - gemeinsamen Willen der Erklärenden, der Tarifparteien, abweicht. Das soll zunächst für die Tarifunterworfenen untersucht werden. Anschließend wird der Frage nachgegangen, inwieweit ein schutzwürdiges Interesse anderer Personen in Betracht kommt.

(aa) Die Interessen der Tarifunterworfenen

Ein schutzwürdiges Interesse an einem Vertragsinhalt, der nicht vom Willen der Tarifparteien getragen wird, fehlt nach dem oben[223] Gesagten, wenn die Tarifunterworfenen die Tarifnormen generell so verstehen oder doch verstehen müssen, wie die Tarifparteien sie gemeint haben. Diese Voraussetzung könnte aufgrund der zumeist engen Verbindung der Tarifunterworfenen zu den Tarifparteien, deren Mitglied sie regelmäßig sind, erfüllt sein. *Zöllner*[224] meint, aufgrund dieser Verbindung könne grundsätzlich darauf vertraut werden, daß ein vom Text abweichender Wille der Tarifparteien den Tarifunterworfenen zur Kenntnis gelange. Auch der Gesetzgeber habe das so gesehen und darauf verzichtet, eine mit konstitutiver Wirkung ausgestattete Publikation anzuordnen.

Ob diese Überlegungen zutreffen und ein schutzwürdiges Vertrauen der Tarifunterworfenen auf eine vom Willen der Tarifparteien abweichende Erklärungsbedeutung generell ausscheidet, bedarf schon bei den Personen,

---

[223] Vgl. S. 48 ff.

[224] RdA 1964, 443, 449.

deren Tarifbindung auf ihrer Mitgliedschaft zu einer der Tarifparteien beruht (§ 3 Abs. 1 TVG), der Nachprüfung. Erst recht gilt das hinsichtlich der übrigen nach § 3 Abs. 2 oder § 5 Abs. 4 TVG tarifgebundenen Personen. Ein schutzwürdiges Vertrauen entfällt nur dann, wenn die Tarifunterworfenen die Möglichkeit haben, den Willen der Tarifparteien zu erkennen (-1-). Steht das fest, ist weiter zu prüfen, ob es ihnen auch zumutbar ist, von ihren Erkenntnismöglichkeiten Gebrauch zu machen (-2-).

(-1-) Der Zugang zum Willen der Tarifparteien

(-a-) Die Verbandsmitglieder

Tatsächlich haben die Mitglieder eines Verbands, denen bestimmte Erkenntnisquellen wie Niederschriften über die Tarifverhandlungen nicht unmittelbar zur Verfügung stehen, zu ihnen immerhin Zugang über den Verband. Aufgrund des Mitgliedschaftsverhältnisses ist der Verband dazu verpflichtet, seinen Mitgliedern die notwendigen Informationen zu beschaffen. Das wird auch im Schrifttum so gesehen: Zwar lassen *Däubler/Hege*[225] die Existenz eines Anspruchs der Tarifunterworfenen gegen die Tarifparteien auf Auskunft über die mit den Tarifbestimmungen verfolgten Absichten dahinstehen, obwohl dieser Anspruch auch nach ihrer Ansicht geeignet wäre, das Informationsinteresse der Tarifunterworfenen zu befriedigen. Auf die Möglichkeit der Tarifgebundenen, sich an "ihren" Verband zu wenden, um sich Kenntnis vom Inhalt des Tarifs zu verschaffen, weisen jedoch *Wiedemann/Stumpf*[226] sowie *Nipperdey*[227] hin. Auch nach Meinung von *Gröbing*[228] müssen die Tarifparteien den Normunterworfenen die Kenntnisnahme vom gesamten Inhalt des Tarifvertrags ermöglichen. In die gleiche Richtung zielt die Stellungnahme von *Lindena*:[229] Er leitet aus der Mitgliedschaft im Verband einen Anspruch der Tarifunterworfenen auf Aushändigung eines Textes des Tarifvertrags her. Zugleich weist er darauf hin, daß die Tarifparteien auch aufgrund der dem Tarifvertrag immanenten Durchführungspflichten verpflichtet sind, ihren Mitgliedern Texte auszuhändigen. Die von *Lindena* hervorgehobene Pflicht zur Weitergabe des Textes ist

---

225 Tarifvertragsrecht, Anm. 85.

226 TVG, § 8 Rdnr. 3.

227 In Hueck/Nipperdey, Lehrbuch des Arbeitsrechts, II/1, § 25 II 2, S. 504.

228 ArbuR 1982, 116, 119.

229 DB 1988, 1114, 1116.

indes nur Teil der weitergehenden allgemeinen Pflicht, die Mitglieder über den Inhalt des Tarifvertrags aufzuklären.

Ist das Mitgliedschaftsverhältnis bereits beendet, bleibt die Tarifgebundenheit aber nach § 3 Abs. 3 TVG bestehen, ist der Verband für die Dauer der Nachwirkung seinen früheren Mitgliedern weiterhin zur Auskunfterteilung verpflichtet.

Da der Verband selbst am Vertragsschluß beteiligt gewesen ist, kann er seinen Mitgliedern die meisten Informationen aufgrund eigener Kenntnis erteilen. Zusätzliche Informationen über die Vorstellungen der auf der Gegenseite an den Tarifverhandlungen beteiligten Personen kann er beschaffen, indem er sich an die andere(n) Tarifpartei(en) wendet. Aus dem Tarifvertrag ergibt sich für diese die schuldrechtliche Nebenpflicht, die von ihrem Vertragspartner geforderte Auskunft zu erteilen. So gesehen haben die meisten Tarifunterworfenen - anders als etwa der Bürger bei Gesetzen - über ihren Verband die Möglichkeit, mittelbar auch auf nicht allgemein verfügbare Informationen zuzugreifen.

(-b-) Die nach § 3 Abs. 2 TVG tarifgebundenen Arbeitnehmer

Diese Möglichkeit scheint nur Personen zu fehlen, deren Tarifbindung auf § 3 Abs. 2[230] oder auf § 5 Abs. 4 TVG beruht, die also zu keinem Zeitpunkt einem Tarifverband angehört haben. Aber auch ihnen könnte es möglich sein, sich über eine vom Willen der Tarifparteien abweichende Normbedeutung zu informieren. Das gilt zunächst für die nach § 3 Abs. 2 TVG tarifgebundenen Arbeitnehmer: Die dem Arbeitgeber aus dem Arbeitsverhältnis obliegende Fürsorgepflicht[231] verpflichtet ihn zu einer umfassenden Förderung der Interessen seiner Arbeitnehmer.[232] Dazu kann auch die Unterrichtung der Arbeitnehmer über sie interessierende Fragen gehören. So ist

---

[230] Auf die Verfassungsmäßigkeit dieser Vorschrift mit dem GG - problematisch ist das Verhältnis zur Koalitionsfreiheit sowie zum Demokratieprinzip - kann im Rahmen dieser Arbeit nicht eingegangen werden. Vgl. stattdessen - die Verfassungsmäßigkeit bejahend - *Biedenkopf*, Grenzen der Tarifautonomie, S. 310 ff.; *Nipperdey* in Hueck/Nipperdey, Lehrbuch des Arbeitsrechts, II/1, § 23 II, S. 482 Fn. 20 a; *Wiedemann/Stumpf*, TVG, § 3 Rdnr. 67. Bedenken äußern *Buchner*, Tarifvertragsgesetz und Koalitionsfreiheit, S. 67 ff.; *ders.*, RdA 1966, 208, 209; *Richardi*, Kollektivgewalt und Individualwille bei der Gestaltung des Arbeitsverhältnisses, S. 224 ff., vor allem S. 236. Zur verwandten Problematik der Verfassungsmäßigkeit des § 76 Abs. 8 BetrVG s. auch *Schlüter*, Festschrift für Rudolf Lukes, S. 559 ff.

[231] Hierzu *Söllner* in Münchener Kommentar zum BGB, § 611 Rdnr. 374 ff.; *Hanau* in Erman, Handkommentar zum BGB, § 611 Rdnr. 482 ff.

[232] *Hanau* in Erman, Handkommentar zum BGB, § 611 Rdnr. 482.

anerkannt, daß der Arbeitgeber gehalten ist, die Arbeitnehmer über Sozialleistungen aller Art zu unterrichten.[233] Auch muß er seinen Arbeitnehmern Auskunft in bezug auf die Zusammensetzung ihres Lohns erteilen, wenn sich die Arbeitnehmer in entschuldbarer Weise über Bestehen und Umfang ihrer Ansprüche im Ungewissen befinden, er selbst aber unschwer Auskunft erteilen kann.[234] In ähnlicher Weise wird man den Arbeitgeber für verpflichtet ansehen müssen, jedenfalls solche Arbeitnehmer, die sich nicht über eine Gewerkschaft informieren können, bei Bedarf über den Inhalt von Tarifnormen zu betrieblichen oder betriebsverfassungsrechtlichen Fragen zu unterrichten. Verfügt der Arbeitgeber selbst nicht über die dafür erforderlichen Kenntnisse, muß er sich seinerseits bei der Koalition, der er angehört, informieren. Damit haben auch Arbeitnehmer, deren Tarifbindung auf § 3 Abs. 2 TVG zurückgeht, die Möglichkeit, mittelbar auf nicht allgemein verfügbare Informationen zuzugreifen.

(-c-) Die aufgrund einer Allgemeinverbindlicherklärung tarifgebundenen Personen

Entsprechendes könnte für die aufgrund einer Allgemeinverbindlicherklärung des Tarifvertrags nach § 5 Abs. 4 TVG tarifgebundenen Personen gelten. Hierauf muß jedoch nur eingegangen werden, wenn die Interessen dieser Personengruppe überhaupt berücksichtigt werden können. Das ist zweifelhaft.

§ 5 Abs. 4 TVG könnte so zu verstehen sein, daß die bis zur Allgemeinverbindlicherklärung nicht tarifgebundenen Arbeitgeber und Arbeitnehmer den Tarifnormen so unterstellt werden, wie diese ohne die Allgemeinverbindlicherklärung gelten würden.[235] Dieses Konzept läßt sich indes nicht zwingend aus § 5 Abs. 4 TVG herauslesen. Ein sachlicher Grund dafür, die Interessen der über die Allgemeinverbindlicherklärung tarifgebundenen Personen anders zu behandeln als die der übrigen Tarifunterworfenen, fehlt. Zwar entsteht ihre Tarifbindung im Gegensatz zu der nach § 3 TVG häufig erst nach Inkrafttreten des Tarifvertrags. Erst von diesem Zeitpunkt an kommt für sie ein schutzwürdiges Interesse am Inhalt des Tarifvertrags in Betracht. Dieses Interesse ist dann aber, weil die nach § 5 Abs. 4 TVG

---

[233] BAG, Urt. v. 9.9.66 - 1 AZR 259/65, AP Nr. 76 zu § 611 BGB Fürsorgepflicht mit zust. Anm. *Alfred Hueck*; *Söllner* in Münchener Kommentar zum BGB, § 611 Rdnr. 390; *Hanau* in Erman, Handkommentar zum BGB, § 611 Rdnr. 489.

[234] BAG, Urt. v. 15.6.72 - 5 AZR 32/72, AP Nr. 14 zu § 242 BGB Auskunftspflicht.

[235] So wohl *Nikisch*, Arbeitsrecht, II. Bd., S. 498.

tarifgebundenen Personen von der Allgemeinverbindlicherklärung an zum Kreis der Tarifunterworfenen gehören, genauso zu berücksichtigen wie das anderer tarifgebundener Personen.

Berücksichtigt man bestimmte Interessen (erst) von der Allgemeinverbindlicherklärung an, kann die Auslegung des Tarifvertrags im Anschluß an die Allgemeinverbindlicherklärung anders ausfallen als vorher. Dergleichen ist aber nicht ungewöhnlich. Auch in anderen Rechtsgebieten läßt sich feststellen, daß sich die Auslegung eines Regelwerks im Laufe der Zeit ändern kann, weil sich die ihr zugrundeliegende Interessenlage verändert hat. So weist *Wiedemann*[236] auf Erwägungen hin, bei der Auslegung der Satzungen von Kapitalgesellschaften danach zu differenzieren, ob bereits ein Gesellschafterwechsel stattgefunden hat oder die Gründungsgesellschafter noch unter sich sind. Ferner vertritt *Ulmer*[237] die Ansicht, daß die Satzung einer GmbH vor und nach ihrer Eintragung unterschiedlich auszulegen sein könne. Interessen Dritter seien nämlich erst von der Eintragung an zu berücksichtigen. *Ostheim*[238] und *Karsten Schmidt*,[239] die dieser Auffassung entgegentreten, stellen nicht etwa in Abrede, daß sich die Auslegung einer Satzung ändern kann. Sie meinen lediglich, daß eine GmbH-Satzung auch schon vor der Eintragung für Dritte bedeutsam sei; deren Interessen seien deshalb auch schon vor der Eintragung zu berücksichtigen.

Aus den dargelegten Gründen sind bei Tarifverträgen, die bereits für allgemeinverbindlich erklärt sind, auch die Interessen der nach § 5 Abs. 4 TVG tarifgebundenen Personen zu berücksichtigen. Ein schutzwürdiges Interesse an einer vom Willen der Tarifparteien abweichenden Normbedeutung hängt bei ihnen ebenso wie bei den übrigen Tarifunterworfenen davon ab, ob sie den Willen der Tarifparteien - auf zumutbare Weise - erkennen können.

Ihnen könnten die erforderlichen Informationen aufgrund eines Auskunftsanspruchs gegen die Tarifparteien zur Verfügung stehen. Obwohl die nach § 5 Abs. 4 TVG tarifgebundenen Personen keiner der Tarifparteien mitgliedschaftlich verbunden sind, könnten die Tarifparteien verpflichtet sein, sie wie auskunftberechtigte Mitglieder zu behandeln. Das gilt zunächst für die Tarifpartei, die den nach § 5 Abs. 1 Satz 1 TVG erforderlichen Antrag auf Allgemeinverbindlicherklärung des Tarifvertrags gestellt hat. Auf

---

[236] DNotZ Sonderheft 1977, S. 99, 100.

[237] In Hachenburg, GmbHG, § 2 Rdnr. 143, § 11 Rdnr. 23.

[238] *Ostheim*, JBl. 1978, 350.

[239] In Scholz, GmbH-Gesetz, § 11 Rdnr. 39.

ihrer Initiative beruht es, daß sich die nach § 5 Abs. 4 TVG tarifgebundenen Personen, was die Tarifbindung anbelangt, wie Mitglieder einer der Tarifparteien behandeln lassen müssen. Würde nun die Tarifpartei, die die mitgliedsgleiche Tarifbindung herbeigeführt hat, den hiervon betroffenen Personen die einem Mitglied zustehende Auskunft über die Vorstellungen, die die Tarifparteien mit dem Tarifvertrag verbunden haben, verweigern, dürfte sie gegen das Verbot des "Venire contra factum proprium" verstoßen. In jedem Fall begründet aber ihr Vorverhalten, d. h. ihr Antrag auf Allgemeinverbindlicherklärung, eine besondere Verantwortlichkeit für die bis dahin nicht tarifgebundenen Personen und damit eine Sonderverbindung zu ihnen. Diese Sonderverbindung ist eine hinreichende Grundlage dafür, daß die antragstellende Tarifpartei nach Treu und Glauben verpflichtet ist, die für sie verfügbaren Informationen an die nach § 5 Abs. 4 TVG tarifgebundenen Personen weiterzuleiten. Die Gefahr einer uferlosen Ausweitung der aus § 242 BGB hergeleiteten Auskunftspflichten, die im allgemeinen zur Zurückhaltung bei der Annahme gesetzlich nicht ausdrücklich geregelter Pflichten mahnt, besteht hier nicht.

Parallele Erwägungen rechtfertigen auch einen Auskunftsanspruch gegen die Tarifparteien, die sich dem Antrag auf Allgemeinverbindlicherklärung nicht angeschlossen haben. Auch sie haben die mitgliedsgleiche Tarifbindung mitzuverantworten, da zumindest einer der Vertreter ihrer Spitzenorganisation im Tarifausschuß für die Allgemeinverbindlicherklärung gestimmt haben muß, um das nach § 5 Abs. 1 Satz 1 BGB erforderliche Einvernehmen herzustellen.

(-d-) Zwischenergebnis

Als Zwischenergebnis bleibt festzuhalten, daß sämtliche Tarifunterworfenen Zugang zu den Informationen haben, die Aufschluß über den Willen der Tarifparteien geben: Die aufgrund der Allgemeinverbindlicherklärung von den Tarifnormen erfaßten Personen können von den Tarifparteien die entsprechenden Auskünfte verlangen. Die verbandsangehörigen Normadressaten können sich bei ihrem Verband, die nach § 3 Abs. 2 TVG tarifgebundenen Arbeitnehmer bei ihrem Arbeitgeber erkundigen.

(-2-) Die Zumutbarkeit des Zugangs

Offen geblieben ist, inwieweit es den Tarifunterworfenen zumutbar ist, die ihnen zur Verfügung stehenden Erkenntnismöglichkeiten auszuschöpfen. Dafür, daß es ihnen zugemutet werden kann, sich bei den Tarifparteien bzw. ihrem Arbeitgeber über die mit den Tarifnormen verfolgten Absichten der Tarifparteien zu informieren, spricht der verhältnismäßig geringe Aufwand, der hiermit verbunden ist. Für die kraft ihrer Verbandsmitgliedschaft tarifunterworfenen Personen sowie für die nach § 3 Abs. 2 TVG gebundenen Arbeitnehmer kommt hinzu, daß zwischen ihnen und der Auskunftsperson aufgrund der Mitgliedschaft bzw. der gemeinsamen Betriebszugehörigkeit ein Näheverhältnis besteht, das die Nachfrage erleichtert.

Selbst wenn eine solch enge Beziehung zwischen den nach § 5 Abs. 4 TVG tarifgebundenen Personen und ihren Informanten fehlt, liegt es auch hier nahe, die Zumutbarkeit der Auskunftseinholung zu bejahen. Die Anforderungen an die Tarifunterworfenen, sich über den Willen der Tarifparteien zu informieren, dürfen nicht zu niedrig angesetzt werden. Jede Einschränkung der Maßgeblichkeit des Willens bedeutet nämlich, daß die hinter der Norm stehende Wertung der Tarifparteien nicht (in vollem Umfang) zum Tragen kommt. Das ist deshalb bedenklich, weil die Verwirklichung der Wertung eine Lösung verspricht, die aus Sicht kompetenter Personen, nämlich der Tarifparteien, zweckmäßig und praxisgerecht ist.[240] Eine solche Lösung ist nicht gewährleistet, wenn statt auf den Willen der Tarifparteien einseitig darauf abgestellt wird, wie die Tarifunterworfenen die Norm verstehen mußten und dabei sogar etwaige Erkundigungsmöglichkeiten ausgeklammert werden.[241] Bei einer solchen Vorgehensweise würden selbst bloße Redaktionsversehen den Inhalt der Norm in erheblichem Maße (mit-)bestimmen können.[242] Diese Gesichtspunkte sprechen dafür, im Hinblick auf die Erkundigungsmöglichkeiten der Tarifunterworfenen für sie ein schutzwürdiges Interesse an einem vom Willen der Tarifparteien abweichenden Erklärungsinhalt generell zu verneinen.

Bislang unberücksichtigt geblieben ist indes, daß die Tarifparteien mit ihrer schriftlichen Erklärung einen Vertrauenstatbestand des Inhalts geschaffen haben, der Text des Tarifvertrags gebe ihren Willen vollständig wieder. An ihm könnten sich die Tarifparteien - wie etwa die Schöpfer einer GmbH-Satzung[243] - festhalten lassen müssen. Das könnte auch die Wertentscheidung verlangen, die der Gesetzgeber in den §§ 1 Abs. 2 und 8 TVG getroffen hat. Der Zweck des § 1 Abs. 2 TVG wird gerade auch darin gese-

---

[240] In diesem Sinne läßt sich mit *Canaris* (JZ 1987, 543, 546) davon sprechen, daß die Wertung den "Gerechtigkeitsgehalt" der Norm konstituiert.

[241] Ähnlich *Harry Westermann*, Karl Arnold Festschrift, S. 281, 290.

[242] Auf diesen Aspekt weist - für die Auslegung von Gesetzen - *Brox* (Die Einschränkung der Irrtumsanfechtung, S. 102) hin.

[243] Vgl. oben S. 52 f.

hen, am Vertragsschluß unbeteiligten Dritten die Möglichkeit zu verschaffen, sich anhand des Textes über den Inhalt des Tarifvertrags zu informieren.[244] Noch deutlicher läßt § 8 TVG diese Zielsetzung erkennen. Das Gebot, Tarifverträge im Betrieb auszulegen, mag zwar auch dazu dienen, die Publizität des Tarifvertrags im Interesse der Öffentlichkeit zu fördern.[245] Würde sich jedoch sein Zweck hierin erschöpfen,[246] hätte der Gesetzgeber ein geeigneteres Instrumentarium finden, etwa eine Pflicht zur Veröffentlichung in Tageszeitungen begründen können. Stattdessen verlangt er gerade eine Auslegung im Betrieb, also dort, wo der Tarifvertrag zur Anwendung gelangt. Daraus kann geschlossen werden, daß es ihm gerade auch darum geht, die unmittelbar Betroffenen, die Tarifunterworfenen, anzusprechen und es ihnen zu ermöglichen, sich über den Inhalt des Tarifvertrags zu informieren.[247]

So verstanden entspricht das Auslegungserfordernis weitgehend dem für Gesetze geltenden Verkündungszwang[248] (vgl. Art. 82 Abs. 1 GG), dem ebenfalls die Funktion zugeschrieben wird, es zu ermöglichen, "daß die Betroffenen sich verläßlich Kenntnis von ihrem (der Gesetze) Inhalt verschaffen können".[249]

Das Gebot der Auslegung im Betrieb ist im Verordnungsweg durch § 16 Satz 1 der Durchführungsverordnung zum Tarifvertragsgesetz ergänzt worden. Danach hat jedermann das Recht, in die beim Tarifregister hinterlegten Tarifverträge einzusehen.[250] Die Vorschrift gewährleistet damit ebenfalls

---

[244] BAG, Urt. v. 19.10.76 - 1 AZR 611/75, E 28, 225, 230 = AP Nr. 6 zu § 1 TVG Form; Urt. v. 9.7.80 - 4 AZR 564/78, E 34, 42, 46 = AP Nr. 7 zu § 1 TVG Form; *Wiedemann/Stumpf*, TVG, § 1 Rdnr. 98; *Zachert* in Hagemeier/Kempen/Zachert/Zilius, TVG, § 1 Rdnr. 233; *Däubler/Hege*, Tarifvertragsrecht, Rdnr. 54; *Schaub*, Arbeitsrechts-Handbuch, § 199 II 3, S. 1312; *Mangen*, RdA 1982, 229, 230.

[245] So *Zilius* in Hagemeier/Kempen/Zachert/Zilius, TVG, § 8 Rdnr. 1.

[246] So *Wiedemann/Stumpf*, TVG, § 8 Rdnr. 2.

[247] Im Ergebnis ebenso *Lindena*, DB 1988, 1114, 1115; *Zilius* in Hagemeier/Kempen/Zachert/Zilius, TVG, § 8 Rdnr. 1; *Nipperdey* in Hueck/Nipperdey, Lehrbuch des Arbeitsrechts, II/1, § 25 II, S. 502 ff.

[248] So auch BAG, Urt. v. 19.10.76 - 1 AZR 611/75, E 28, 225, 230 = AP Nr. 6 zu § 1 TVG Form.

[249] BVerfG, Beschl. v. 22.11.83 - 2 BvL 25/81, E 65, 283, 291; Beschl. v. 2.4.63 - 2 BvL 22/60, E 16, 6, 16 f., 18.

[250] Die Neufassung der DVO zum TVG vom 16.1.1989 (BGBl. I S. 76) hat dieses Recht unberührt gelassen.

die Möglichkeit, sich anhand des Textes über den Inhalt des Tarifvertrags zu informieren,[251] und zwar auch für die Tarifunterworfenen.

Ist somit dem Tarifvertragstext die Funktion einer Informationsquelle zugedacht, dürfen sich die Normunterworfenen auf ihn verlassen.[252] Daraus folgt, daß die Tarifunterworfenen zumindest grundsätzlich ein schutzwürdiges Interesse an einem durch den Vertragstext bestimmten, vom Willen der Tarifparteien abweichenden Erklärungsinhalt haben, und zwar ungeachtet ihrer Zugehörigkeit zu einer der Tarifparteien, deren Anteil an einer Allgemeinverbindlicherklärung und ihres Verhältnisses zum Arbeitgeber. Diese Wertung, die der Gesetzgeber in den §§ 1 Abs. 2 und 8 TVG getroffen hat, bindet die Gerichte und die übrigen Normanwender. Sie bedeutet sicher, daß die Tarifunterworfenen zumindest grundsätzlich[253] ein schutzwürdiges Interesse daran haben, daß sich die Erklärungsbedeutung mit dem Vertragstext vereinbaren läßt. Darüber hinaus könnten die §§ 1 Abs. 2 und 8 TVG verlangen, daß allein der Vertragstext zur Ermittlung der Erklärungsbedeutung herangezogen werden darf. Eine so weitgehende Maßgeblichkeit des Textes ist jedoch nach der Formulierung der §§ 1 Abs. 2 und 8 TVG nicht zwingend. Diese Vorschriften können auch so verstanden werden, daß den Tarifunterworfenen über den Text lediglich ein Mindestmaß an Informationen gesichert werden soll, sie im Falle seiner Mehrdeutigkeit aber damit rechnen müssen, daß außerhalb des Textes liegende Umstände, die Aufschluß über den Willen der Tarifparteien geben, Bedeutung gewinnen. Für dieses Verständnis spricht der bereits oben[254] hervorgehobene Gesichtspunkt, daß jedes Zurückdrängen des Willens der Tarifparteien zur Folge hat, daß unüberlegte Zufallsergebnisse möglich werden. Aus diesem Grund ist es vorzugswürdig, den §§ 1 Abs. 2, 8 TVG nur zu entnehmen, daß die Tarifunterworfenen grundsätzlich ein schutzwürdiges Interesse an einer mit dem Vertragstext im Einklang stehenden Bedeutung haben. Ein weitergehendes schutzwürdiges Interesse an einer vom Willen der Tarifparteien abweichenden Erklärungsbedeutung läßt sich mit den Vorschriften nicht begründen.

---

[251] So auch *Lindena*, DB 1988, 1114 f.

[252] Im Ergebnis ebenso *Mangen*, RdA 1982, 229, 230.

[253] Auf eventuelle Ausnahmen komme ich später zurück, vgl. S. 90 ff.

[254] Vgl. S. 62.

(-3-) Zwischenergebnis

Zusammenfassend läßt sich feststellen, daß auch bei Tarifnormen ein schutzwürdiges Interesse der Tarifunterworfenen an einer vom Willen der Tarifparteien abweichenden Erklärungsbedeutung in Betracht kommt. Denkbar ist aber nur ein schutzwürdiges Interesse an einer dem Vertragstext entsprechenden Bedeutung.

(bb) Die Interessen anderer Personen und Institutionen

Ein weitergehendes schutzwürdiges Interesse an einer vom Willen der Tarifparteien abweichenden Erklärungsbedeutung könnten jedoch solche Personen oder Institutionen haben, die zwar nicht tarifgebunden sind, für die die Tarifnormen aber dennoch Bedeutung besitzen.

(-1-) Die an einem Beitritt zu einer der Tarifparteien interessierten Personen

Das gilt zunächst für Personen, die als künftige Mitglieder der Tarifparteien in Betracht kommen. Für sie könnte es notwendig sein, den Inhalt des Tarifvertrags erkennen zu können, um zu wissen, worauf sie sich gegebenenfalls einlassen, damit sie das von Rechtsprechung und Schrifttum unter bestimmten Voraussetzungen anerkannte Recht, einer der Tarifparteien beizutreten,[255] sachgerecht ausüben können. Daraus könnte ein schutzwürdiges Interesse an einer ihren Verständnismöglichkeiten entsprechenden und deshalb vom Willen der Tarifparteien abweichenden Normbedeutung folgen. Unterstellt man, daß die Kenntnis des Tarifinhalts tatsächlich erforderlich ist, um vom Recht auf Beitritt sinnvollen Gebrauch machen zu können, wird man als notwendiges Korrelat dieses gegen die Koalition gerichteten Anspruchs einen Anspruch auf Auskunfterteilung über den Inhalt des Tarifvertrags ansehen müssen. Ein allgemeiner Rechtsgrundsatz geht nämlich dahin, daß demjenigen, dem ein Recht zusteht, in aller Regel auch die Mittel zur Verfügung gestellt werden müssen, um das Recht verwirklichen zu können.[256] Steht aber Beitrittsinteressenten für den Fall, daß der Tarifinhalt für sie von Bedeutung ist, ein entsprechender Auskunftsanspruch zu, besitzen sie, abgesehen davon, daß auch sie sich nach §§ 1 Abs. 2, 8 TVG auf den

---

[255] Hierzu *Nipperdey* in Hueck/Nipperdey, Lehrbuch des Arbeitsrechts, II/1, § 6 II 6, S. 102; *Küttner*, NJW 1980, 968 ff.

[256] *Sirp* in Erman, Handkommentar zum BGB, § 242 Rdnr. 65.

Vertragstext verlassen dürfen, kein schutzwürdiges Interesse an einem vom Willen der Tarifparteien abweichenden Tarifinhalt.

(-2-) Die Personen, deren Einzelarbeitsverträge auf den Tarifvertrag Bezug nehmen

Ein solches Interesse besitzen auch die mittelbar tarifbetroffenen Personen nicht, die, ohne tarifgebunden zu sein, Einzelarbeitsverträge abgeschlossen haben, in denen auf den Tarifvertrag Bezug genommen wird. Ihre Interessen können die Auslegung der Tarifnormen schon deshalb nicht beeinflussen, weil ihre individualrechtliche Bezugnahme damit Einfluß auf den Inhalt des Tarifvertrags hätte. Auf diese Weise würde das sonst gegebene Verhältnis von Leistung und Gegenleistung zum Nachteil entweder der Arbeitgeber- oder aber der Arbeitnehmerseite verändert. Der benachteiligten Seite gegenüber würde sich die Bezugnahme als - unzulässiger - Vertrag zu Lasten Dritter auswirken. Das Ergebnis läßt sich nur vermeiden, indem man der Bezugnahme und den daraus folgenden Interessen der bezugnehmenden Personen jegliche Bedeutung für die Auslegung der Tarifnormen abspricht. Zu Recht hält deshalb *Lindena*[257] den mittelbaren Einfluß der Tarifparteien auf die Arbeitsbedingungen der Nichtmitglieder zwar für tatsächlich bedeutsam, aber für rechtlich irrelevant.

(-3-) Die über die Allgemeinverbindlicherklärung entscheidenden Personen

Ein schutzwürdiges Interesse an einer vom Willen der Tarifparteien abweichenden und nicht lediglich dem Vertragstext entsprechenden Erklärungsbedeutung kommt damit nur noch für die Personen in Betracht, die nach § 5 TVG über die Allgemeinverbindlicherklärung des Tarifvertrags zu entscheiden haben. Grundsätzlich sind das der Bundesminister für Arbeit und Sozialordnung und die Mitglieder eines Tarifausschusses (§ 5 Abs. 1 und 6 TVG). Über die Allgemeinverbindlicherklärung ist nach pflichtgemäßem Ermessen zu entscheiden.[258] Um ihr Ermessen sinnvoll ausüben zu können, müssen die zur Entscheidung berufenen Personen den Inhalt des Tarifvertrags, dessen Allgemeinverbindlicherklärung beantragt ist, kennen. Ihr daraus folgendes Interesse am Vertragsinhalt könnte in der Weise zu

---

[257] DB 1988, 1114, 1116.

[258] *Wiedemann/Stumpf*, TVG, § 5 Rdnr. 51.

schützen sein, daß der Tarifvertrag (auch) im Hinblick auf ihre Verständnismöglichkeiten ausgelegt wird.

Indes bestehen Bedenken dagegen, die Interessen der über die Allgemeinverbindlicherklärung befindenden Personen im Rahmen der Auslegung des Tarifvertrags zu berücksichtigen. Die Interessen dieser Personen werden in aller Regel bereits dadurch gewahrt, daß sie über das, was die Tarifparteien mit ihren Erklärungen gemeint haben, im Rahmen des Verfahrens der Allgemeinverbindlicherklärung Kenntnis erhalten oder ihnen zumindest die Möglichkeit der Kenntnisnahme offensteht. Über die Vorstellungen der Tarifparteien kann bereits die Begründung des Antrags auf Allgemeinverbindlicherklärung, den eine Tarifpartei stellt, Aufschluß geben. Auch können die Vertreter der Spitzenorganisationen von ihren Mitgliedern unterrichtet werden und diese Informationen an die Behörde weiterleiten. Vielfach werden die Vorstellungen der Tarifparteien, die für die Allgemeinverbindlicherklärung von Bedeutung sind, auch in den von § 5 Abs. 2 TVG vorgesehenen schriftlichen und mündlichen Stellungnahmen der Gewerkschaften und Arbeitgebervereinigungen zum Ausdruck kommen. Bei Berücksichtigung dieser Informationsquellen besteht jedenfalls kein Anlaß, die Maßgeblichkeit des Willens der Tarifparteien für die Auslegung von Tarifnormen im Hinblick auf die Möglichkeit der Allgemeinverbindlicherklärung stärker zu begrenzen, als dies aufgrund der Interessen der Tarifunterworfenen geschieht. Auch für die über die Allgemeinverbindlicherklärung entscheidenden Personen ist lediglich ein schützenswertes Interesse an einer dem Vertragstext entsprechenden Erklärungsbedeutung denkbar.

(-4-) Zwischenergebnis

Auch für die Personen und Institutionen, die zwar nicht tarifgebunden sind, für die die Tarifnormen aber dennoch Bedeutung besitzen, kommt nur ein schützenswertes Interesse an einer dem Vertragstext entsprechenden Normbedeutung in Betracht.

(b) Die Einbeziehung des Vertrauens auf den Vertragstext in die Auslegung

Der Schutzbedürftigkeit der Erklärungsadressaten kann auch bei den Tarifnormen nur dadurch Rechnung getragen werden, daß die jeweiligen Erklärungen der Tarifparteien so ausgelegt werden, wie die Adressaten das im Hinblick auf den Urkundentext erwarten durften. Die gegenteilige Auffassung namentlich von *Bogs*,[259] eine Tarifnorm sei unwirksam, wenn der Wille der Erklärenden nicht genügend zum Ausdruck komme, bedeutet, das Vertrauen der Tarifunterworfenen auf einen bestimmten Norminhalt einfach zu ignorieren. Dieser heute nicht mehr vertretene Standpunkt geht auf die überholte Annahme *Savignys*[260] zurück, bei der Willenserklärung habe die Erklärung neben dem Willen keine selbständige Bedeutung.

(3) Zwischenergebnis

Die Annahme von *Wiedemann/Willemsen*,[261] die "Gesetzgebung durch Vertrag" sei wegen ihrer normativen Wirkung für eine Vielzahl außenstehender Personen der Rechtsgeschäftslehre des BGB weitgehend entzogen, kann nicht bestätigt werden. Gerade die Vergleichbarkeit der Interessenlagen spricht dafür, Tarifnormen wie Nicht-Normenverträge anhand der §§ 133, 157 BGB auszulegen. Nicht nur entstehen beide auf die gleiche Weise. Bei ihnen besteht auch der gleiche Gegensatz zwischen den - miteinander abzuwägenden - Interessen der Erklärenden und denen der Erklärungsempfänger. Wie bei den an einen unbestimmten Personenkreis gerichteten Erklärungen sind bei Tarifnormen die Interessen am Vertragsschluß unbeteiligter Personen, hier vorrangig der Tarifunterworfenen, zu berücksichtigen.

Bei den Tarifnormen sind die Interessen der Erklärenden und der Erklärungsadressaten nach den §§ 133, 157 BGB in der Weise in Einklang zu bringen, daß primär die Bedeutung maßgeblich ist, welche die Tarifparteien ihren Erklärungen übereinstimmend beigelegt haben. Regelmäßig verlangen allerdings die Interessen der Tarifadressaten, daß sich die von den Tarifparteien gewollte Bedeutung mit dem Text des Tarifvertrags vereinbaren läßt.

bb) Verfassungsrechtliche Überlegungen

Eine solche Auslegung, die auf den Willen der Erklärenden abstellt, aber auch die Interessen der Erklärungsadressaten berücksichtigt, könnte auch aufgrund verfassungsrechtlicher Erwägungen geboten sein.

---

[259] Vgl. Fn. 122.

[260] System des heutigen römischen Rechts, 3. Bd., S. 259, 266.

[261] Anm. zu BAG, AP Nr. 111 zu Art. 3 GG = E 29, 122.

(1) Die Bedeutung des Willens der Tarifparteien

Eine primäre Maßgeblichkeit des Willens der erklärenden Parteien, der Tarifpartner, wie sie § 133 BGB vorsieht, könnte die durch Art. 9 Abs. 3 GG geschützte Autonomie der Tarifparteien verlangen. In ähnlicher Weise wie die Privatautonomie das Recht gewährleistet, durch Willenserklärungen die Rechtsbeziehungen unter Privaten zu gestalten,[262] umfaßt der Schutzbereich der Tarifautonomie zumindest dann, wenn man den sie ausgestaltenden § 1 Abs. 1 TVG einbezieht, die Befugnis der Tarifparteien, gemeinsam kraft ihres Willens für einen bestimmten Personenkreis Recht zu setzen. Diese Befugnis wird in verfassungswidriger Weise beeinträchtigt, wenn die Rechtsordnung den von den Tarifparteien geschaffenen Rechtsnormen eine andere Bedeutung beilegt als die von den Tarifparteien gemeinsam gewollte, ohne daß kollidierendes Verfassungsrecht oder eine einfachgesetzliche Regelung, die die Tarifautonomie ausgestaltet, das rechtfertigt[263] .[264]

Das bedeutet zunächst, daß die Auslegung der Tarifnormen in erster Linie darauf gerichtet sein muß, einen übereinstimmenden inneren Willen der Tarifparteien zu ermitteln. Die Ermittlung eines solchen Willens kann aus zwei Gründen Schwierigkeiten bereiten. Zum einen ist denkbar, daß sich bei zumindest einer Tarifpartei nicht feststellen läßt, was ihr (innerer) Wille gewesen ist. Zum anderen kann der innere Wille aller Tarifparteien zwar zu ermitteln sein, aber auseinanderfallen.

Im ersten Fall wird dem durch Art. 9 Abs. 3 GG bezweckten Schutz der Tarifparteien davor, eine andere als die von ihnen gewollte Normbedeutung aufgenötigt zu bekommen, am besten dadurch Rechnung getragen, daß als innerer Wille der Tarifparteien das gilt, was am wahrscheinlichsten von ihnen gewollt ist. Hierfür spricht vor allem, daß letztlich auch die Überzeugung des Normanwenders von einem bestimmten Willen der Tarifparteien auf einer Wahrscheinlichkeitsbetrachtung beruht. Der Normanwender hält

---

[262] Eine ähnliche Gestaltungsmacht sichert dem Gesetzgeber die ihm zuerkannte, durch den Grundsatz der Gewaltenteilung geschützte Gesetzgebungskompetenz.

[263] Weitere Schranken, wie sie für andere Grundrechte in Form eines Gesetzesvorbehalts gegeben sind, existieren für die Tarifautonomie nicht.

[264] Ähnlich wie hier *Dütz*, Festschrift für Karl Molitor, S. 74 f.; *ders.*, Anm. zu BAG, EzA § 4 Nr. 2 TVG Bühnen, S. 37 f. Zur parallelen Bedeutung der Privatautonomie vgl. oben im 2. Teil unter B I 1, S. sowie BVerfG, Beschl. v. 23.4.86 - 2 BvR 487/80, E 73, 261, 271 ff. In dieser Entscheidung mißt das Gericht die Auslegung von Betriebsvereinbarungen an Art. 2 Abs. 1 GG. Ohne sich ausdrücklich mit den Schranken dieser Norm zu befassen, beurteilt es die Auslegung anhand objektiver Kriterien als verfassungsgemäß, wenn im Text der Betriebsvereinbarung nicht das Gegenteil festgelegt ist (S. 271 f.) und das Auslegungsergebnis für die Vertragsparteien noch vorhersehbar gewesen ist (S. 272 f.).

einen bestimmten Willen für so wahrscheinlich, daß er von seinem Vorhandensein überzeugt ist. So gesehen werden, wenn als innerer Wille das angesehen wird, was unter mehreren Möglichkeiten mit der größten Wahrscheinlichkeit gewollt ist, lediglich die Anforderungen an den Grad der Wahrscheinlichkeit gesenkt. Die damit verbundene, von *Däubler/Hege*[265] hervorgehobene Gefahr, daß die Arbeitnehmer so um den Genuß der vollen, ihnen zugedachten Begünstigung gebracht werden, muß hingenommen werden. Die Arbeitnehmer werden durch die Berücksichtigung des wahrscheinlichsten Willens nicht einseitig benachteiligt. Es besteht nämlich zugleich die Möglichkeit, daß die Arbeitnehmer günstiger gestellt werden, als die Tarifparteien beabsichtigt hatten.

Die vereinzelt im Schrifttum geforderte Unklarheitenregel, Tarifnormen im Zweifel zugunsten der Arbeitnehmerseite auszulegen,[266] hat gegenüber der hier vertretenen Lösung den entscheidenden Nachteil, daß sie sich nicht mit dem Wesen des Tarifvertrags als einer zwischen gleichrangigen Partnern vereinbarten, an den Interessen *beider* Seiten ausgerichteten Regelung vereinbaren läßt. Sie ist daher abzulehnen.

Fällt der innere Wille der Tarifparteien auseinander, entspricht es dem durch Art. 9 Abs. 3 GG geschützten Interesse der Tarifparteien, kraft ihres gemeinsamen Willens Recht zu setzen, am besten, als primäres Auslegungsziel einen unter Abwägung der Interessen aller Tarifparteien ermittelten normativen Willen anzusehen. Bei der Ermittlung dieses durch Art. 9 Abs. 3 GG geschützten Willens müssen die Belange Dritter, die sich ja nicht auf die Tarifautonomie berufen können, unberücksichtigt bleiben.[267] Für die Abwägung der Interessen der Tarifparteien bieten sich - wie bereits festgestellt[268] - die oben[269] aus §§ 133, 157 BGB entwickelten Grundsätze an. Danach ist, wenn die Tarifparteien ihren Willenserklärungen eine unterschiedliche Bedeutung beigelegt haben, maßgebend, wie sie die einzelnen Willenserklärungen verstehen mußten. Zumeist wird die so ermittelte Bedeutung

---

[265] Tarifvertragsrecht, Anm. 89.

[266] Vgl. die in den Fußnoten 150 bis 152 genannten Autoren.

[267] Anders *Nikisch*, Arbeitsrecht, II. Bd., S. 222, der meint, die Entstehungsgeschichte könne die Auslegung nur beeinflussen, wenn sie ergebe, was beide Parteien übereinstimmend gewollt haben. Hätten sie mit ihren Erklärungen einen verschiedenen Sinn verbunden, gelte "das Erklärte in der ihm bei objektiver Auslegung zukommenden Bedeutung".

[268] Vgl. oben S. 55.

[269] Vgl. S. 45 ff.

der Erklärungen übereinstimmen.[270] Damit steht auch der in Ermangelung eines gemeinsamen natürlichen Willens als primäres Auslegungsziel anzusehende normative Wille der Tarifparteien fest.

Als Zwischenergebnis läßt sich festhalten, daß die Tarifautonomie zumindest im Grundsatz verlangt, Tarifnormen so auszulegen, wie sie von den Tarifparteien übereinstimmend gemeint waren. Fehlt ein übereinstimmender innerer Wille, gibt Art. 9 Abs. 3 GG als Auslegungsziel einen normativen Willen der Tarifparteien vor, der unter Abwägung der Interessen der Vertragschließenden anhand der §§ 133, 157 BGB zu ermitteln ist.

(2) Die Interessen dritter Normadressaten

Bei den vorstehenden Überlegungen unberücksichtigt geblieben sind die Interessen dritter, am Vertragsschluß nicht selbst beteiligter Normadressaten, vor allem solcher Personen, für die die Tarifnormen nach den §§ 4 Abs. 1 und 3 Abs. 1 TVG unmittelbar und zwingend gelten. Die Interessen dieses Personenkreises können zu Abweichungen von den vorgenannten Auslegungsgrundsätzen führen, wenn Art. 9 Abs. 3 GG verdrängendes Verfassungsrecht oder eine Vorschrift, die die Tarifautonomie ausgestaltet, das bestimmt. In Betracht kommt, daß das Rechtsstaatsprinzip des Grundgesetzes[271] den Schutz der Normadressaten gewährleistet.

(a) Der Regelungsgehalt des Rechtsstaatsprinzips

(aa) Die Bedeutung des Normtextes

Das Rechtsstaatsprinzip hat seit Inkrafttreten des Grundgesetzes eine stete Konkretisierung erfahren. Rechtsprechung[272] und Schrifttum[273] entneh-

---

[270] Auf die Frage, wie zu verfahren ist, wenn die Bedeutung der Erklärungen auseinanderfällt, also ein Dissens der Tarifparteien vorliegt, komme ich später zurück, vgl. S. 87 f.

[271] Zur verfassungsrechtlichen Grundlage siehe *Kunig*, Das Rechtsstaatsprinzip, S. 63 ff.

[272] BVerwG, Urt. v. 28. 11. 63 - I C 74.61, E 17, 192, 196 ff.; Urt. v. 27.1.67 - IV C 105.65, E 26, 129 f.; BFH, Urt. v. 26.5.81 - IV R 128/78, E 133, 405, 407; BAG, Beschl. v. 16.3.82 - 3 AZR 625/80, E 38, 166, 174 = AP Nr. 2 zu § 124 b GewO.

[273] *Herzog* in Maunz/Dürig u.a., Kommentar zum GG, Art. 20 VII Rdnr. 63; *Schlüter*, Das obiter dictum, S. 39 f.; *Oetker*, Anm. zu BAG, EzA § 1 KSchG Krankheit Nr. 28; *Gubelt* in v. Münch, GG-Kommentar, Art. 3 Rdnr. 44 für Steuernormen; *Schnapp* in v. Münch, GG-Kommentar, Art. 20 Rdnr. 25 sowie *Jarass* in Jarass/Pieroth, Grundgesetz für die Bundesrepublik Deutschland, Art. 20 Rdnr. 44 jeweils für Verweisungen auf andere Rechtssätze;

men ihm inzwischen auch ein Gebot der Normklarheit mit dem Inhalt, daß der Bürger aus der jeweiligen Norm - gemeint ist ihr Text - grundsätzlich ersehen können müsse, wie er sich zu verhalten hat. Das Bundesverfassungsgericht teilt - wenngleich nicht ohne Einschränkung[274] - diesen Standpunkt. Verschiedentlich hat es formuliert, eine Gesetzesvorschrift müsse "in ihren Voraussetzungen und in ihrem Inhalt so formuliert sein, daß die von ihr Betroffenen die Rechtslage erkennen und ihr Verhalten danach einrichten können".[275] Ein solches Erfordernis könnte bedingen, daß die Auslegung eines Gesetzes im Interesse der Normadressaten ausschließlich anhand des Textes erfolgen muß.[276] Der Wille des Normgebers könnte nur dann zu berücksichtigen sein, wenn Wortlaut oder Kontext der Norm ihn eindeutig erkennen lassen.

Eine solche Auslegungsregel setzt zweierlei voraus: Zum einen muß die ihr zugrundeliegende Annahme zutreffen, das Rechtsstaatsprinzip verlange, daß der Bürger anhand des Textes den Norminhalt erkennen kann. Zum anderen muß dieses Erfordernis die vorgenannte Auslegung zur Folge haben.

Für die Annahme, daß das Rechtsstaatsprinzip verlangt, daß der Bürger anhand des Textes den Norminhalt erkennen kann, sprechen die Grundgedanken, denen dieses Institut folgt. Nach heutigem Verständnis setzt ein Rechtsstaat eine Rechtsordnung voraus, die an zwei Hauptgedanken ausgerichtet ist: Zunächst gilt es, den Bürgern im Verhältnis zum Staat, aber auch zu anderen Bürgern, einen möglichst weiten Freiraum für ihre Entfaltung und Selbstgestaltung zu sichern.[277] Mit dieser freiheitsgewährleistenden Funktion eng verbunden ist der Gesichtspunkt, daß Gesetzen in einem Rechtsstaat eine befriedende Funktion zukommt, indem sie sämtlichen Rechtsgenossen Richtlinien für das Zusammenleben in der Gemeinschaft

---

Reinhardt in Reinhardt/König, Richter und Rechtsfindung, S. 12; ähnlich auch *Herschel*, ArbuR 1966, 148, 149.

[274] Vgl. Beschl. v. 7.7.71 - 1 BvR 775/66, E 31, 235, 264; Urt. v. 4.4.67 - 1 BvR 126/65, E 20, 245, 261, wo es heißt, daß für die Normadressaten nicht jeder Zweifel ausgeschlossen sein müsse.

[275] Beschl. v. 12.1.67 - 1 BvR 169/63, E 20, 73, 79; Beschl. v. 12.2.69 - 1 BvR 687/62, E 25, 216, 226; Beschl. v. 7.7.71 - 1 BvR 775/66, E 31, 235, 264; Beschl. v. 22.11.83 - 2 BvL 25/81, E 65, 283, 291; ähnlich Beschl. v. 24.7.57 - 1 BvL 23/52, E 7, 89, 92; Beschl. v. 24.11.81 - 2 BvL 4/80, E 59, 104, 114; dem BVerfG folgend *Gröbing*, ArbuR 1982, 116, 118.

[276] So bereits *Stampe*, Die Freirechtsbewegung, S. 30.

[277] So auch *Hesse*, Grundzüge des Verfassungsrechts der Bundesrepublik Deutschland, Rdnr. 204.

aufzeigen. Beide Funktionen erfüllen Gesetze nur dann, wenn der Bürger ihren Inhalt und damit seine Rechte und Pflichten kennt. Nur dann kann er von der ihm eingeräumten Freiheit vollen Gebrauch machen,[278] und nur dann ist die Grundlage dafür gegeben, daß der Rechtsfrieden gewahrt wird.[279] Hinzu kommt ein weiteres: In Art. 1 Abs. 1 GG, der die Menschenwürde gewährleistet, hat das Rechtsstaatsprinzip eine Konkretisierung erfahren, die es verbietet, "den Menschen zum bloßen Objekt des Staates zu machen oder ihn einer Behandlung auszusetzen, die seine Subjektqualität prinzipiell in Frage stellt".[280] Eben darauf liefe es jedoch hinaus, wenn der Bürger mit Normen konfrontiert würde, ohne daß er ihren Inhalt kennt und sich auf sie einstellen kann. Ein Interesse des Bürgers daran, sich auf ihn betreffende Normen einstellen zu können, kommt bei sämtlichen Gesetzen in Betracht, nicht nur, wie die Ausführungen von *Brox*[281] nahelegen, bei ihn belastenden Normen des öffentlichen Rechts. *Brox* meint, ein Bedürfnis des Vertrauensschutzes entfalle bei Gesetzen regelmäßig; im wesentlichen bestehe es nur bei Straf- und Steuergesetzen. Er läßt unberücksichtigt, daß ein Bürger in seinen Dispositionen auch davon abhängig sein kann, ob z. B. eine Norm ihn zum Schadenersatz verpflichtet. Genauso kann es für ihn von Bedeutung sein, ob er die vom Nachbargrundstück herüberragenden Zweige abschneiden darf. Diese Beispiele zeigen, daß nicht zwischen Gesetzen, deren Inhalt der Bürger kennen muß und solchen, bei denen das nicht der Fall ist, unterschieden werden kann.

Unter den Möglichkeiten, sich über den Gesetzesinhalt zu informieren, kommt dem Gesetzestext, zumal für juristische Laien, eine überragende Bedeutung zu. Diese Gesichtspunkte deuten darauf hin, daß die These, das Rechtsstaatsprinzip verlange, daß der Bürger den Norminhalt anhand des Textes erkennen kann, zumindest im Kern zutreffend ist. Letztlich läßt sich ihre Richtigkeit jedoch nicht feststellen, ohne auf die Bedenken einzugehen, denen diese Annahme ausgesetzt ist.

Ein erstes Bedenken ergibt sich aus Überlegungen, die *Heck*[282] schon zu Anfang dieses Jahrhunderts angestellt hat. Er hat darauf hingewiesen, daß

---

[278] Ähnlich *Harry Westermann*, Festschrift für Karl Arnold, S. 281, 287.

[279] Zu Recht weist *Kunig* (Das Rechtsstaatsprinzip, S. 396) darauf hin, daß die Klarheit und Verständlichkeit einer Rechtsnorm "Rechtsbefolgung überhaupt erst möglich" macht.

[280] BVerfG, Beschl. v. 17.1.79 - 1 BvR 241/77, E 50, 166, 175; ähnlich Urt. v. 15.12.70 - 2 BvF 1/69, 2 BvR 629/68 und 308/69, E 30, 1, 26; Urt. v. 21.6.77 - 1 BvL 14/76, E 45, 187, 228.

[281] Die Einschränkung der Irrtumsanfechtung, S. 96, 98.

[282] AcP 112 (1914), S. 1, 87.

die meisten Laien ihre Vorstellung vom Inhalt der Rechtsordnung gar nicht durch persönliche Einsicht und Interpretation des Gesetzes gewinnen, sondern aus ihrer allgemeinen Lebenskenntnis, ihrem Rechtsgefühl und indirekten Nachrichten von der Rechtswirkung schöpfen. Nach Auffassung von *Heck* kommt hinzu, daß diejenigen, an die sich das Gesetz richtet, seinem Wortlaut und Kontext je nach den obwaltenden Umständen eine sehr verschiedene Bedeutung beilegen können. Damit dürfte gemeint sein, daß vor allem die individuell unterschiedlich vorhandenen Erfahrungen und intellektuellen Fähigkeiten ein einheitliches Verständnis verhindern. *Heck* ist der Ansicht, aus beiden Gründen sei ein Vertrauensinteresse der Normadressaten, das die Maßgeblichkeit des Willens des Normgebers begrenze, nicht gegeben.[283]

Es ist jedoch fraglich, ob diese Betrachtung dem Grundgedanken des Gebots der Normklarheit, das *Heck* in seiner Ausformung durch das Grundgesetz noch gar nicht berücksichtigen konnte, gerecht wird. Das Gebot der Normklarheit zielt nicht darauf, ein konkret vorhandenes Vertrauen des einzelnen Bürgers auf den Text der Norm zu schützen. Bezweckt ist ein Schutz der Normadressaten in der Weise, daß ihnen die Möglichkeit eingeräumt wird, sich anhand des Textes verläßlich über den Norminhalt zu informieren. Wenn die Normadressaten hiervon nur zurückhaltenden Gebrauch machen, verliert das Gebot der Normklarheit dadurch keineswegs seinen Sinn.

Auch das Argument, daß es kein einheitliches Verständnis der Normadressaten gibt, läßt sich bei Betrachtung des Zwecks des Gebots der Normklarheit ausräumen. So richtig es ist, daß es kein einheitliches Verständnis gibt, so wahr ist auch, daß die Sprachgemeinschaft nicht jeden Sprachgebrauch und nicht jedes Textverständnis als zutreffend beurteilt. Im Laufe der Zeit haben sich vielmehr bestimmte Regeln darüber herausgebildet, wie die einzelnen Ausdrücke und Wortverbindungen zu gebrauchen und zu verstehen sind. Diese Regeln gelten auch für die Frage, wie der Text einer Gesetzesvorschrift verstanden werden darf. Die Regeln kann jeder Normadressat, der überhaupt am Rechtsverkehr teilnehmen kann, etwa anhand eines Wörterbuchs in Erfahrung bringen. Damit besteht für ihn ungeachtet seines individuellen Sprachgebrauchs die - durch das Gebot der Normklarheit geschützte - Möglichkeit, sich über den Inhalt einer bestimmten Norm anhand ihres Wortlauts und Kontextes zu informieren. Im Ergebnis wird das individuelle Vertrauen auf eine bestimmte Bedeutung nur dann geschützt, wenn es nicht auf individueller Sorglosigkeit oder Unfähigkeit

[283] A.a.O., S. 86 ff., 152.

beruht. Eben dieses Prinzip hatten wir bereits bei der Auslegung von Rechtsgeschäften kennengelernt.[284]

Die genannten Sprachregeln sind nun allerdings nicht so ausgestaltet, daß sie bei einem bestimmten Ausdruck oder einer Wortverbindung immer nur ein einziges Verständnis erlauben würden.[285] Selbst unter Berücksichtigung des Kontextes können mehrere Verständnismöglichkeiten verbleiben.

Eine vom Bundesgerichtshof[286] entschiedene Fallgestaltung, auf die sich auch *Larenz*[287] bezieht, macht das deutlich: Nach § 197 BGB verjähren in vier Jahren u.a. Ansprüche auf Rückstände von Zinsen, Miet- und Pachtzinsen, Renten, Unterhaltsbeiträge "und alle anderen regelmäßig wiederkehrenden Leistungen". Der Bundesgerichtshof hatte zu entscheiden, ob zu den "regelmäßig wiederkehrenden Leistungen" im Sinne der Vorschrift auch Gewinnanteilsansprüche gehören, die zwar zu regelmäßig wiederkehrenden Terminen, aber in wechselnder Höhe fällig werden und, in Ermangelung eines Gewinns, auch ausbleiben können. Das Gericht sah sich außerstande, die zu entscheidende Frage allein anhand von Wortlaut und Kontext des auszulegenden Begriffs zu beantworten.

Dieser Befund spricht nicht ohne weiteres gegen die Annahme, daß das Rechtsstaatsprinzip die Erkennbarkeit des Gesetzesinhalts allein anhand von Wortlaut und Kontext verlangt. Bei einer Mehrdeutigkeit des Gesetzestextes könnte es zur Folge haben, daß entweder die betreffende Norm, möglicherweise sogar das gesamte Gesetz, nichtig ist oder aber die nächstliegende Bedeutung die maßgebliche ist.

Zunächst zur Nichtigkeit: Bei dieser Konsequenz würde nicht genügend berücksichtigt, daß es dem Gesetzgeber gar nicht möglich ist, jedes Gesetz so zu formulieren, daß sein Inhalt für die Normbetroffenen allein aus Wortlaut und Kontext erkennbar ist.[288] Bei der Vielgestaltigkeit der Lebenssachverhalte kann es gar nicht ausbleiben, daß es ihm nicht immer gelingt, aus dem Gesetzestext hervorgehen zu lassen, ob eine bestimmte Konstellation von der getroffenen Regelung erfaßt wird.[289] Wie das Beispiel zeigt, gilt das selbst bei so sorgfältig ausgearbeiteten Gesetzen wie dem Bürgerlichen Gesetzbuch.

---

[284] Vgl. oben S. 50 ff.

[285] So auch *Gern*, VerwArch 1989, 415, 416.

[286] Urt. v. 23.9.58 - I ZR 106/57, BGHZ 28, 144, 149 f.

[287] Methodenlehre der Rechtswissenschaft, S. 315.

[288] *Harry Westermann* (Festschrift für Karl Arnold, S. 281) weist zu Recht auf die "nicht vermeidbare Mehrdeutigkeit und Unklarheit der menschlichen Sprache" hin.

[289] So auch BVerfG, Beschl. v. 22.6.60 - 2 BvR 125/60, E 11, 234, 236.

Hinzu kommt, daß die Nichtigkeit der Norm dem Grundgedanken des Rechtsstaatsprinzips nicht gerecht würde, daß sich die Normadressaten auf den Gesetzestext verlassen können sollen.[290] Sind Wortlaut und Kontext eines Gesetzes mehrdeutig, so könnte das zwar bedeuten, daß die Adressaten sich nicht auf einen bestimmten Gesetzesinhalt verlassen dürfen.[291] Wohl aber besteht für sie Anlaß anzunehmen, daß die Bedeutung innerhalb der Grenzen liegt, die Wortlaut und Kontext des Gesetzes abstecken.[292] Dieses Vertrauen ist vom Prinzip her ebenso schutzwürdig wie ein Vertrauen auf einen eindeutigen Gesetzestext.

Der Gesichtspunkt, daß die Adressaten Anlaß haben, mit allen Erklärungsbedeutungen zu rechnen, die nach dem Gesetzestext möglich sind, spricht zugleich dagegen, bei einer Mehrdeutigkeit des Textes generell auf die am nächsten liegende Bedeutung abzustellen. Müssen die Adressaten mit mehreren Auslegungsmöglichkeiten rechnen, kann ihnen zugemutet werden, losgelöst vom Gesetzestext Nachforschungen darüber anzustellen, welche unter den mehreren möglichen Bedeutungen die richtige ist. Sie hierauf zu verweisen, erscheint auch deshalb gerechtfertigt, um die von den Tarifparteien angestrebte zweckmäßige und praxisgerechte Lösung verwirklichen zu können. Stellt man stattdessen auf die nächstliegende Bedeutung ab, ist es gleichsam dem Zufall überlassen, wie die Sachentscheidung ausfällt. Der Gerechtigkeitsgehalt der Norm, der nicht durch ihren Wortlaut, sondern durch die hinter ihr stehende Wertung bestimmt wird,[293] kommt bei dieser Vorgehensweise nicht (in vollem Umfang) zum Tragen.

Aus den dargelegten Gründen ist es vorzugswürdig, das Rechtsstaatsprinzip nicht so zu verstehen, daß die Erkennbarkeit des Gesetzesinhalts allein durch Wortlaut und Kontext gewährleistet sein muß. Vielmehr hat es die Bedeutung, daß es den Gesetzgeber zwar auffordert, Gesetze so zu formulieren, daß schon ihre bloße Lektüre die Normadressaten befähigt, den Gesetzesinhalt zu erfassen.[294] Für den Fall, daß ihm das nicht gelingt, Wort-

---

[290] Für einen solchen Grundgedanken spricht sich auch *Gern* (VerwArch 1989, 415, 433 f.) aus.

[291] So für die GmbH-Satzung *Ostheim*, Festschrift für Heinrich Demelius, S. 381, 396; *Schilling* in Hachenburg, GmbHG, 6. Aufl., § 2 Anm. 58; *Winkler*, Die Lückenausfüllung des GmbH-Rechts durch das Recht der Personalgesellschaft, S. 13.

[292] So auch *Ostheim*, Festschrift für Heinrich Demelius, S. 381, 396.

[293] *Canaris*, JZ 1987, 543, 546.

[294] So auch *Oetker*, Anm. zu BAG, EzA § 1 KSchG Krankheit Nr. 28. Im übrigen entspricht es allgemeiner Ansicht, daß die Bedeutung einer Verfassungsnorm (auch) darin bestehen kann, dem Gesetzgeber einen verbindlichen Auftrag zu erteilen, vgl. etwa *Hesse*,

laut und Kontext der von ihm geschaffenen Gesetze also mehrdeutig sind, verlangt das Rechtsstaatsprinzip jedoch nicht die Nichtigkeit der betreffenden Vorschrift.[295] Ebensowenig zwingt es dazu, die Norm so auszulegen, daß stets die dem Text am besten entsprechende Bedeutung maßgeblich ist. Das Rechtsstaatsprinzip hat in diesem Fall lediglich zur Folge, daß die Möglichkeiten, die Norm auszulegen, grundsätzlich durch ihren Wortlaut und Kontext begrenzt werden. Regelmäßig ist nur eine solche Auslegung zulässig, die sich mit dem Gesetzestext vereinbaren läßt.[296] Im Rahmen einer solchen Auslegung dürfen dann aber auch außerhalb des Textes liegende Umstände berücksichtigt werden. Eben das dürfte auch das Bundesverfassungsgericht[297] meinen, wenn es ausführt, das Rechtsstaatsprinzip verlange nicht, daß für die Normadressaten jeder Zweifel ausgeschlossen werde. Die Auslegungsbedürftigkeit einer Vorschrift führe noch nicht dazu, daß sie den Anforderungen des Rechtsstaatsprinzips nicht genüge. Denselben Standpunkt hat - ohne das Rechtsstaatsprinzip ausdrücklich anzusprechen - der Bundesgerichtshof[298] bei der Entscheidung des obigen[299] Beispielsfalls eingenommen. Im Rahmen der Auslegung des § 197 BGB hat er seine Entstehungsgeschichte ergänzend herangezogen.[300]

Begreift man Wortlaut und Kontext eines Gesetzes als Grenze der Auslegung, entspricht das dem Verbot des "Venire contra factum proprium", das als Ausprägung von Treu und Glauben auch im öffentlichen Recht gilt:[301] Der Staat, der regelnd auf die Verhältnisse seiner Bürger einwirkt, muß sich an dem Eindruck, den er durch den Gesetzestext bei den Bürgern

---

Grundzüge des Verfassungsrechts der Bundesrepublik Deutschland, Rdnr. 215.

[295] So auch, wenngleich mit der Einschränkung, daß die Norm in Fällen "unerträglicher Unsicherheit" doch nichtig sein kann, BVerfG, Urt. v. 23.10.51 - 2 BvG 1/51, E 1, 14, 45; Beschl. v. 24.7.63 - 1 BvR 425, 786, 787/58, E 17, 67, 82; Beschl. v. 7.7.71 - 1 BvR 775/66, E 31, 235, 264.

[296] Unter Beschränkung auf den Wortlaut auch *Reinhardt* in Reinhardt/König, Richter und Rechtsfindung, S. 12.

[297] Beschl. v. 7.7.71 - 1 BvR 775/66, E 31, 235, 264; Urt. v. 4.4.67 - 1 BvR 126/65, E 20, 245, 261. In einem Beschluß vom 12.2.69 (1 BvR 687/62, E 25, 216, 226) hat das BVerfG den gesetzgeberischen Grund für eine Regelung in ihre Auslegung einbezogen.

[298] Urt. v. 23.9.58 - I ZR 106/57, BGHZ 28, 144, 149 f.

[299] Vgl. S. 75.

[300] Ähnlich BGH, Urt. v. 30.6.66 - KZR 5/65, BGHZ 46, 74, 76 ff.

[301] BVerwG, Urt. v. 30.1.74 - VIII C 20.72, E 44, 333, 336; Urt. v. 14.4.78 - 4 C 6.76, E 55, 337, 339.

erweckt hat, festhalten lassen. Er darf sie nicht im Wege der Auslegung durch die (staatlichen) Gerichte mit einem anderen als dem zu erwartenden Bedeutungsinhalt konfrontieren.

Den Gesetzestext als Grenze der Auslegung zu verstehen, führt zu der auf *Paulus*[302] zurückgehenden Regel "Cum in verbis nulla ambiguitas est, non debet admitti voluntatis quaestio". Diese Regel ist auch im angelsächsischen Recht verbreitet. Dort wird sie meist als "Plain Meaning Rule" bezeichnet.[303] Auch die deutsche Rechtsprechung[304] und das hiesige Schrifttum[305] erkennen die "Grenzfunktion"[306] des Gesetzestextes überwiegend an. Freilich scheint die Begründung hierfür bisweilen anders als oben dargelegt auszufallen. So stützen *Friedrich Müller*[307] und *Koch/Rüßmann*[308] den Vorrang des sprachlichen Gehalts des Gesetzestextes darauf, daß die Verfassung die Rechtsordnung als geschriebene vorsehe. Bei näherem Hinsehen ist diese Begründung jedoch im Kern mit der oben dargelegten identisch. Das Schriftformerfordernis für Gesetze dient nämlich wie das ihrer Verkündung (Art. 82 GG) dazu, die durch das Rechtsstaatsprinzip geforderte Informationsquelle für die Normadressaten, den Gesetzestext, zu schaffen.[309]

Die gelegentliche Kritik an der Eindeutigkeitsregel und der Grenzfunktion des Gesetzestextes[310] ist im wesentlichen unberechtigt. *Canaris'* Beden-

---

[302] Digesten 32, 25, 1.

[303] Vgl. *Lüderitz*, Auslegung von Rechtsgeschäften, S. 66; *Fikentscher*, Methoden des Rechts, Bd. II, S. 125 f.

[304] BVerfG, Beschl. v. 11.6.58 - 1 BvL 149/52, E 8, 28, 34 f.; Beschl. v. 13.6.58 - 1 BvR 346/57, E 8, 38, 41; Beschl. v. 30.6.64 - 1 BvL 16 - 25/62, E 18, 97, 111; Beschl. v. 13.11.79 - 1 BvL 24/77, 19/78 und 38/79, E 52, 357, 368; Beschl. v. 14.5.86 - 2 BvL 19/84, E 72, 278, 295.

[305] Vgl. etwa *Larenz*, Methodenlehre der Rechtswissenschaft, S. 329; *Koch/Rüßmann*, Juristische Begründungslehre, S. 182; *Friedrich Müller*, Juristische Methodik, S. 182 ff.; *Engisch*, Einführung in das juristische Denken, S. 249; *Kirchhof* in Richterliche Rechtsfortbildung, S. 11, 34; *Reinhardt* in Reinhardt/König, Richter und Rechtsfindung, S. 12; *Friauf* in Tipke, Grenzen der Rechtsfortbildung durch Rechtsprechung und Verwaltungsvorschriften im Steuerrecht, S. 53, 61 f.; *Gern*, VerwArch 1989, 415, 433.

[306] Der Begriff stammt von *Friedrich Müller* (Juristische Methodik, S. 182 ff.).

[307] Juristische Methodik, S. 182 ff.

[308] Juristische Begründungslehre, S. 182.

[309] So auch BVerfG, Beschl. v. 22.11.83 - 2 BvL 25/81, E 65, 283, 291; *Jarass*, in Jarass/Pieroth, Grundgesetz für die Bundesrepublik Deutschland, Art. 20 Rdnr. 45.

[310] Vgl. *Säcker* in Münchener Kommentar zum BGB, Einleitung Rdnr. 97 ff.; *Canaris*, JZ

ken, die Bindung an den Wortlaut des Gesetzes beeinträchtige die Gerechtigkeit, da der Gerechtigkeitsgehalt eines Gesetzes nicht durch den Wortlaut, sondern durch die dahinter stehende Wertung konstituiert werde,[311] läßt sich schon mit seinen eigenen Überlegungen ausräumen. *Canaris* geht selbst davon aus, daß eine Beeinträchtigung der Gerechtigkeit in Kauf zu nehmen ist, wenn andere Verfassungswerte das legitimieren. Ein solcher Verfassungswert ist der mit der Grenzfunktion des Wortlauts gewährte, durch das Rechtsstaatsprinzip vorgeschriebene Vertrauensschutz.

Eines ist den Kritikern der Eindeutigkeitsregel allerdings zuzugeben: Sie darf nicht dahin mißverstanden werden, daß ein eindeutiger Text überhaupt nicht auslegungsbedürftig ist[312] oder aber nicht fortgebildet werden darf.

(bb) Die Bedeutung von Umständen außerhalb des Normtextes

Von der Begrenzung der Auslegung durch Wortlaut und Kontext abgesehen, könnte das Rechtsstaatsprinzip den Schutz der Normunterworfenen noch auf eine andere Weise sicherstellen. Oben[313] wurde festgestellt, daß das Rechtsstaatsprinzip nicht verbietet, im Rahmen der Auslegung eines Gesetzes Umstände außerhalb des Gesetzestextes zu berücksichtigen. Wohl aber könnte es die Verwertung davon abhängig machen, daß diese Umstände für die Normadressaten erkennbar, also in Erfahrung zu bringen sind. Wie oben[314] gezeigt wurde, müssen die Bürger die Rechtslage erkennen und ihr Verhalten danach einrichten können. Mit rechtsstaatlichen Grundsätzen und dem Prinzip der Menschenwürde ließe es sich nicht vereinbaren, sie mit Normen zu konfrontieren, deren Bedeutung sie nicht erkennen können. Gerade hierzu könnte es aber kommen, würde man in die Auslegung auch Umstände außerhalb des Normtextes einbeziehen, die für die Normadressaten nicht erkennbar sind. Solche Umstände dürfen daher nicht berücksichtigt werden.

1987, 543, 544 ff.

[311] JZ 1987, 543, 546.

[312] So aber BVerfG, Beschl. v. 9.11.55 - 1 BvL 13/52, 1 BvL 21/52, E 4, 331, 351; BGH, Urt. v. 19.6.56 - I ZR 104/54, NJW 1956, 1553; BAG, Urt. v. 18.12.58 - 2 AZR 24/56, AP Nr. 4 zu § 293 ZPO.

[313] Vgl. S. 71 ff., vor allem S. 76 f.

[314] Vgl. S. 71 ff.

Maßgebend muß die Erkennbarkeit für einen den Anforderungen des Rechtsverkehrs gewachsenen Adressaten sein. Darüber hinaus müssen individuelle Besonderheiten unberücksichtigt bleiben, will man dem Kriterium nicht jeden Sinn nehmen. Die Erkennbarkeit etwa auch für jeden Geisteskranken zu gewährleisten, ist schlechthin unmöglich.

Das Gebot, in die Auslegung von Gesetzen nur Umstände einzubeziehen, die für die Normadressaten erkennbar sind, ist, was die Auslegung von Gesetzen anbelangt, bislang unbeachtet geblieben. Das dürfte darauf zurückzuführen sein, daß ihm hier keine allzu große Bedeutung zukommt. In der Regel sind auch die außerhalb des Textes liegenden Umstände, die für die Auslegung von Gesetzen in Betracht kommen, für die Normadressaten erkennbar, da die entsprechenden Unterlagen öffentlich zugänglich sind. Das gilt namentlich für die Materialien zur Entstehungsgeschichte des betreffenden Gesetzes,[315] deren wesentlicher Inhalt häufig schon in der Kommentarliteratur wiedergegeben wird. Darüber hinaus sind sie wegen des berechtigten Interesses der Normadressaten, die Gesetzesbedeutung in Erfahrung zu bringen, in den rechtswissenschaftlichen Bibliotheken einzusehen.[316]

(cc) Die fehlende Schutzbedürftigkeit der Normadressaten

Die dargelegten Auslegungsregeln gelten jedoch nur als Grundsatz. Ausnahmsweise kann es den Normadressaten an einem schutzwürdigen Vertrauen auf den Gesetzestext oder die sonstigen für sie erkennbaren Umstände fehlen. Das kommt etwa in Betracht, wenn die mit dem Gesetzestext nicht zu vereinbarenden oder für die Normadressaten nicht erkennbaren Umstände eine Auslegung ermöglichen, die für sämtliche Normadressaten günstiger ist als diejenige, bei der diese Umstände unberücksichtigt bleiben. In solchen Fällen verlangt das Rechtsstaatsprinzip, das ja die Normadressaten schützen, sie also keinesfalls schlechter stellen will, keine Beschränkung der Auslegung auf die mit dem Gesetzestext zu vereinbarenden und den Normadressaten erkennbaren Gesichtspunkte.

---

[315] Auf den Umstand, daß diese Materialien in der Regel veröffentlicht werden, hat auch *Harry Westermann* (Karl Arnold Festschrift, S. 281, 289) hingewiesen.

[316] So gewährt etwa die Seminarordnung für das Rechtswissenschaftliche Seminar I der Westfälischen Wilhelms-Universität zu Münster jedermann Zugang zur Bibliothek, der ein berechtigtes Interesse hieran hat.

(dd) Zwischenergebnis

Im Interesse der Normadressaten verlangt das Rechtsstaatsprinzip, daß ein Gesetz grundsätzlich nur innerhalb eines durch Wortlaut und Kontext vorgegebenen Rahmens ausgelegt werden darf. Grundsätzlich dürfen außerhalb des Textes liegende Umstände allein in diesem Rahmen berücksichtigt werden, und auch dann nur, wenn sie für die Normadressaten erkennbar sind. Darüber hinaus können sie nur dann maßgebend sein, wenn die Normbetroffenen des mit dem Rechtsstaatsprinzip bezweckten Schutzes ausnahmsweise nicht bedürfen oder sie nicht schutzwürdig sind.

(b) Die Bedeutung des Rechtsstaatsprinzips für die Auslegung von Tarifnormen

Unterstellt man, daß das Rechtsstaatsprinzip und damit das Gebot der Normklarheit die Auslegung von Tarifnormen in gleicher Weise wie die von Gesetzen bestimmt, ist der Wille der Tarifparteien für die Auslegung der Tarifnormen grundsätzlich nur insoweit maßgeblich, wie er sich aus den für die Normbetroffenen erkennbaren Umständen ergibt und er mit Wortlaut und Kontext vereinbar ist. Ansonsten bestimmt er die Auslegung nur, wenn ein schutzwürdiges Vertrauen der Normbetroffenen auf den Text des Vertrags oder die ihnen erkennbaren anderen Umstände ausnahmsweise ausscheidet.

Voraussetzung für eine solche Wirkung des Rechtsstaatsprinzips ist zweierlei: Zum einen muß bei Tarifnormen eine den Gesetzen vergleichbare Interessenlage bestehen. Als Anlaß für die Anwendung des Rechtsstaatsprinzips muß auch hier ein schutzwürdiges Interesse der Normadressaten an einer Bedeutung denkbar sein, die vom Willen der Tarifparteien abweicht und durch den Vertragstext sowie die sonstigen den Normadressaten erkennbaren Umstände bestimmt wird. In welchem Umfang das der Fall ist, wurde oben[317] bereits dargelegt: Die Tarifadressaten haben (nur) ein schutzwürdiges Interesse an einer mit dem Vertragstext im Einklang stehenden Normbedeutung.

Zum anderen muß das Rechtsstaatsprinzip auch gegenüber den Tarifparteien Wirkung entfalten. Der Frage, ob auch die Tarifparteien an das Rechtsstaatsprinzip gebunden sind, so daß die von ihnen gesetzten Normen an seinen Anforderungen zu messen sind, haben Rechtsprechung und Schrifttum bislang nur wenig Aufmerksamkeit geschenkt. Immerhin hat das

---

[317] Vgl. S. 56 ff.

Bundesarbeitsgericht unlängst eine Bindung an den Vertrauensgrundsatz des Art. 20 GG, der ja Teilgebot des Rechtsstaatsprinzips ist,[318] bejaht.[319] Darüber hinaus ist das Gericht in dieser Entscheidung - wie schon früher[320] - von einer generellen Bindung der Tarifparteien an das Grundgesetz ausgegangen. Zu beachten sind ferner die zahlreichen Entscheidungen und Stellungnahmen aus dem Schrifttum, die eine Bindung der Tarifparteien an die Grundrechte befürworten.[321] Letztlich stellen die Grundrechte eine Konkretisierung des Rechtstaatsprinzips dar,[322] so daß es naheliegt, das, was für sie gilt, auch für das Rechtsstaatsprinzip im allgemeinen anzunehmen. Die Argumente, die für die Bindung der Tarifparteien an die Grundrechte vorgebracht werden, sprechen unter diesem Gesichtspunkt auch für eine Bindung an das Rechtsstaatsprinzip. Das gilt zunächst für die vorherrschende Ansicht, es handele sich bei der Normsetzung der Tarifparteien um Gesetzgebung im materiellen Sinn, die als solche nach Art. 1 Abs. 3 GG an die Grundrechte gebunden sei.[323] Teilweise wird die Grundrechtsbindung auch darauf gestützt, daß die tarifliche Rechtsetzung auf staatlicher Delegation beruhe,[324] abgeleitete Befugnisse aber nicht weiterreichen könnten als die Ausgangskompetenz des staatlichen Gesetzgebers.[325]

---

[318] BVerfG, Urt. v. 19.12.61 - 2 BvL 6/59, E 13, 261, 271; Beschl. v. 14.3.63 - 1 BvL 28/62, E 15, 313, 319; *Jarass* in Jarass/Pieroth, Grundgesetz für die Bundesrepublik Deutschland, Art. 20 Rdnr. 47.

[319] Urt. v. 10.10.89 - 3 AZR 28/88, DB 1990, 1095, 1096.

[320] BAG, Urt. v. 30.1.70 - 3 AZR 44/68, E 22, 252, 267 = AP Nr. 142 zu § 242 BGB Ruhegehalt.

[321] Vgl. die Nachweise bei *Waltermann*, RdA 1990, 138, 140 Fn. 14 und 15. In einem Beschluß vom 23.4.1986 (2 BvR 487/80 - E 73, 261, 268 f.) hat allerdings das BVerfG ausgeführt, ein Richter, der über Geltung und Gehalt von - zwischen den Betriebspartnern ausgehandelten, dem Privatrecht zuzuordnenden - Sozialplänen zu entscheiden habe, sei bei dieser Tätigkeit nicht unmittelbar an die Grundrechte gebunden.

[322] *Jarass* in Jarass/Pieroth, Grundgesetz für die Bundesrepublik Deutschland, Art. 20 Rdnr. 20.

[323] So etwa BAG, Urt. v. 15.1.55 - 1 AZR 305/54, E 1, 258, 262 f. = AP Nr. 4 zu Art. 3 GG.

[324] So auch *Adomeit* in Hanau/Adomeit, Arbeitsrecht, C II 1, S. 62.

[325] So BAG, Urt. v. 15.1.55 - 1 AZR 305/54, E 1, 258, 264 = AP Nr. 4 zu Art. 3 GG; *Günter Küchenhoff*, Festschrift für Hans Carl Nipperdey, 1965, Bd. II, S. 317, 340 f.; *Hinz*, Tarifhoheit und Verfassungsrecht, S. 159; wegen weiterer Begründungsansätze vgl. *Wiedemann/Stumpf*, TVG, Einl. Rdnr. 57.

Ob aufgrund der vorstehenden Überlegungen eine unmittelbare Bindung der Tarifparteien an die Grundrechte und auch an das Rechtsstaatsprinzip anzunehmen ist, kann jedoch dahinstehen, wenn das Rechtsstaatsprinzip die unter (a) dargelegte Wirkung jedenfalls im Wege der sog. mittelbaren Drittwirkung entfaltet. Mittelbare Drittwirkung bedeutet, daß einfachgesetzliche Vorschriften im Lichte der durch die Verfassung begründeten objektiven Wertordnung auszulegen sind.[326] In diesem Sinne entfaltet das Rechtsstaatsprinzip jedenfalls Wirkung über die die Tarifautonomie ausgestaltenden Normen des einfachen Gesetzesrechts. Zunächst handelt es sich hierbei um §§ 1 Abs. 2 und 8 TVG, Vorschriften, die gerade unter Berücksichtigung des Rechtsstaatsprinzips und des Gebots der Normklarheit so auszulegen sind, daß sie im Interesse der Tarifbetroffenen grundsätzlich verlangen, daß die Tarifparteien ihren Willen für Dritte erkennbar in der Tarifvertragsurkunde zum Ausdruck gebracht haben.

Den §§ 1 Abs. 2 und 8 TVG läßt sich indes nicht entnehmen, daß neben Wortlaut und Kontext auch die übrigen für die Auslegung erheblichen Umstände für die Tarifunterworfenen erkennbar sein müssen. Außerdem sind die §§ 1 Abs. 2 und 8 TVG ebensowenig wie das Rechtsstaatsprinzip als Auslegungsvorschriften konzipiert. Eine Norm, die demgegenüber von vornherein dazu bestimmt ist, die Auslegung (von Rechtsgeschäften) zu regeln, ist § 157 BGB. Es liegt nahe, diese Bestimmung zu den die Tarifautonomie ausgestaltenden (einfachgesetzlichen) Vorschriften zu rechnen und sie im Lichte des Rechtsstaatsprinzips, aber - unter dem Gesichtspunkt der Einheit der Rechtsordnung - auch der §§ 1 Abs. 2 und 8 TVG zu interpretieren.[327] Die generalklauselartige Fassung des § 157 BGB unter Verwendung konkretisierungsbedürftiger unbestimmter Rechtsbegriffe läßt für eine Einbeziehung der Wertungen des Rechtsstaatsprinzips sowie der §§ 1 Abs. 2 und 8 TVG ausreichend Raum.

Im Lichte dieser Vorschriften begrenzt § 157 BGB die aus Art. 9 Abs. 3 GG folgende Bedeutung des Willens der Tarifparteien. Dieser Wille ist deshalb grundsätzlich nur insoweit Ziel der Auslegung, wie er aus den Umständen hervorgeht, die für die Normbetroffenen erkennbar sind und wie er sich mit dem Vertragstext vereinbaren läßt. Da sämtliche von den Tarif-

---

[326] BAG, Beschl. v. 27.2.85 - GS 1/84, E 48, 122, 138 f = AP Nr. 14 zu § 611 BGB Beschäftigungspflicht; Beschl. v. 27.5.86 - 1 ABR 48/84, E 52, 88, 98 = AP Nr. 15 zu § 87 BetrVG 1972 Überwachung.

[327] In Rechtsprechung (BVerfG, Beschl. v. 23.4.86 - 2 BvR 487/80, E 73, 261, 269 f.) und Schrifttum (*Mikat*, Festschrift für Hans Carl Nipperdey, 1965, Bd. I, S. 581, 587; *Mayer-Maly* in Münchener Kommentar zum BGB, § 157 Rdnr. 12) ist anerkannt, daß gerade § 157 BGB "Einfallspforte" der Grundrechte ins Privatrecht ist.

normen betroffenen Personen Zugang zu allen Erkenntnisquellen haben,[328] ist das Merkmal der Erkennbarkeit stets gegeben. Was den Vertragstext anbelangt, muß dieser ausreichende Anhaltspunkte für eine dem Willen entsprechende Auslegung bieten. Im Verhältnis zum Text kommt dem Willen der Tarifparteien in der Regel nur eine Aufhellungsfunktion bei einer mehrdeutigen Formulierung des Vertragswerks zu.[329]

Als Beispiel hierfür soll ein Fall dienen, den das Bundesarbeitsgericht am 26. April 1966[330] entschieden hat: Der Tarifvertrag sah hier vor, daß "Toningenieure" nach Gehaltsgruppe III C bezahlt werden sollten, "Gehobene Toningenieure" nach Gehaltsgruppe III A. Das Gericht ging zu Recht davon aus, daß der Wortlaut lediglich ergebe, daß die Tarifparteien einen Unterschied zwischen "Toningenieuren" einerseits und "Gehobenen Toningenieuren" andererseits machen wollten. Darüberhinaus sei ihm nur zu entnehmen, daß die Anforderungen an den "Gehobenen Toningenieur" in irgendeiner Weise höher sein müßten als die, die an den einfachen Toningenieur gestellt würden. Der Wortlaut ließ hingegen nicht erkennen, worin genau sich die jeweiligen Anforderungen unterscheiden sollten. Das Unterscheidungskriterium vermochte das Gericht auch nicht aus den anderen Berufen herauszulesen, die in beiden Gehaltsgruppen erwähnt waren. Es wandte sich deshalb zu Recht den Kriterien zu, die Aufschluß über den Willen der Tarifparteien gaben.

In einem Fall, den das Bundesarbeitsgericht am 3. Dezember 1986[331] zu entscheiden hatte, lagen die Verhältnisse entgegengesetzt. Hier führte bereits der Vertragstext zu einem klaren Auslegungsergebnis. Auf den Willen der Tarifparteien kam es deshalb nicht an: Der Kläger, ein ausgebildeter KfZ-Mechaniker, verrichtete zu mehr als der Hälfte seiner Gesamtarbeitszeit Arbeiten, die zur normalen Tätigkeit eines KfZ-Mechanikers gehörten. Er wurde nach Lohngruppe 6 des TVAL II bezahlt. Diese Lohngruppe erfaßte "Arbeiter in Tätigkeiten, die eine abgeschlossene Berufsausbildung ... erfordern und selbständig ausgeübt werden". Weil der Kläger in gewissem Umfang auch Tätigkeiten ausübte, die nicht zum Berufsbild eines KfZ-Mechanikers gehörten, begehrte er die Einstufung in Lohngruppe 7. Nach ihr wurden "Arbeiter in Tätigkeiten, die über die fachlichen Anforderungen der Lohngruppe 6 hinausgehen", bezahlt. Zur Begründung seines Begehrens berief sich der Kläger auf die Niederschrift über eine Besprechung der Tarifparteien, nach der es für die Einstufung in Lohngruppe 7 genügen sollte, "wenn die ausgeübte Tätigkeit die Anforderungen gegenüber dem maßgebenden Berufsbild deshalb übersteigt, weil sie in nicht unwesentlichem Umfang und qualitativ gleichwertig in artverwandte Berufe der Berufsgruppe des Arbeiters hineinreicht". Das Bundesarbeitsgericht ließ zu Recht offen, ob diese Niederschrift erkennen ließ, daß die Tarifparteien bei Abschluß des Tarifvertrags einen entsprechenden Willen hatten. Nach § 51 TVAL kam es nämlich für die Eingruppierung auf die überwiegend ausgeübte Tätigkeit an. Ein der Niederschrift entspre-

---

[328] Vgl. oben S. 57 ff. und 65 ff.

[329] So auch *Buchner*, SAE 1987, 45, 51.

[330] 1 AZR 242/65, E 18, 278, 282 ff. = AP Nr. 117 zu § 1 TVG Auslegung.

[331] 4 AZR 19/86, AP Nr. 6 zu § 51 TVAL II.

chender Wille der Tarifparteien ließ sich mit dieser Vorschrift und damit dem Text des Tarifvertrags nicht in Einklang bringen. Er war deshalb unerheblich.

Von den Fällen des mehrdeutigen Vertragstextes abgesehen ist der Wille der Tarifparteien nur dann von Bedeutung, wenn die Normadressaten des Schutzes durch die vorgenannten Einschränkungen ausnahmsweise nicht bedürfen, weil sie den Willen kennen, kennen müssen oder der von den Tarifparteien gewollte Vertragsinhalt für sie günstiger ist als der, der sich aus den für sie erkennbaren Umständen ergibt.[332] In diesen Fällen hat die Rechtsordnung nicht nur - wie *Larenz*[333] ausführt - keinen Anlaß, den Beteiligten eine andere Bedeutung aufzunötigen, als die, welche die Tarifparteien übereinstimmend gemeint haben. Aus den dargelegten verfassungsrechtlichen Gründen darf sie das auch gar nicht.

Die Anwendung des § 157 BGB unter Einbeziehung des Rechtsstaatsprinzips, das ja auch die Gesetzesauslegung prägt,[334] führt zu einer weitgehenden Übereinstimmung der Regeln zur Auslegung von Gesetzen und denen, die die Auslegung von Tarifnormen bestimmen. Der Umstand, daß Tarifnormen nach dem hier vorgestellten Konzept anhand der §§ 133, 157 BGB, also den für Rechtsgeschäfte geltenden Vorschriften auszulegen sind, bedeutet eben nicht, daß die Auslegung damit in der Sache ganz anders ausfällt als bei Gesetzen.[335] Die Annahme, die Auslegung von Rechtsgeschäften und Gesetzen folge jeweils eigenen, auf den anderen Bereich nicht übertragbaren Regeln, ist zu schematisch. Sie wird dem Umstand nicht gerecht, daß die Interessenlage, welche die Auslegung letztlich bestimmt, für Gesetze und rechtsgeschäftliche Erklärungen im wesentlichen übereinstimmt. In beiden Fällen muß die Auslegung neben dem Schutz des Erklärenden auch den der Adressaten gewährleisten. Unterschiede in der Interessenlage ergeben sich weniger aus der Entstehungsart oder der Qualifizierung als Rechtsgeschäft bzw. Normenwerk. Bedeutsamer ist die Zusammensetzung des Adressatenkreises: Je mehr Personen betroffen sind, desto

---

[332] Hierzu im einzelnen auf S. 90 ff.

[333] Allgemeiner Teil des deutschen Bürgerlichen Rechts, § 19 II a, S. 338, zur Begründung des Satzes "falsa demonstratio non nocet".

[334] Vgl. S. 71 ff.

[335] Nicht umsonst hat *Bartholomeyczik* (Die Kunst der Gesetzesauslegung, S. 19) die Ansicht vertreten, "die Auslegungsgrundsätze über Willenserklärungen (§§ 133, 157 BGB)" seien "bis zu einem gewissen Grade" auch für die Auslegung von Gesetzen maßgebend; ähnlich *Nipperdey* in Hueck/Nipperdey, Lehrbuch des Arbeitsrechts, II/1, § 18 V 3, S. 358; *Richardi* in Dietz/Richardi, BetrVG, § 77 Rdnr. 52; *Dütz*, Festschrift für Karl Molitor, S. 63, 73; *ders.*, Anm. zu BAG, EzA § 4 Nr. 2 TVG Bühnen, S. 36; *Kreutz* in BetrVG, Gemeinschaftskomm., 3. Bearbeitung, § 77 Rdnr. 151.

geringer ist etwa die Wahrscheinlichkeit, daß alle Adressaten die Erklärung so verstanden haben, wie sie von ihren Schöpfern gemeint war. Unterschiedlich ist deshalb weniger die Auslegung von Gesetzen und die privater Willenserklärungen als die von Willenserklärungen, die an einen bestimmten Empfänger gerichtet sind, auf der einen Seite und die von Gesetzen und Willenserklärungen an einen unbestimmten Personenkreis auf der anderen Seite.[336] Zwischen Tarifnormen und Gesetzen, die beide eine Vielzahl von Personen betreffen, bestehen zwangsläufig starke Parallelen.[337] Aus diesem Grund läßt sich der verbreiteten Annahme, Tarifnormen seien wie Gesetze auszulegen, auch auf der Grundlage des hier vertretenen Standpunkts eine gewisse Berechtigung nicht absprechen.

c) Sonderfall: Mit dem Vertragstext lassen sich mehrere Bedeutungen vereinbaren, die jedoch sämtlich nicht gewollt sind

Liegt kein Ausnahmefall vor, darf nach den unter b getroffenen Feststellungen nur eine solche Normbedeutung ermittelt werden, die mit dem Vertragstext im Einklang steht. Lassen sich mit dem Text mehrere Bedeutungen vereinbaren, ist unter ihnen diejenige maßgeblich, welche von den Tarifparteien gewollt ist. Nun ist der Fall denkbar, wenngleich nicht sehr wahrscheinlich, daß keine der mit dem Text zu vereinbarenden Bedeutungen dem Willen der Tarifparteien entspricht, dieser vielmehr auf eine Bedeutung gerichtet ist, die der Text ausschließt.

Auch bei der Lösung dieses Falls ist von dem oben[338] herausgearbeiteten Prinzip auszugehen, daß es gilt, den Willen der Tarifparteien so weit wie möglich, d.h. soweit es der Text zuläßt, zu verwirklichen. Dem Willen als solchem kann hier wegen seiner Unvereinbarkeit mit dem Text nicht Rechnung getragen werden. Wohl aber ist eine Annäherung an ihn in der Weise möglich, daß unter den mit dem Text im Einklang stehenden Bedeutungen diejenige gewählt wird, die dem Willen der Tarifparteien am nächsten kommt. Diese Lösung entspricht den Interessen der Tarifparteien am besten und wird auch dem Schutzbedürfnis der Tarifadressaten gerecht. Sie ist daher vorzugswürdig.

---

[336] Ähnlich *Buchner*, AR-Blattei, [D] Tarifvertrag IX Auslegung A II 2 c.

[337] So auch *Achilles*, Der tatsächliche Parteiwille bei der Auslegung von Tarifverträgen, S. 30.

[338] Vgl. S. 69 ff.

d) Der Dissens der Tarifparteien

Oben[339] wurde festgestellt, daß sich die Normadressaten auf den Text der jeweiligen Tarifnorm verlassen dürfen, selbst wenn dieser mehrdeutig ist. Das Rechtsstaatsprinzip, das jedenfalls über die §§ 1 Abs. 2, 8 TVG, 157 BGB auch für Tarifnormen gilt, verlangt die Gültigkeit der Norm. Von den Fällen fehlender Schutzwürdigkeit abgesehen, schließt dieser Befund zugleich aus, daß ein Tarifvertrag wegen eines Dissenses der Tarifparteien nichtig ist.[340] Für eine Anwendung der §§ 154, 155 BGB ist kein Raum.

Nach den obigen[341] Überlegungen läßt sich ein Dissens der Tarifparteien grundsätzlich ohnehin nur feststellen, wenn der Vertragstext mehrdeutig ist und die sonstigen den Normadressaten erkennbaren Umstände darauf schließen lassen, daß der Wille der Tarifparteien auseinandergefallen ist. Liegt danach ein Dissens vor, ist die Bedeutung der Tarifnorm innerhalb des vom Text des Tarifvertrags vorgegebenen Rahmens zu suchen. Der Normanwender muß sich für eine der verschiedenen Bedeutungen entscheiden, die sich mit dem Vertragstext vereinbaren lassen. Wegen des Dissenses fehlt es an einer von den Tarifparteien gemeinsam gewollten Normbedeutung, an die er bei seiner Entscheidung gebunden wäre. Wohl aber geben die aus dem Bedeutungszusammenhang des Tarifvertrags ersichtlichen Wertungen in der Regel Aufschluß darüber, welcher Inhalt der (fehlenden) gemeinsam gewollten Normbedeutung am nächsten kommt. Auf diese Weise läßt sich immerhin eine Normbedeutung ermitteln, die sich auf die Tarifparteien zurückführen läßt.

Die vorstehend befürwortete Vorgehensweise fällt, da die Norm, um deren Bedeutung es geht, bereits existiert, der Tarifvertrag also keine Lücke aufweist, noch in den Bereich der Auslegung. Wie noch zu zeigen ist,[342] weist sie aber bereits deutliche Parallelen zu den Grundsätzen der richterlichen Fortbildung des Tarifvertrags auf.

Läßt der tarifliche Bedeutungszusammenhang ausnahmsweise nicht erkennen, welcher Inhalt der (fehlenden) gemeinsam gewollten Normbedeutung am nächsten kommt, kann die Entscheidung für eine der Bedeutungen, die sich mit dem Vertragstext vereinbaren lassen, nicht im Wege der Auslegung

---

[339] Vgl. S. 45 ff., vor allem S. 81 ff.

[340] So auch die in Fn. 59 angeführten Entscheidungen sowie *Achilles*, Der tatsächliche Parteiwille bei der Auslegung von Tarifverträgen, S. 33 ff.; *Blank*, NZA Beil. 2/1988, S. 13 f.; *Wiedemann/Stumpf*, TVG, § 1 Rdnr. 109.

[341] Vgl. S. 45 ff., vor allem S. 83 ff.

[342] Vgl. S. 121 ff.

getroffen werden. *Mayer-Maly*[343] will für solche Fälle, in denen eine Unklarheit nicht durch Auslegung beseitigt werden kann, das "Verfahren der Lükkenfüllung" heranziehen. Wie wir noch sehen werden,[344] setzt aber auch die Fortbildung von Tarifnormen die Ermittlung der Bedeutung voraus, die dem aus den übrigen Tarifbestimmungen ersichtlichen Willen der Tarifparteien am nächsten kommt. Eben diese Bedeutung läßt sich hier jedoch nicht feststellen. Die Mehrdeutigkeit der Tarifnorm ist folglich unheilbar. Aus diesem Grund - nicht wegen des Dissenses - muß die Norm als unwirksam beurteilt werden.[345]

Die vorstehenden Ausführungen haben gezeigt, daß die Fragen, ob ein Dissens der Tarifparteien vorliegt und wie er zu behandeln ist, mit der Auslegung und der Fortbildung von Tarifnormen eng verbunden sind. Im wesentlichen sind die gleichen Überlegungen anzustellen.

e) Zwischenergebnis

Ziel der Auslegung ist es zu ermitteln, was die Tarifparteien übereinstimmend gewollt haben, in Ermangelung eines übereinstimmenden Willens das, was sie bei Auslegung ihrer Erklärungen aus der Sicht der jeweils anderen Tarifpartei(en) gemeint haben. Der so verstandene Wille der Tarifparteien ist allerdings in der Regel nur maßgeblich, wenn folgende beiden Voraussetzungen erfüllt sind: Zunächst muß der Wille für die Normadressaten innerhalb der Grenzen der Zumutbarkeit erkennbar sein. Dazu muß er aus den für sie zugänglichen Erkenntnisquellen hervorgehen. Da die Normadressaten über die Tarifparteien oder ihren Arbeitgeber Zugang zu allen Erkenntnisquellen haben, ist diese erste Voraussetzung stets erfüllt.

Grundsätzlich muß nun hinzukommen, daß sich der Wille der Tarifparteien mit dem Text des Tarifvertrags vereinbaren läßt. Ist das nicht der Fall, bestimmt ihr Wille die Auslegung nur, wenn ein schutzwürdiges Vertrauen der Normadressaten auf den Vertragstext ausnahmsweise nicht in Betracht kommt.

---

[343] Anm. zu BAG, SAE 1966, 249 (= E 18, 278 = AP Nr. 117 zu § 1 TVG Auslegung), S. 251, 252.

[344] Vgl. S. 129 f. und 134 ff.

[345] Bei einer unheilbaren Mehrdeutigkeit hat auch BAG, Urt. v. 26.4.66 - 1 AZR 242/65, E 18, 278, 284 f. = AP Nr. 117 zu § 1 TVG Auslegung mit zust. Anm. *Alfred Hueck*, die Norm für ungültig gehalten.

Für jemanden, der eine Tarifnorm anwenden und sie zu diesem Zweck auslegen muß, erscheint folgende abgestufte Vorgehensweise zweckmäßig: Die Auslegung sollte mit dem Text des Tarifvertrags - der ersten Stufe - beginnen. Ist der Text eindeutig, ist dem Normanwender der Übergang zur nächsten Stufe, der Ermittlung dessen, was die Tarifparteien ausdrücken wollten, grundsätzlich verwehrt. Er hat nur noch zu prüfen, ob Anhaltspunkte für einen jener Ausnahmefälle gegeben sind, in denen ungeachtet des Textes der Wille der Tarifparteien die Auslegung bestimmt. Fehlen solche Anhaltspunkte, ist die Norm dem (eindeutigen) Text entsprechend auszulegen.

Ist der Text mehrdeutig, muß die Norm so ausgelegt werden, wie die Tarifparteien sie übereinstimmend, hilfsweise bei normativer Betrachtung gemeint haben.

Der vorstehende Befund zum Ziel der Auslegung bestätigt im Kern das, was seit langem Rechtsprechung des Bundesarbeitsgerichts ist[346] und auch vom Schrifttum überwiegend anerkannt wird:[347] Es gilt, den Willen der Tarifpartner zu ermitteln, sofern er sich mit dem Vertragstext in Einklang bringen läßt. Indem vor allem die Rechtsprechung diesen Gedanken herausgearbeitet hat, hat sie zur Methode der Auslegung weit mehr beigetragen, als gelegentlich angenommen wird.[348]

Dennoch hätte die Rechtsprechung der Begründung ihres Ergebnisses mehr Beachtung schenken sollen. Versteht man die eingeschränkte Maßgeblichkeit des Willens der Tarifparteien - wie hier vorgeschlagen - als das Ergebnis einer Abwägung der einander gegenüberstehenden verfassungsrechtlich abgesicherten Interessen der Tarifparteien und der am Vertragsschluß unbeteiligten Normbetroffenen, zeigt sich, daß der Wille der Tarifparteien nur im Regelfall mit dem Vertragstext vereinbar sein muß. Ist dieser Schutz für die Normbetroffenen ausnahmsweise entbehrlich, schadet eine "falsa demonstratio" nicht. Dieser Aspekt ist in der Rechtsprechung unerkannt geblieben und auch im Schrifttum nur vereinzelt angesprochen worden.[349] Auf ihn wird im folgenden näher eingegangen.

---

[346] Vgl. oben S. 22 ff.

[347] Hierzu oben auf S. 32 ff.

[348] Vgl. etwa *Gröbing*, ZTR 1987, 236, 237.

[349] Vgl. auf S. 36 f.

2. Das ausnahmsweise Fehlen eines schutzwürdigen Vertrauens der Normadressaten

In zwei Fällen haben die Normadressaten kein schutzwürdiges Interesse daran, daß der Wille der Tarifparteien mit dem Vertragstext im Einklang steht:

a) Die Normadressaten kennen den Willen der Tarifparteien oder können ihn doch bei Anwendung der ihnen zumutbaren Sorgfalt erkennen

Die Normadressaten sind in ihrem Vertrauen auf den Vertragstext nicht schutzwürdig, wenn sie wissen, daß er das, was zum Ausdruck gebracht werden sollte, unrichtig wiedergibt, die gewählten Formulierungen also mißglückt sind. In diesem Fall besteht kein Anlaß, den Tarifparteien eine andere als die gewollte Bedeutung aufzunötigen. Die außerhalb des Tarifrechts anerkannte Auslegungsregel "Falsa demonstratio non nocet" ist also vom Prinzip her auch bei der Auslegung von Tarifverträgen sachgerecht.[350] Die Wertung der §§ 1 Abs. 2, 8 TVG und des Rechtsstaatsprinzips, daß sich die Normadressaten auf den Text verlassen dürfen, steht dem nicht entgegen. Sie ist ohne Bedeutung, wenn ein Vertrauen auf den Vertragstext gar nicht in Betracht kommt.

Ob die Schutzbedürftigkeit der Normadressaten aufgrund ihrer Kenntnis des Willens der Tarifparteien entfällt, braucht jedoch gar nicht ermittelt zu werden, wenn ein Schutzbedürfnis bereits aufgrund der bloßen Erkennbarkeit fehlt. Es genügt dann festzustellen, daß diese Vorstufe erfüllt ist.

Im Rahmen des § 157 BGB wird allgemein angenommen, daß ein Erklärungsempfänger in seinem Vertrauen auf das Erklärte dann nicht schutzwürdig ist, wenn er zwar nicht erkennt, daß das Erklärte nicht dem entspricht, was mit der Erklärung gewollt ist, er das aber bei Anwendung der ihm zumutbaren Sorgfalt unschwer hätte erkennen können. Bei Erklärungen an einen unbestimmten Personenkreis kommt es auf die Verständnismöglichkeit eines durchschnittlichen Angehörigen des angesprochenen Personenkreises an.[351]

Überträgt man diese Überlegungen auf die Auslegung von Tarifnormen, so scheidet ein schutzwürdiges Vertrauen der Normadressaten auf den Ver-

---

[350] So auch *Brox* in Erman, Handkommentar zum BGB, § 133 Rdnr. 36.

[351] Vgl. S. 50 f.

tragstext, das die Maßgeblichkeit des Willens der Tarifparteien zurückdrängt, aus, wenn ein durchschnittlicher Normadressat bei Anwendung der ihm zumutbaren Sorgfalt erkennen kann, was die Tarifparteien ausdrücken wollten.

Bedenken gegen die Übertragbarkeit resultieren daraus, daß sich die Normadressaten aufgrund der §§ 1 Abs. 2, 8 TVG sowie des Rechtsstaatsprinzips auf den Text des Tarifvertrags verlassen dürfen. Daraus könnte folgen, daß die Normadressaten auch dann auf den Text vertrauen dürfen, wenn sie seine Unrichtigkeit erkennen können. Die aus den §§ 1 Abs. 2, 8 TVG sowie dem Rechtsstaatsprinzip ersichtliche Wertung bedeutet sicher, daß die Normadressaten den Vertragstext nicht ohne besonderen Anlaß auf seine Richtigkeit überprüfen müssen und zumindest grundsätzlich auch keine Informationen über ihren Verband einzuholen brauchen. Fraglich ist jedoch, ob sie auch zur Folge hat, daß die Normadressaten ihre Augen vor den Erkenntnissen verschließen dürfen, die sich ihnen ohne zusätzliche Anstrengungen aufdrängen. Führt man sich vor Augen, daß der aus den §§ 1 Abs. 2, 8 TVG und dem Rechtsstaatsprinzip hergeleitete Schutz der Normadressaten stets dadurch erkauft wird, daß der Wille der Tarifparteien und damit die Tarifautonomie zurückgedrängt wird, liegt es nahe, die Frage zu verneinen. Bezieht man die Tarifautonomie in die Auslegung der §§ 1 Abs. 2, 8 TVG ein und versteht man sie als Gegengewicht zu den Anforderungen des Rechtsstaatsprinzips, verlangen diese Regeln nicht, auch dann ein schutzwürdiges Interesse an einer dem Vertragstext entsprechenden Erklärungsbedeutung anzunehmen, wenn der Text offensichtlich unrichtig ist. In diesem Fall dürfen sich die Normadressaten nicht auf den Vertragstext verlassen, sondern müssen sich unter Ausschöpfung aller Möglichkeiten, namentlich im Wege der Einschaltung ihres Verbands, über den wirklichen Willen der Tarifparteien informieren.

Die vorstehenden Überlegungen lassen sich dahin zusammenfassen, daß ein schutzwürdiges Vertrauen der Tarifadressaten auf den Vertragstext dann fehlt, wenn der Text den Willen der Tarifparteien aus der Sicht eines durchschnittlichen Adressaten offensichtlich unrichtig wiedergibt.

Der folgende Beispielsfall soll näher erläutern, unter welchen Voraussetzungen eine solche offenbare Unrichtigkeit angenommen werden kann: In den letzten Tarifverhandlungen der IG Metall mit den zuständigen Arbeitgeberverbänden hat die Einführung der 35-Stundenwoche im Vordergrund gestanden. Dieses Ziel der Gewerkschaften dürfte - aufgrund der Informationsarbeit der Tarifparteien, aber auch der Berichterstattung in den Medien - kaum einer vom Tarifvertrag betroffenen Person verborgen geblieben sein. Wäre nun in den abgeschlossenen Tarifverträgen versehentlich statt der Einführung der 35-Stundenwoche die künftige Geltung der 25-

Stundenwoche festgeschrieben worden, läge eine für einen durchschnittlichen Adressaten offensichtliche Unrichtigkeit des Vertragstextes vor.[352] An einem schutzwürdigen Vertrauen der Normadressaten würde es fehlen.

Die Unrichtigkeit des Vertragstextes kann ferner aufgrund der bisherigen Tarifpraxis offenkundig sein.[353] Personen, denen die Tarifpraxis nicht geläufig ist, obliegt es, sich über sie zu informieren, wollen sie nicht Gefahr laufen, vom Vertragstext irregeführt zu werden.

b) Die von den Tarifparteien gewollte Normbedeutung ist für die Normadressaten günstiger als die aus dem Vertragstext ersichtliche Bedeutung

Ein schutzwürdiges Vertrauen der Normadressaten auf den Vertragstext fehlt auch dann, wenn der Wille der Tarifparteien für die Adressaten günstiger ist als der aus dem Text ersichtliche Norminhalt. In diesem Fall haben die Adressaten kein Interesse daran, daß die Norm dem für sie nachteiligen Vertragstext entsprechend ausgelegt wird.

Unter dem Gesichtspunkt des günstigeren wirklichen Willens der Tarifparteien entfällt jedoch immer nur für einen Teil der Normadressaten ein schutzwürdiges Vertrauen auf den Vertragstext. Für sämtliche Adressaten ist das nicht denkbar, da die für eine Seite, etwa die Arbeitnehmer, günstige Abweichung vom Vertragstext die andere Seite, die Arbeitgeber, benachteiligt. Das Vertrauen derjenigen Normadressaten, für die das von den Tarifparteien Gemeinte nachteiliger als der Vertragstext ist, kann indes im Einzelfall aus einem anderen Grund nicht schutzwürdig sein. Ihr Vertrauen auf den Vertragstext braucht nicht geschützt zu werden, wenn sie wissen, daß der Text von dem, was die Tarifparteien gemeint haben, abweicht. Dasselbe gilt, wenn die Abweichung offensichtlich ist, so daß die Normadressaten sie kennen müssen.[354]

Bei einem Firmentarifvertrag, dessen Wortlaut und Kontext in für die Arbeitnehmer ungünstiger Weise von dem abweicht, was die Tarifparteien ausdrücken wollten, kann danach ein schutzwürdiges Vertrauen auf den Vertragstext generell ausscheiden. Der Arbeitgeber ist nicht schutzwürdig,

---

[352] Daß diese Unrichtigkeit nicht im Wege einer der Auslegung vorangehenden Berichtigung behoben werden kann, wurde auf S. 18 f. bereits dargelegt.

[353] Auch *Brox* (in Erman, Handkommentar zum BGB, § 133 Rdnr. 36) geht davon aus, daß eine Falschbezeichnung nicht schadet, wenn alle Normunterworfenen etwa aus der bisherigen Tarifpraxis heraus die Norm entgegen ihrem Wortlaut richtig verstehen können.

[354] Vgl. oben S. 90 ff.

weil er als Vertragspartei weiß oder doch wissen muß, worauf er sich mit der beteiligten Gewerkschaft geeinigt hat. Die tarifunterworfenen Arbeitnehmer sind nicht schutzbedürftig, weil das, worauf sich die Tarifparteien verständigt haben, ihren Interessen mehr dient als das Erklärte.

Ein schutzwürdiges Interesse an einer dem Vertragstext entsprechenden Bedeutung kommt bei dieser Konstellation nur im Zusammenhang mit einer Allgemeinverbindlicherklärung, die auch beim Firmentarif möglich ist, in Betracht. Ein solches Interesse könnten zum einen die Personen haben, die nach § 5 TVG über die Allgemeinverbindlicherklärung zu entscheiden haben. Zum anderen könnte ein Vertrauen der Arbeitgeber zu schützen sein, die bei einer Allgemeinverbindlicherklärung des Tarifvertrags nach § 5 Abs. 4 TVG tarifgebunden werden.

Wenden wir uns zunächst den Arbeitgebern zu. Für sie ist der Wille der Tarifparteien ungünstiger als der aus dem Text ersichtliche Inhalt. Ihnen ist daher an einer dem Text entsprechenden Bedeutung gelegen. Da ihre Interessen vom Zeitpunkt der Allgemeinverbindlicherklärung an genauso zu schützen sind wie die der übrigen Tarifunterworfenen,[355] ist von diesem Zeitpunkt an eine Auslegung des Firmentarifs geboten, die dem Vertragstext folgt. Bis zur Allgemeinverbindlicherklärung können indes die Interessen der nach § 5 Abs. 4 TVG tarifgebundenen Arbeitgeber außer Acht gelassen werden.

Vor einer Allgemeinverbindlicherklärung können allenfalls die Interessen der Personen, die über die Allgemeinverbindlicherklärung zu entscheiden haben, eine dem Text entsprechende Auslegung verlangen. Über die Allgemeinverbindlicherklärung muß sachgerecht entschieden werden, was voraussetzen könnte, daß sich die zur Entscheidung berufenen Personen anhand des Vertragstextes über den Inhalt des Tarifvertrags informieren können. Es ist jedoch fraglich, ob schutzwürdige Interessen dieser Personen beeinträchtigt werden, wenn der Text ihnen einen weniger arbeitnehmerfreundlichen Tarifinhalt suggeriert, als tatsächlich gegeben ist. Es liegt nämlich nahe, daß die über die Allgemeinverbindlicherklärung entscheidenden Personen zumindest von der Tarifpartei, die die Allgemeinverbindlicherklärung beantragt hat, über die im Tariftext nicht zum Ausdruck kommende Arbeitnehmerfreundlichkeit unterrichtet werden. Tarifverträge werden für allgemeinverbindlich erklärt, um zu vermeiden, daß sich für die tarifgebundenen Arbeitnehmer oder Arbeitgeber Nachteile daraus ergeben, daß die Tarifverträge bestimmte Mindestleistungen vorsehen, die die Arbeitgeber

---

[355] Vgl. oben S. 59 f.

gegenüber den Arbeitnehmern zu erbringen haben.[356] Die Allgemeinverbindlicherklärung soll verhindern, daß die tarifgebundenen Arbeitgeber bevorzugt nicht tarifgebundene Arbeitnehmer einstellen, um auf diese Weise die tariflichen Arbeitsbedingungen unterschreiten zu können. Auf der anderen Seite sollen die tarifgebundenen Arbeitgeber vor Wettbewerbsnachteilen gegenüber nicht tarifgebundenen Konkurrenten geschützt werden, die sogar organisierte Arbeitnehmer zu untertariflichen Bedingungen beschäftigen dürfen. Die Gefahr, daß tarifgebundene Arbeitgeber bevorzugt nicht tarifgebundene Arbeitnehmer einstellen oder Wettbewerbsnachteile gegenüber ungebundenen Konkurrenten erleiden, wächst mit der Arbeitnehmerfreundlichkeit eines Tarifvertrags. Aus diesem Grund liegt die Allgemeinverbindlicherklärung eines Tarifvertrags um so näher, je arbeitnehmerfreundlicher er ausfällt. Eine Tarifpartei, die durch ihren Antrag auf Allgemeinverbindlicherklärung zum Ausdruck gebracht hat, an der Allgemeinverbindlicherklärung interessiert zu sein, wird es deshalb nicht versäumen, die Entscheidungsträger auf das volle Ausmaß der Arbeitnehmerfreundlichkeit des Tarifvertrags hinzuweisen. Damit ist sichergestellt, daß die über die Allgemeinverbindlicherklärung entscheidenden Personen Kenntnis von einer im Text nicht zum Ausdruck kommenden, die Arbeitnehmer begünstigenden Regelung erhalten. Ihr Interesse, den Inhalt des Tarifvertrags zu kennen, um sachgerecht über die Allgemeinverbindlicherklärung entscheiden zu können, schließt daher nicht aus, einen die Arbeitnehmer begünstigenden Willen der Tarifparteien auch dann zu berücksichtigen, wenn er im Vertragstext nicht zum Ausdruck kommt.

Im Ergebnis ist deshalb ein Firmentarif, der die Arbeitnehmer nach dem Willen der Tarifparteien günstiger stellen soll, als das im Text zum Ausdruck kommt, bis zu einer Allgemeinverbindlicherklärung so auszulegen, wie ihn die Tarifparteien gemeint haben.

3. Die Auslegungskriterien

Unter 1. wurde festgestellt, daß für die Auslegung von Tarifnormen zwei Faktoren in Betracht kommen, nämlich der Text des Tarifvertrags sowie der Wille der Tarifparteien.

---

[356] Hierzu *Wiedemann/Stumpf*, TVG, § 5 Rdnr. 2; *Kempen* in Hagemeier/Kempen/Zachert/Zilius, TVG, § 5 Rdnr. 1 f.

a) Der Text des Tarifvertrags

"Text des Tarifvertrags" ist ein Sammelbegriff für zwei auslegungserhebliche Umstände, nämlich den Wortsinn des auszulegenden Ausdrucks und den tariflichen Bedeutungszusammenhang, in dem der Ausdruck steht.

aa) Der Wortsinn des auszulegenden Ausdrucks

(1) Allgemeiner und Sondersprachgebrauch

Unter dem Wortsinn versteht man die Bedeutung eines Ausdrucks im Sprachgebrauch.[357] Da sich die Sprache aus der allgemeinen Umgangssprache sowie verschiedenen Sondersprachen, vor allem fachspezifischen und nur regional verbreiteten Ausdrücken, zusammensetzt, liegt es nahe, als Wortsinn die Summe aller Bedeutungen anzusehen, die der betreffende Ausdruck im allgemeinen oder in einem Sondersprachgebrauch hat. Danach würde der Wortlaut nur dann eindeutig sein, wenn, was nur ausnahmsweise in Betracht kommt, die Umgangssprache und die verschiedenen Sondersprachgebräuche zusammen nur eine einzige Bedeutung zulassen.

Gegen diese Annahme richten sich jedoch zwei Bedenken: Zunächst könnte ein von der Sache her einschlägiger Sondersprachgebrauch, etwa eine juristische Fachterminologie, als speziellerer Sprachgebrauch die allgemeine Umgangssprache verdrängen. Auf letztere käme es dann nur an, wenn ein einschlägiger Sondersprachgebrauch fehlt. Voraussetzung für ein solches Spezialitätsverhältnis ist allerdings, daß ein Ausdruck, der sowohl eine allgemeine als auch eine sondersprachliche Bedeutung hat, jedenfalls in den Kreisen, die den Sondersprachgebrauch beherrschen, allgemein nur in seiner Sonderbedeutung verwendet und verstanden wird. Daß das nicht der Fall ist, macht ein vom Bundesarbeitsgericht[358] entschiedener Fall deutlich: Die Tarifparteien hatten in einem Tarifvertrag den Begriff der "ärztlichen Tätigkeit" verwendet. Nach dem juristischen, durch die Bundesärzteordnung geprägten Sprachgebrauch übt eine ärztliche Tätigkeit nur derjenige aus, der entweder nach Maßgabe der Bundesärzteordnung approbierter Arzt ist oder über eine Erlaubnis nach § 10 Bundesärzteordnung verfügt. Das Bundesarbeitsgericht hat es für naheliegend gehalten, daß sich die Tarifparteien an

---

[357] *Larenz*, Methodenlehre der Rechtswissenschaft, S. 305.

[358] Urt. v. 20.4.83 - 4 AZR 375/80, E 42, 231 = AP Nr. 71 zu §§ 22, 23 BAT 1975.

die vorhandene Rechtsterminologie halten wollten.[359] Es hat jedoch - wie schon die Vorinstanz - die Möglichkeit gesehen, entsprechend dem allgemeinen Sprachgebrauch unter ärztlicher Tätigkeit auch eine Tätigkeit zu verstehen, die außerhalb des Bundesgebiets und daher ohne Approbation und Erlaubnis nach der Bundesärzteordnung ausgeübt wird. Freilich muß diese Tätigkeit vergleichbaren fachlichen Anforderungen genügen, wie sie in der Bundesrepublik an einen Arzt gestellt werden.[360] Das Beispiel zeigt, daß nie auszuschließen ist, daß ein Normgeber einen sondersprachlich genau definierten Begriff untechnisch verwendet oder die Normadressaten ihn so verstehen.[361] Deshalb wird der allgemeine Sprachgebrauch nicht aus Gründen der Spezialität durch einen Sondersprachgebrauch verdrängt. Das bedeutet freilich nicht, daß dem allgemeinen und dem Sondersprachgebrauch für die Auslegung eine exakt gleich große Bedeutung zukommt. Wie noch zu zeigen ist,[362] kann aus der Verwendung eines Ausdrucks, der etwa in der Rechtsterminologie einen festen Inhalt hat, häufig auf den Willen der Tarifparteien geschlossen werden.

War bislang von einer möglichen Subsidiarität des allgemeinen Sprachgebrauchs die Rede, steht umgekehrt auch die gleichrangige Bedeutung des Sondersprachgebrauchs nicht außer Frage. Folgt man den oben[363] wiedergegebenen Überlegungen von *Siegers*[364] könnte es auf einen besonderen Sprachgebrauch, etwa die Rechtsterminologie, nur insoweit ankommen, wie die in der Fachsprache ungeschulten Normadressaten ihn zu verstehen vermögen. Bei dieser Betrachtung bleibt indes unberücksichtigt, daß verschiedene Ausdrücke nur in der für einen durchschnittlichen Adressaten unverständlichen Fachsprache einen Sinn ergeben. In solchen Fällen müßte *Siegers* konsequenterweise zur Nichtigkeit des betreffenden Rechtssatzes gelangen - ein Ergebnis, das den Interessen der Normadressaten kaum gerecht wird.

Vielleicht noch schwerer wiegt ein zweites Bedenken. Wie oben[365] dargelegt dürfen die Tarifunterworfenen ohnehin nicht auf ihr (individuelles)

---

[359] E 42, 231, 235 = AP Nr. 71 zu §§ 22, 23 BAT 1975.

[360] E 42, 231, 234 f. = AP Nr. 71 zu §§ 22, 23 BAT 1975.

[361] So auch *Herschel*, Festschrift für Erich Molitor, S. 161, 184.

[362] Vgl. S. 102.

[363] Vgl. S. 39.

[364] DB 1967, 1630, 1634.

[365] Vgl. S. 50 ff. und 74 f.

Verständnis des jeweiligen Ausdrucks vertrauen. In gewissem Maße müssen sie das Risiko tragen, daß sie den Ausdruck nicht oder falsch verstehen. Ihnen obliegt es, der Gefahr durch Erkundigungen bei ihrem Verband oder einem Rechtsanwalt zu begegnen.[366] Eben diese Risikoverteilung erscheint auch insoweit angemessen, wie es um mögliche Unklarheiten oder Mißverständnisse aufgrund eines von den Tarifparteien gewählten besonderen Sprachgebrauchs geht. In aller Regel weichen die Tarifparteien nicht ohne Grund vom allgemeinen Sprachgebrauch ab. Ursächlich ist zumeist das Bemühen um größere Präzision in den Formulierungen, die letztlich auch den Tarifunterworfenen zugute kommt. *Gröbing*[367] spricht hier von der "notwendigen Abstraktionshöhe der Formulierungen".

Noch ein weiterer Gesichtspunkt spricht für die Beachtlichkeit auch eines wenig verbreiteten Fachsprachgebrauchs. Häufig kann nur mit seiner Hilfe die hinter der Norm stehende Wertung, die ihren Gerechtigkeitsgehalt bestimmt,[368] verwirklicht werden. Nicht selten kommt diese Wertung allein in der von den Tarifparteien benutzten Fachsprache, nicht aber in der allgemeinen Umgangssprache zum Ausdruck.

Nimmt man die angeführten Gesichtspunkte zusammen, kann den verschiedenen Sondersprachen für die Auslegung von Tarifnormen keine geringere Bedeutung zukommen als dem allgemeinen Sprachgebrauch. Als Zwischenergebnis bleibt mithin festzuhalten, daß der Wortlaut eines jeden Ausdrucks eine Interpretation sowohl im Sinne des allgemeinen wie des Sondersprachgebrauchs, etwa der Rechtsterminologie, zuläßt.

(2) Heutiger und damaliger Sprachgebrauch

Eine zweite Frage, die sich im Zusammenhang mit dem Wortsinn stellt, ist die, ob für ihn der Sprachgebrauch zur Zeit des Tarifabschlusses oder der der Gegenwart maßgebend ist. Da jedoch Tarifnormen befristet sind und deshalb nur für überschaubare Zeiträume gelten, ist diese Frage bei ihnen weit weniger interessant als bei Gesetzen, die in der Regel für unbestimmte Zeit Wirkung entfalten. Dennoch läßt sich nicht ausschließen, daß sie im Einzelfall auch bei Tarifnormen bedeutsam werden kann. Leicht zu beantworten ist sie nicht.

---

[366] Vgl. *Kirchhof* (in Richterliche Rechtsfortbildung, S. 11, 18), der meint, der Inhalt des Gesetzes müsse den Betroffenen von den Juristen überbracht und erläutert werden.

[367] ZTR 1987, 236.

[368] Vgl. oben S. 62.

Zum einen spricht der Umstand, daß es den Normadressaten möglich sein soll, sich anhand des Textes über den Tarifinhalt zu informieren, für die Maßgeblichkeit des heutigen Sprachgebrauchs. Wie *Larenz*[369] zu Recht hervorhebt, faßt der heutige Leser den Sinn der Norm nach seinem gegenwärtigen Sprachverständnis auf. Auf der anderen Seite ist zu beachten, daß jeder Tarifvertrag auf der Grundlage des Sprachgebrauchs der Zeit seiner Entstehung formuliert ist. Aus diesem Grund ist die Wahrscheinlichkeit groß, daß eine Auslegung anhand des damaligen Sprachgebrauchs der hinter der Norm stehenden Wertung der Tarifparteien besser entspricht, als wenn der heutige Sprachgebrauch zugrundegelegt wird. Damit verbunden ist die größere Wahrscheinlichkeit, daß ein vernünftiges, gerechtes Ergebnis erzielt wird. Wie jedes "Wegbewegen" vom Willen der Tarifparteien birgt das Zugrundelegen des heutigen Sprachgebrauchs die Gefahr eines zufälligen, unzweckmäßigen Ergebnisses. Diesen Aspekt haben wir oben[370] schon kennengelernt.

Die Abwägung der verschiedenen Gesichtspunkte führt meines Erachtens zu einem Vorrang des Sprachgebrauchs zur Zeit des Tarifabschlusses. Ausschlaggebend scheint mir zu sein, daß die Normadressaten wissen oder doch erkennen können, wann der Tarifvertrag abgeschlossen worden ist. Deshalb haben sie Anlaß, damit zu rechnen, daß einem Ausdruck eine andere als die heutige Bedeutung zukommt, nämlich die, die zur Zeit seiner Aufnahme in den Tarifvertrag gegolten hat. Die Normadressaten sind daher nicht so schutzbedürftig, daß der heutige Sprachgebrauch zugrundegelegt werden müßte.

(3) Der eindeutige Wortsinn

Ist der Wortsinn eines Ausdrucks eindeutig, lassen allgemeiner und Sondersprachgebrauch also nur Raum für eine einzige Bedeutung, steht damit in der Regel bereits das Ergebnis der Auslegung fest. Denn grundsätzlich dürfen sich die Normadressaten auf den Text des Tarifvertrags verlassen.[371] Dazu gehört dann auch, daß sie darauf vertrauen dürfen, daß keinem Ausdruck eine Bedeutung zukommt, die jenseits des möglichen Wortsinns liegt. Anderes gilt nur in den bereits vorgestellten Ausnahmefällen, in denen ein

---

[369] Methodenlehre der Rechtswissenschaft, S. 305.

[370] Vgl. S. 62.

[371] Vgl. oben S. 45 ff., vor allem S. 81 ff.

schutzwürdiges Vertrauen der Normadressaten auf den Vertragstext ausscheidet.[372]

Der vorstehende Befund ermöglicht es, das oben[373] vorgeschlagene Stufensystem der Auslegung von Tarifnormen zu verfeinern: War bislang von dem Text des Tarifvertrags als der ersten Auslegungsstufe die Rede, läßt sich diese nun in zwei Stufen untergliedern: den Wortsinn des auszulegenden Ausdrucks und den Bedeutungszusammenhang, in dem er steht. Dabei kommt es auf den Bedeutungszusammenhang nur an, wenn sich der Inhalt der Tarifnorm nicht schon auf der vorhergehenden Stufe, der des Wortsinns, hat ermitteln lassen.

bb) Der tarifliche Bedeutungszusammenhang

Regelmäßig ist die Zahl von Bedeutungen, die einem Ausdruck allein nach seinem Wortsinn zukommen können, so groß, daß sich erst aufgrund des Zusammenhangs, in dem er gebraucht wird, ergibt, welche im konkreten Fall einschlägig ist.[374] Nicht von ungefähr heißt es in § 6 des österreichischen Allgemeinen Bürgerlichen Gesetzbuchs: "Einem Gesetze darf in der Anwendung kein anderer Verstand beigelegt werden, als welcher aus der eigentümlichen Bedeutung der Worte *in ihrem Zusammenhange*[375] und aus der klaren Absicht des Gesetzgebers hervorleuchtet". Obwohl in Deutschland eine entsprechende Regelung fehlt, gilt die Auslegungsmaxime auch hier, und zwar auch für Tarifnormen. Zu den Erkenntnissen schon der allgemeinen Hermeneutik gehört es, daß ein geisteswissenschaftliches Werk als Einheit begriffen, jeder einzelne Teil im Blick auf die Gesamtheit verstanden werden muß.[376] Bei Rechtsvorschriften läßt sich die Einbeziehung des Bedeutungszusammenhangs damit rechtfertigen, daß der Normgeber sachlich Zusammenhängendes so geregelt haben dürfte, daß die gesamte Rege-

---

[372] Vgl. S. 90 ff.

[373] Vgl. S. 89.

[374] So auch *Larenz*, Methodenlehre der Rechtswissenschaft, S. 306, 310; *Herschel*, Festschrift für Erich Molitor, S. 161, 188; *Achilles*, Der tatsächliche Parteiwille bei der Auslegung von Tarifverträgen, S. 54 f.

[375] Hervorhebung des Verfassers.

[376] *Coing*, Die juristischen Auslegungsmethoden und die Lehren der allgemeinen Hermeneutik, S. 14.

lung einen durchgehenden Sinn ergibt.[377] Für die Auslegung von Tarifnormen folgt hieraus, daß jeder Ausdruck unter Berücksichtigung des ganzen Rechtssatzes, dessen Bestandteil er ist, zu verstehen ist.

Ist der Ausdruck auch dann noch mehrdeutig, können die anderen Rechtssätze des betreffenden Tarifvertrags Klarheit schaffen. In besonderem Maße gilt das für Legaldefinitionen. Nach verbreiteter Auffassung soll auch der Umstand, daß eine Vorschrift eine Ausnahme zu einem anderen, allgemeineren Rechtssatz regelt, bedeutsam sein. Ausnahmevorschriften seien eng auszulegen, heißt es.[378] Es ist jedoch fraglich, ob diese Aussage den Ausnahmevorschriften gerecht wird. Ihr Anwendungsbereich hängt von denselben Kriterien ab wie der einer jeden anderen Norm. Diese Kriterien, insbesondere der Normzweck, können auch eine weite Auslegung verlangen. Im Einzelfall kann sogar eine Auslegung notwendig sein, die dazu führt, daß die Ausnahmevorschrift im Verhältnis zur allgemeinen Regel ein Übergewicht erlangt. Ist eine Norm als Ausnahmevorschrift ausgestaltet, so bedeutet das eben nicht automatisch, daß ihr eine geringere praktische Bedeutung zukommt. Ihre Formulierung als Ausnahme von einer vorangestellten Regel kann sehr unterschiedliche Gründe haben. Bisweilen sind dafür bloß gesetzestechnische Überlegungen ausschlaggebend gewesen. Aus diesen Gründen ist die Regel, "Ausnahmevorschriften seien eng auszulegen", weitgehend wertlos.[379] Vor allem entbindet sie nicht davon, alle Auslegungskriterien auszuschöpfen.[380]

Zum "Ganzen", aus dem heraus jeder einzelne Ausdruck zu verstehen ist, gehören auf der nächsten Stufe etwaige schuldrechtliche Bestimmungen des jeweiligen Tarifvertrags.[381] Soweit sie aus dem Text hervorgehen, gehören

---

[377] BVerfG, Beschl. v. 9.5.78 - 2 BvR 952/75, E 48, 246, 257; *Gern*, VerwArch 1989, 415, 418.

[378] Vgl. die in Fn. 66 angeführten Entscheidungen.

[379] Im Ergebnis ebenso schon *Heck*, AcP 112 (1914), S. 1, 186 ff. m. w. Nachw.

[380] So auch BGH, Urt. v. 18.5.55 - I ZR 8/54, BGHZ 17, 266, 282; *Windscheid/Kipp*, Lehrbuch des Pandektenrechts, 1. Bd., § 29; *Nipperdey* in Enneccerus/Nipperdey, Allgemeiner Teil des Bürgerlichen Rechts, 1. Halbbd., § 48 I 2, S. 297 Fn. 6; *Engisch*, Einführung in das juristische Denken, S. 151 f.; *Larenz*, Methodenlehre der Rechtswissenschaft, S. 339.

[381] *Herschel*, Festschrift für Erich Molitor, S. 161, 182; *Nipperdey* in Hueck/Nipperdey, Lehrbuch des Arbeitsrechts, II/1, § 18 V 3, S. 360; *Nikisch*, Arbeitsrecht, II. Bd., S. 224; *Wiedemann/Stumpf*, TVG, § 1 Rdnr. 420; *Achilles*, Der tatsächliche Parteiwille bei der Auslegung von Tarifverträgen, S. 54 f. - Bereits 1934 verstand *Miltrup*, Die Auslegung von Tarifverträgen, S. 13, den Tarifvertrag mit seinem normativen und schuldrechtlichen Teil als Einheit.

auch sie zu dem tariflichen Bedeutungszusammenhang, der in die Prüfung einzubeziehen ist, welche Normbedeutung(en) der Urkundentext zuläßt.

In der Regel wird sich anhand des Textes des Tarifvertrags ermitteln lassen, daß der Norm eine ganz bestimmte Bedeutung zukommt, eine andere Bedeutung also ausscheidet. Das ist sicher dann der Fall, wenn Zweifel an dem Norminhalt ausgeschlossen sind.[382] Die damit erreichte Sicherheit, daß eine bestimmte Bedeutung die allein richtige ist, ist jedoch nicht objektiv meßbar.[383] Ob Zweifel bestehen, läßt sich immer nur aus Sicht des jeweiligen Normanwenders feststellen. Damit fließen subjektive Faktoren ein. Da das unvermeidlich ist, liegt es nahe, für die Frage, welche Bedeutung der Text eines Tarifvertrags zuläßt, von vornherein auf die Überzeugung des Normanwenders abzustellen. Ist er überzeugt, daß nach dem Text nur eine Bedeutung möglich ist, steht für ihn der Norminhalt fest. Entfaltet seine Bewertung - wie das bei gerichtlichen Entscheidungen der Fall ist - Rechtskraft gegenüber weiteren Personen, ist seine Beurteilung auch für diese verbindlich.

Für die Beantwortung der Frage, welche Anforderungen an die Überzeugung des Normanwenders zu stellen sind, bieten die im Rahmen des § 286 ZPO für die richterliche Überzeugung entwickelten Grundsätze[384] Anhaltspunkte. Danach führt die überwiegende Wahrscheinlichkeit einer bestimmten Bedeutung noch nicht dazu, daß die anderen weniger wahrscheinlichen Bedeutungen ausscheiden. Andererseits ist nicht erforderlich, daß Zweifel an einer bestimmten Bedeutung aus Sicht des Normanwenders gar nicht denkbar sind. Notwendig, aber auch ausreichend dafür, daß der Text einen bestimmten Norminhalt vorgibt, ist eine zwischen beiden Positionen liegende Gewißheit des Normanwenders, daß diese Bedeutung die allein richtige ist.

b) Der Wille der Tarifparteien

Oben[385] ist dargelegt worden, daß unter dem Willen der Tarifparteien primär ihr übereinstimmender innerer Wille zu verstehen ist. Somit geht es

---

[382] Diese Möglichkeit sieht auch *Canaris*, JZ 1987, 543, 545.

[383] Nicht zuletzt deshalb verneinen *Esser* (Grundsatz und Norm in der richterlichen Fortbildung des Privatrechts, S. 123 ff.) und *Canaris* (JZ 1987, 543, 544 f.) den Vorrang eines "eindeutig klaren" Textes auch vor einem nachweislich anderen Parteiwillen.

[384] Hierzu *Leipold* in Stein/Jonas, ZPO, § 286 Rdnr. 1 ff.

[385] Vgl. S. 69.

zunächst darum, die Gebotsvorstellungen der einzelnen Tarifparteien zu ermitteln. Hierbei handelt es sich um innere Tatsachen, für die verschiedene Erkenntnisquellen bestehen. Im wesentlichen sind das die oben[386] genannten, auf die sich auch das Bundesarbeitsgericht stützt.

Ausgangspunkt ist der Wortsinn des auszulegenden Ausdrucks. Auch wenn er nicht eindeutig ist, kann doch nach dem Sprachgebrauch eine bestimmte Bedeutung wahrscheinlicher als eine andere sein. In diesem Fall weist der Wortlaut darauf hin, daß die wahrscheinlichere Bedeutung die von den Parteien gemeinte ist.[387] In Anlehnung an *Friedrich Müller*[388] läßt sich hier von der Konkretisierungsfunktion des Wortlauts sprechen. So ist bei einem Ausdruck, für den ein festgefügter juristischer Sprachgebrauch besteht, zu vermuten, daß die rechtlich beratenen Tarifparteien ihn in eben diesem Sinne gemeint haben. Bei der Berücksichtigung solcher Wahrscheinlichkeiten ist indes stets der Grad der Wahrscheinlichkeit zu beachten.[389]

Erkenntnisquelle für den Willen der Tarifparteien ist weiter der Bedeutungszusammenhang des auszulegenden Ausdrucks. Hiermit ist zunächst der oben[390] dargelegte tarifliche Bedeutungszusammenhang gemeint. Auch er kann auf einen bestimmten Willen hinweisen, indem er eine bestimmte Gebotsvorstellung der Tarifparteien wahrscheinlicher als eine andere erscheinen läßt.

Der Bedeutungszusammenhang, in dem der auszulegende Ausdruck steht, beschränkt sich nicht auf den Text der Urkunde.[391] Zu ihm gehören auch andere Tarifverträge desselben Geltungsbereichs.[392] Daß es statt eines einzigen Tarifvertrags selbständige Mantel-, Lohn- und Urlaubstarife gibt, beruht allein auf praktischen Erwägungen. In der Sache begreifen sowohl

---

[386] Vgl. S. 28 ff.

[387] Auf die Notwendigkeit, Wahrscheinlichkeiten zu berücksichtigen, weisen auch *Heck* (AcP 112 [1914], 1, 98) sowie *G.* u. *D. Reinicke* (NJW 1955, 1380) hin.

[388] Juristische Methodik, S. 184 Fn. 323.

[389] So auch *Heck*, AcP 112 (1914), 1, 98.

[390] Vgl. S. 99 ff.

[391] Allgemein dazu, daß sich die systematische Norminterpretation nicht auf einen Vergleich mit denjenigen Normen beschränkt, die gemeinsam mit dem auszulegenden Rechtsbegriff zu einer kodifikatorischen Einheit verschmolzen sind, *Oetker*, Anm. zu BAG, EzA § 1 KSchG Krankheit Nr. 28, S. 30 f.; *Bydlinski*, Juristische Methodenlehre und Rechtsbegriff, S. 447 f.

[392] In bezug auf diese Tarifverträge stimme ich mit *Herschel* (Festschrift für Erich Molitor, S. 161, 188) überein.

die Tarifparteien als auch die Tarifunterworfenen die verschiedenen Tarife als Einheit. Ihnen ist bewußt, daß etwa Lohn und Urlaub nicht unabhängig voneinander geregelt werden können. Setzt etwa die Gewerkschaft bei den Verhandlungen über den Urlaubstarif auf eine drastische Ausweitung der Urlaubsansprüche, tut sie das um den Preis, daß die Lohnerhöhungen im folgenden Lohntarif geringer als möglich ausfallen.

Eine solche Verknüpfung besteht mit Tarifverträgen anderer Geltungsbereiche nicht. Sie gehören deshalb nicht zum Bedeutungszusammenhang, in dem der auszulegende Ausdruck steht.[393] Das heißt freilich nicht, daß Tarifverträge anderer Geltungsbereiche für die Auslegung ohne jegliche Bedeutung sind. Wie noch zu zeigen ist,[394] können sie unter einem anderen Gesichtspunkt für die Ermittlung des Willens der Tarifparteien erheblich sein.

Der Bedeutungszusammenhang könnte schließlich das höherrangige Recht umfassen. Die Tarifnormen ergänzen - auf einer niederen Ebene - das höherrangige Recht. Sie bilden auf diese Weise einen Teil der einheitlichen[395] objektiven Rechtsordnung.[396] Damit stehen sie in einem Bedeutungszusammenhang zum höherrangigen Recht. Dem höherrangigen Recht kommt eine Erschließungsfunktion zu:[397] Es gibt Aufschluß über den Willen der Tarifparteien, weil im Zweifel angenommen werden kann, daß die Tarifparteien eine Regelung angestrebt haben, die der durch das höherrangige Recht errichteten Wertordnung möglichst weitgehend entspricht.[398] Das ist der Grund dafür, daß auch bei Tarifnormen eine systematische Auslegung mit dem Ziel gerechtfertigt ist, die denselben Sachverhalt betreffenden Rechtssätze zu einem möglichst widerspruchsfreien Sinnganzen zusammenzufügen.[399]

---

393 Anderer Ansicht *Herschel*, Festschrift für Erich Molitor, S. 161, 188.

394 Vgl. unten S. 110.

395 Vgl. *Hesse*, Grundzüge des Verfassungsrechts der Bundesrepublik Deutschland, Rdnr. 81.

396 So auch *Herschel*, Festschrift für Erich Molitor, S. 161, 188.

397 So auch *Hager*, Gesetzes- und sittenkonforme Auslegung und Aufrechterhaltung von Rechtsgeschäften, S. 25.

398 So wohl auch *Dütz*, Anm. zu BAG, EzA § 4 TVG Bühnen Nr. 2, S. 37; für den Gesetzgeber *Gern*, VerwArch 1989, 415, 433.

399 So für die Gesetzesauslegung *Säcker*, Münchener Kommentar zum BGB, Bd. 1, Einleitung Rdnr. 126; *Canaris*, Systemdenken und Systembegriff in der Jurisprudenz, S. 90.

Die Einbeziehung des höherrangigen Rechts in die Interpretation von Tarifnormen kann man in Anlehnung an die Terminologie, die sich bei der Gesetzesauslegung eingebürgert hat, als gesetzes- oder verfassungskonforme Auslegung bezeichnen. Dennoch handelt es sich hierbei nur um einen Unterfall der Auslegung nach dem Bedeutungszusammenhang.[400] Ordnet man die gesetzes- und verfassungskonforme Auslegung so ein, versteht es sich von selbst, daß sie ihre Grenze dort findet, wo sie mit dem Wortlaut und dem klar erkennbaren Willen des Normgebers in Widerspruch treten würde.[401]

Zu dem höherrangigen Recht, das in einem Bedeutungszusammenhang mit den Tarifnormen steht, gehören neben den Vorschriften, an welche die Tarifparteien gebunden sind, auch die übrigen höherrangigen Normen. Obwohl beide Normkreise auslegungserheblich sein können, ist ihre Bedeutung für die Ermittlung des Willens der Tarifparteien unterschiedlich groß: Zwar vermögen beide Hinweise auf den Willen der Tarifparteien zu geben, weil die Tarifparteien im Zweifel eine mit dem höherrangigen Recht im Einklang stehende Regel schaffen wollten. Diese Zielsetzung liegt nun aber in bezug auf die Normen, an welche die Tarifparteien gebunden sind, näher, als das hinsichtlich der übrigen Normen der Fall ist.[402] Der Verstoß gegen eine höherrangige Vorschrift, an welche die Tarifparteien gebunden sind, berührt nämlich die Wirksamkeit der neu geschaffenen Tarifnorm. Da anzunehmen ist, daß die Tarifparteien wirksame Regelungen treffen wollten, verstärkt die Kontrollfunktion, die dem höherrangigen Recht zukommt,[403] zugleich ihre Erschließungsfunktion.

Um den Unterschied herauszustellen, sollte nur diejenige Auslegung als gesetzeskonforme Auslegung bezeichnet werden, die höherrangiges Recht betrifft, an das die Tarifparteien gebunden sind. Im übrigen sollte von einer gesetzesorientierten Auslegung gesprochen werden. Hierunter wird im all-

---

[400] So auch *Säcker* in Münchener Kommentar zum BGB, Bd. 1, Einleitung Rdnr. 126; *Heinrichs* in Palandt, BGB, Einleitung Rdnr. 36; ähnlich *Hager*, Gesetzes- und sittenkonforme Auslegung und Aufrechterhaltung von Rechtsgeschäften, S. 27.

[401] So BVerfG, Beschl. v. 30.6.64 - 1 BvL 16, 17, 18, 19, 20, 21, 22, 23, 24, 25/62, E 18, 97, 111; BAG, Urt. v. 14.3.89 - 8 AZR 447/87, AP Nr. 6 zu § 611 a BGB; *Hesse*, Grundzüge des Verfassungsrechts der Bundesrepublik Deutschland, Rdnr. 80; anders *Hager* (Gesetzes- und sittenkonforme Auslegung und Aufrechterhaltung von Rechtsgeschäften, S. 27), der den Wortlaut nicht als Grenze einer gesetzeskonformen Auslegung ansieht.

[402] So wohl auch *Buchner*, AR-Blattei, [D] Tarifvertrag IX Auslegung, B VI 2.

[403] Vgl. etwa *Hager*, Gesetzes- und sittenkonforme Auslegung und Aufrechterhaltung von Rechtsgeschäften, S. 25.

gemeinen verstanden, unter mehreren nicht gesetzeswidrigen Möglichkeiten diejenige auszuwählen, die den Gesetzen am besten entspricht.[404]

Zu dem höherrangigen Recht, an das die Tarifparteien gebunden sind, gehört zunächst das für sie zwingende einfache Recht. Das Gleiche gilt für einige Vorschriften des Europäischen Gemeinschaftsrechts.[405] Auf der Ebene der Verfassung könnten auch die Grundrechte dazugehören. Die Bindung der Tarifparteien an die Grundrechte, die oben[406] offengelassen werden konnte, wird vom Bundesarbeitsgericht[407] und der im Schrifttum überwiegenden Auffassung[408] bejaht. Dieser Standpunkt wird zumeist damit begründet, daß es sich bei der Setzung von Tarifnormen um Gesetzgebung im Sinne des Art. 1 Abs. 3 GG handele, die an die Grundrechte gebunden sei.[409] Voraussetzung dafür könnte indes sein, daß die Tarifparteien, also private Rechtssubjekte, bei ihrer Normsetzung öffentliche Gewalt ausüben, nicht etwa privatautonom handeln. Ein Vergleich des Art. 1 Abs. 3 GG mit anderen Vorschriften des Grundgesetzes deutet darauf hin, daß diese Norm nur die verschiedenen Formen der öffentlichen Gewalt, nicht aber private Gewalt erfaßt.[410] In Art. 20 Abs. 2 GG ist von Gesetzgebung, vollziehender Gewalt und Rechtsprechung als Teilen der Staatsgewalt die Rede. Art. 1 Abs. 1 S. 2 GG verpflichtet nur die staatliche Gewalt, die Würde des Menschen zu achten und zu schützen.

Wenn daraus zu entnehmen ist, daß das Grundgesetz nur die öffentliche Gewalt, nicht aber private Tätigkeit an die Grundrechte binden und sie

---

[404] Vgl. BVerfG, Beschl. v. 23.10.58 - 1 BvL 45/56, E 8, 210, 221; *Hager*, Gesetzes- und sittenkonforme Auslegung und Aufrechterhaltung von Rechtsgeschäften, S. 2 m. w. Nachw.

[405] Vgl. hierzu im einzelnen BAG, Beschl. v. 28.3.73 - 4 AZR 240/72, E 25, 133, 143 = AP Nr. 5 zu Art. 177 EWG-Vertrag; EuGH, Urt. v. 12.2.74 - Rs 152/73, AP Nr. 6 zu Art. 177 EWG-Vertrag; Urt. v. 12.12.74 - Rs 36/74, NJW 1975, 1093, 1094; *Wiedemann/Stumpf*, TVG, Einl. Rdnr. 49.

[406] Vgl. S. 81 ff.

[407] St. Rspr., siehe Urt. v. 15.1.55 - 1 AZR 305/54, E 1, 258, 262 ff. = AP Nr. 4 zu Art. 3 GG; Urt. v. 13.11.85 - 4 AZR 234/84, E 50, 137, 141 = AP Nr. 136 zu Art. 3 GG; Urt. v. 25.2.87 - 8 AZR 430/84, E 54, 210, 213 = AP Nr. 3 zu § 52 BAT; vgl. aber auch die in Fn. 152 angeführte Entscheidung des BVerfG.

[408] Vgl. etwa *Söllner*, Grundriß des Arbeitsrechts, § 5 III 1, S. 32 f.; *Scholz* in Maunz/Dürig, Komm. z. GG, Art. 9 Rdnr. 357.

[409] BAG, Urt. v. 15.1.55 - 1 AZR 305/54, E 1, 258, 262 f. = AP Nr. 4 zu Art. 3 GG; *Biedenkopf*, Grenzen der Tarifautonomie, S. 70 ff.; *Wiedemann/Stumpf*, TVG, Einl. Rdnr. 57.

[410] So *Jarass* in Jarass/Pieroth, Grundgesetz für die Bundesrepublik Deutschland, Art. 1 Rdnr. 15 f.; *Waltermann*, RdA 1990, 138, 141.

damit disziplinieren will, so doch nicht der formalen Zuordnung halber. Ausschlaggebend dafür kann nur sein, daß die Väter des Grundgesetzes die rechtlich anerkannten Interessen des einzelnen im Verhältnis zu anderen privaten Rechtssubjekten als weniger schutzbedürftig beurteilt haben als im Verhältnis zum Staat. Dahinter steht die Überlegung, daß im Verhältnis Bürger - Staat der einzelne des Schutzes vor einer Macht bedarf, die bereit sein könnte, individuelle Rechtspositionen einem als übergeordnet empfundenen Allgemeininteresse zu opfern. Im Verhältnis zweier Privater besteht diese Gefahr regelmäßig nicht, da Private grundsätzlich nicht auf die Rechtspositionen anderer Privater einwirken können, ohne daß diese damit einverstanden sind oder eine staatliche und damit grundrechtsgebundene Gestattung vorliegt.

Soweit die Einschätzung zutrifft, daß private Tätigkeit die Rechtspositionen in geringerem Umfang als staatliche Tätigkeit gefährdet, muß es dabei bleiben, daß sie nicht unmittelbar grundrechtsgebunden ist. Anderes gilt jedoch, wenn eine besonders gelagerte private Tätigkeit eine Gefahrenlage begründet, die der ähnelt, die typischerweise bei staatlichem Vorgehen besteht. Hier verlangt die dem Art. 1 Abs. 3 GG immanente Teleologie, daß eine solche Tätigkeit, die zwar formal als privat einzustufen ist, die aber in der maßgeblichen materiellen Hinsicht staatlichem Handeln nahesteht, unmittelbar an die Grundrechte gebunden ist. Das könnte für die Normgebung der Tarifparteien, sollte sie denn dem Privatrecht zuzuordnen sein,[411] zutreffen.

Die Tarifparteien haben die Interessen ihrer Mitglieder wahrzunehmen; um diese zu verwirklichen, sind sie jedoch auf das Zusammenwirken mit der jeweils anderen Partei, und damit auf Kompromisse angewiesen.[412] Dabei kann der Kompromiß so ausfallen, daß um eines als übergeordnet empfundenen Zieles willen individuelle Rechtspositionen der Mitglieder geopfert werden.[413] Dergleichen muß nicht einmal auf dem Zwang zu Kompromissen

---

[411] *Scholz* (in Maunz/Dürig, Komm. z. GG, Art. 9 Rdnr. 301, 357) und *Starck* (in v. Mangoldt/Klein/Starck, GG, Art. 1 Rdnr. 161) verstehen die Befugnis der Tarifparteien als eine Form kollektiver Privatautonomie, die freilich vom Staat, und zwar durch Art. 9 Abs. 3 GG sowie § 1 Abs. 1 TVG anerkannt sei. Dieser Betrachtung scheint auch das BVerfG zuzuneigen, vgl. etwa Beschl. v. 26.5.70 - 2 BvR 664/65, E 28, 295, 305 ("autonome Rechtsnormen der Koalitionen"); Beschl. v. 27.2.73 - 2 BvL 27/69, E 34, 307, 317 ("Rechtsregeln ... kraft Anerkennung durch die staatliche Gewalt").

[412] So auch BAG, Urt. v. 25.8.82 - 4 AZR 1072/79, E 40, 86, 95 = AP Nr. 9 zu § 1 TVG Auslösung; Urt. v. 9.3.83 - 4 AZR 61/80, E 42, 86, 93 = AP Nr. 128 zu § 1 TVG Auslegung; *Meisel*, Anm. zu BAG, AP Nr. 15 zu § 611 BGB Bergbau.

[413] Auf die Gefährdung der Rechtspositionen des einzelnen durch Kompromisse aber auch durch einen Machtmißbrauch der Tarifparteien weist auch *Waltermann* (RdA 1990, 138, 141)

beruhen. Das von zumindest einer Partei verfolgte Ziel kann bereits für sich mit der Gefahr einer Beeinträchtigung individueller Rechtspositionen, namentlich der einer Minderheit, verbunden sein. Das gilt etwa für die in zahlreichen Tarifverträgen enthaltenen Altersgrenzen, die zu einer Beendigung des Arbeitsverhältnisses führen, sobald der Arbeitnehmer ein bestimmtes Lebensalter erreicht hat. Von den Tarifparteien aus Gründen der Fürsorge, aber auch aufgrund arbeitsmarktpolitischer Erwägungen vereinbart, begrenzen sie die Berufs- und Arbeitsfreiheit, indem sie dem Arbeitnehmer die Möglichkeit zu weiterer Berufstätigkeit nehmen.[414]

Ähnliche Erwägungen gelten für die tarifvertragliche Festsetzung der wöchentlichen Arbeitszeit. Sie führt dazu, daß die Arbeitnehmer zumindest faktisch daran gehindert werden, über die im Tarifvertrag festgeschriebene Arbeitszeit hinaus tätig zu werden und dafür ein höheres Entgelt zu beziehen.[415] Diesen Aspekt vernachlässigen die Gewerkschaften vielfach, wenn sie sich - vornehmlich aus arbeitsmarktpolitischen Gründen[416] - um eine weitere Verkürzung der Wochenarbeitszeit bemühen.

Einer solchen Beeinträchtigung seiner Individualinteressen, in die er nicht eingewilligt hat und die als solche auch nicht staatlich gestattet ist, kann der einzelne bei einer fehlenden Grundrechtsbindung der tariflichen Normsetzung nicht einmal dadurch entgehen, daß er die Koalition, der er bis dahin angehört hat, verläßt. Wegen der Weitergeltung des Tarifvertrags nach 3 Abs. 3 TVG, u. U. auch wegen der Wirkung bestimmter Tarifnormen gegenüber nichtorganisierten Arbeitnehmern nach § 3 Abs. 2 TVG, bedeutet der Austritt nicht ohne weiteres ein Ende der Tarifgebundenheit.

Man mag die mit der tariflichen Normsetzung verbundenen Gefahren beklagen; vermeiden lassen sie sich aber ohne eine unmittelbare Grundrechtsbindung nicht. Die der staatlichen Tätigkeit vergleichbare Gefahrenlage ist die Konsequenz dessen, daß die Tarifparteien bei der Regelung der Arbeits- und Wirtschaftsbedingungen dem staatlichen Gesetzgeber ähnlich auch andere als Individualinteressen wahrnehmen dürfen. Die Verwandtschaft zum staatlichen Gesetzgeber kommt auch darin zum Ausdruck, daß der Staat die Arbeits- und Wirtschaftsbedingungen in ähnlicher Weise und

---

hin. Nach Auffassung von *Reuter* (in Münchener Kommentar zum BGB, Vor § 21 Rdnr. 96) mündet der Machtkampf aller gesellschaftlichen Gruppen tendenziell in Einigungen zu Lasten Dritter - einschließlich der Minderheiten in den Gruppen selbst.

414 Hierzu *Schlüter/Belling*, NZA 1988, 297 ff.; zuletzt *Gitter/Boerner*, RdA 1990, 129 ff.

415 Ähnlich *Schüren*, RdA 1988, 138, 143.

416 So auch *Schüren*, RdA 1988, 138, 144; *Brötzmann*, Probleme bei der Auslegung von Tarifvertragsnormen, S. 92.

mit gleichen Wirkungen für die Tarifunterworfenen festsetzen würde, wenn nicht die Tarifparteien diese Aufgabe übernommen hätten. Nicht umsonst spricht etwa *Brecher*[417] von der tariflichen Normsetzung als einer "Reduzierung der staatlichen Souveränität von unten her".

Festzuhalten bleibt, daß die tarifliche Normgebung, selbst wenn sie privatautonom erfolgen sollte, für die Tarifunterworfenen mit ähnlichen Gefahren für ihre rechtlich anerkannten Individualinteressen wie die staatliche Rechtsetzung verbunden ist. Die daraus erwachsende, bei privater Betätigung atypische Schutzbedürftigkeit der Tarifunterworfenen[418] verlangt, daß Art. 1 Abs. 3 GG auch die Rechtsetzung der Tarifparteien erfaßt. Auch sie muß sich an grundrechtlichen Maßstäben messen lassen.[419] Nach der hier vertretenen Auffassung sind deshalb die Tarifparteien an die Grundrechte und - aus den obigen[420] Gründen - auch an das Rechtsstaatsprinzip gebunden.[421] Diese Verfassungswerte haben daher - wie oben dargelegt - für die Ermittlung des Willens der Tarifparteien besondere Bedeutung.

Hinweise auf die Vorstellungen der Tarifparteien bei Abschluß des Vertrags können ferner die Niederschriften über die Tarifverhandlungen geben, vor allem wenn sie von allen Beteiligten gebilligt worden sind.[422] Dasselbe gilt für Zeugenaussagen und schriftliche Auskünfte der Tarifparteien über den Inhalt der Verhandlungen.[423] Nach § 293 ZPO darf ein Gericht diese Erkenntnisquellen auch von sich aus heranziehen, da Tarifnormen statuarische Rechtsnormen im Sinne dieser Vorschrift sind.[424]

---

[417] Festschrift für Hans Carl Nipperdey, 1965, Bd. II, S. 32.

[418] Ebenso *Waltermann*, RdA 1990, 138, 141.

[419] So auch *Brox*, Anm. zu BAG, AP Nr. 115 zu §§ 22, 23 BAT 1975; a. A. *Starck* in v. Mangoldt/Klein/Starck, GG, Art. 1 Rdnr. 161; *Jarass* in Jarass/Pieroth, Grundgesetz für die Bundesrepublik Deutschland, Art. 1 Rdnr. 16.

[420] Vgl. S. 82.

[421] Der Frage, ob dasselbe für andere Verfassungswerte wie etwa das Sozialstaatsprinzip - eine unmittelbare Bindung der Tarifparteien an dieses Prinzip nehmen *Wiedemann/Stumpf* (TVG, § 1 Rdnr. 410) sowie *Achilles* (Der tatsächliche Parteiwille bei der Auslegung von Tarifverträgen, S. 87) an - kann im Rahmen dieser Untersuchung nicht nachgegangen werden. In jedem Fall gehört das Sozialstaatsprinzip als Teil der Rechtsordnung, der auch die Tarifnormen angehören, zu dem Bedeutungszusammenhang der Tarifnormen.

[422] *Herschel*, Festschrift für Erich Molitor, S. 161, 185.

[423] Ebenso *Brox*, Die Einschränkung der Irrtumsanfechtung, S. 104 für die Gesetzesauslegung.

[424] *Leipold* in Stein/Jonas, ZPO, § 293 Rdnr. 70; *Grunsky*, ArbGG, § 58 Rdnr. 2.

Aufschlußreich können weiter Äußerungen der Verhandlungsführer sein, die diese vor oder auch nach Vertragsschluß abgegeben haben. Allerdings muß sich der Normanwender des Umstands bewußt sein, daß solche Äußerungen mitunter nur das widerspiegeln, was die jeweilige Tarifpartei zwar angestrebt, dann aber nicht hat durchsetzen können. In Fällen, in denen anderweitiges Material zur Entstehungsgeschichte knapp ist, kann auch der damaligen Auffassung der beteiligten Berufskreise Bedeutung zukommen. Häufig wird sich aus den vorgenannten Erkenntnisquellen zunächst nur die occasio legis, der Anlaß für die betreffende Tarifnorm, oder aber der ihr zugedachte wirtschaftliche oder soziale Zweck ergeben. Hieraus können sich dann aber weitergehende Schlüsse auf einen bestimmten Willen der Tarifparteien ziehen lassen.[425]

Für die Feststellung der Vorstellungen der Tarifparteien können ferner eine frühere Tarifordnung und eine dazu bestehende Tarifübung bedeutsam sein. Deckt sich der Wortlaut einer Tarifnorm mit dem ihrer Vorläuferbestimmung, liegt es nahe, daß die Tarifparteien die Tarifpraxis zur alten Regelung gebilligt haben und die neue Regelung einen der Tarifpraxis entsprechenden Inhalt haben sollte. Auch wenn eine vom Wortlaut her identische Vorläuferbestimmung von den Gerichten in bestimmter Weise ausgelegt wurde, ist zu vermuten, daß die Tarifparteien bei der neu gesetzten Norm an diese Auslegung anknüpfen wollten.[426] Ist die frühere Fassung der Tarifnorm im neuen Tarifvertrag beibehalten worden, obwohl eine der Tarifparteien die bisherige Tarifpraxis kritisiert hatte, ist regelmäßig anzunehmen, daß sie sich mit ihrer Kritik nicht hat durchsetzen können.[427]

Eine Tarifübung, die sich erst nach Inkrafttreten des Tarifvertrags entwickelt hat, gibt sicher Aufschluß über den Willen der Tarifparteien, wenn sie mit deren Kenntnis und Billigung entstanden ist. In geringerem Maße ist sie aber auch dann von Bedeutung, wenn es an Kenntnis oder Billigung fehlt.[428] Wie das Bundesarbeitsgericht zu Recht hervorhebt, kann nämlich davon ausgegangen werden, daß die Tarifparteien eine vernünftige, gerechte, zweckorientierte und praktisch brauchbare Regelung gewollt haben.[429] Im

---

[425] So auch *Alfred Hueck*, Anm. zu BAG, AP Nr. 68 zu Art. 3 GG.

[426] Ähnlich *Canaris*, Anm. zu BAG, AP Nr. 26 zu § 1 FeiertagslohnzahlungsG unter I 2 b.

[427] So auch *Buchner*, SAE 1987, 45, 51.

[428] Auch *Achilles*, Der tatsächliche Parteiwille bei der Auslegung von Tarifverträgen, S. 114, scheint es nicht für ausgeschlossen zu halten, daß eine "jüngere" Tarifübung, auch wenn sie nicht von den Tarifparteien gebilligt ist, als Indiz für den tatsächlichen Parteiwillen dient.

[429] Ebenso *Canaris*, Anm. zu BAG, AP Nr. 26 zu § 1 FeiertagslohnzahlungsG; für den Gesetzgeber auch *G.* u. *D. Reinicke*, NJW 1955, 1380.

Zweifel ist deshalb eine Tarifnorm so auszulegen, daß ein solches Ergebnis herbeigeführt wird. Für die Beurteilung, welches Ergebnis den genannten Voraussetzungen am besten gerecht wird, ist nun die Tarifpraxis, die sich nach Inkrafttreten des Tarifvertrags entwickelt hat, bedeutsam. Die für sie verantwortlichen Arbeitgeber und Arbeitnehmer sind mit der geregelten Materie in besonderem Maße vertraut und selbst daran interessiert, eine gerechte und praktikable Regelung herbeizuführen. Aus diesem Grund liegt es nahe, daß die Auslegung, die ihrer Tarifpraxis zugrundeliegt, zu dem von den Tarifparteien gewollten Ergebnis führt.

In ähnlicher Weise kann die Auffassung der beteiligten Berufskreise, und zwar auch, wenn sie erst nach Vertragsschluß entstanden ist, Bedeutung für die Ermittlung der Vorstellung zumindest einer Tarifpartei haben.[430] Sie kann Aufschluß darüber geben, was in der Branche als zweckmäßige Regelung gilt.

Hinweise auf die Vorstellungen der Tarifparteien können sich schließlich aus Tarifverträgen anderer Geltungsbereiche ergeben.[431] Weicht etwa eine Tarifnorm in der Formulierung von einer vergleichbaren Bestimmung in einem bei Vertragsschluß bereits existierenden anderen Tarifvertrag ab, deutet das darauf hin, daß die Tarifparteien eine abweichende Regelung treffen wollten.

Die vorstehenden Erkenntnisquellen sind ohne Rangfolge nebeneinander heranzuziehen. Die Hinweise, welche die einzelnen Quellen bieten, müssen miteinander sorgfältig abgestimmt werden. Je klarer etwa der Wortlaut ist, desto gewichtiger müssen die Gesichtspunkte sein, die eine hiervon abweichende Bedeutung nahelegen.[432]

In der Regel werden sich anhand der aufgeführten Hilfsmittel die Vorstellungen der Tarifparteien ermitteln lassen. Ist das ausnahmsweise nicht möglich, wird sich entsprechend dem dann maßgeblichen Auslegungsziel immerhin feststellen lassen, was die Tarifparteien am wahrscheinlichsten gewollt haben.

Sind die Vorstellungen der Tarifparteien auseinandergefallen, ist maßgeblich, wie die Tarifparteien die Erklärungen ihrer Partner verstanden haben und verstehen mußten. Auch das bestimmt sich nach den vorgenannten Erkenntnisquellen.

---

[430] So auch, wenngleich ohne Begründung *Gröbing*, ZTR 1987, 236, 239.

[431] Hierzu *Brötzmann*, Probleme bei der Auslegung von Tarifvertragsnormen, S. 73 f.

[432] Ähnlich *G.* u. *D. Reinicke*, NJW 1955, 1380 für die Gesetzesauslegung.

B. Die Fortbildung von Tarifnormen

I. Die bisherigen Lösungsansätze

1. Die Rechtsprechung

a) Die Lücke als Voraussetzung der Fortbildung

Die Rechtsprechung hält die Gerichte grundsätzlich für befugt, Tarifnormen fortzubilden. Zur Begründung beruft sie sich auf die für Gesetze entwickelten Grundsätze[433] sowie auf § 157 BGB.[434] Allerdings soll die Fortbildung nicht schon dann in Betracht kommen, wenn das Gericht eine andere als die getroffene Regelung für zweckmäßiger hält.[435] Sie soll nur zulässig sein, wenn der Tarifvertrag unvollständig und deshalb ergänzungsbedürftig ist. Wann diese Voraussetzung erfüllt ist, beurteilt die Rechtsprechung auf zweierlei Weise:

aa) Die "bewußte" und die "unbewußte Tariflücke"

In einigen Entscheidungen hat das Bundesarbeitsgericht unterschieden zwischen einer "bewußten Tariflücke", bei der eine Fortbildung ausscheide,[436] und einer "unbewußten Tariflücke", bei der die Gerichte aufgefordert seien, sie zu schließen.[437]

---

[433] BAG, Urt. v. 9.10.56 - 3 AZR 643/54, E 3, 159, 161 = AP Nr. 2 zu § 1 TVG Auslegung.

[434] RAG, Urt. v. 12.11.30 - 258/30, BenshSamml. 11, 45, 48 f.; BAG, Urt. v. 22.7.59 - 2 AZR 102/57, AP Nr. 68 zu § 1 TVG Auslegung.

[435] BAG, Urt. v. 19.12.58 - 1 AZR 109/58, E 7, 153, 159 = AP Nr. 3 zu § 2 TVG; Urt. v. 22.7.59 - 2 AZR 102/57, AP Nr. 68 zu § 1 TVG Auslegung; Urt. v. 26.9.79 - 4 AZR 1008/77, AP Nr. 26 zu §§ 22, 23 BAT 1975.

[436] Urt. v. 23.9.81 - 4 AZR 569/79, E 36, 218, 224 f. = AP Nr. 19 zu § 611 BGB Lehrer und Dozenten; Urt. v. 24.2.88 - 4 AZR 614/87, E 57, 335, 342 = AP Nr. 2 zu § 1 TVG Tarifverträge: Schuhindustrie.

[437] Urt. v. 6.5.87 - 5 AZR 610/85, nicht veröffentlicht, wiedergegeben von *Mayer-Maly*, RdA 1988, 136; Urt. v. 24.2.88 - 4 AZR 614/87, E 57, 335, 342 = AP Nr. 2 zu § 1 TVG Tarifverträge: Schuhindustrie.

(1) Die "bewußte Tariflücke"

Eine "bewußte Tariflücke" hat das Gericht angenommen, wenn die Tarifparteien eine regelungsbedürftige Frage bewußt tariflich ungeregelt gelassen haben.[438] Dabei soll die Unterlassung der Regelung ihren Grund auch darin haben können, daß die Tarifparteien sich über den betreffenden Punkt nicht haben einigen können.[439] Die Frage, ob die Unterlassung bewußt oder nur unabsichtlich erfolgt ist, beantwortet das Bundesarbeitsgericht anhand derselben Kriterien, die es im Rahmen der Auslegung zur Ermittlung des Willens der Tarifparteien heranzieht.[440] Hinzu kommt die Erwägung, daß die Tarifparteien nicht selten bewußt auf eine tarifliche Regelung verzichteten, weil der vom Tarifvertrag nicht erfaßte Tatbestand immer noch der als interessengerecht empfundenen gesetzlichen Regelung unterstehe. Zudem könnten sich die Tarifparteien einer Regelung enthalten haben, um es zu ermöglichen, die Frage durch einzelvertragliche Abrede oder auf betrieblicher Ebene zu regeln.[441]

Auch im Rahmen der Fortbildung berücksichtigt das Gericht die Vorstellungen der Tarifparteien nur insoweit, wie sie im Text des Tarifvertrags einen Niederschlag gefunden haben.[442] Nach einigen neueren Entscheidungen[443] kann der Wille der Tarifparteien in einer Auslassung genügend zum Ausdruck kommen.

Seinen Standpunkt, daß eine Fortbildung des Tarifvertrags bei einer "bewußten Tariflücke" nicht möglich ist, hat das Gericht mit der Erwägung begründet, daß sich die Gerichte über den Willen der Tarifparteien hinweg-

---

[438] BAG, Urt. v. 29.8.84 - 4 AZR 309/82, E 46, 292, 298 = AP Nr. 93 zu §§ 22, 23 BAT 1975; Urt. v. 10.10.84 - 4 AZR 411/82, E 47, 61, 67 = AP Nr. 95 zu §§ 22, 23 BAT 1975; Urt. v. 24.2.88 - 4 AZR 614/87, E 57, 335, 342 = AP Nr. 2 zu § 1 TVG Tarifverträge: Schuhindustrie.

[439] BAG, Urt. v. 29.8.84 - 4 AZR 309/82, E 46, 292, 298 = AP Nr. 93 zu §§ 22, 23 BAT 1975; Urt. v. 10.10.84 - 4 AZR 411/82, E 47, 61, 67 = AP Nr. 95 zu §§ 22, 23 BAT 1975.

[440] Vgl. Urt. v. 12.4.57 - 1 AZR 559/55, E 4, 156, 167 = AP Nr. 3 zu § 9 TVG.

[441] BAG, Urt. v. 22.7.59 - 2 AZR 102/57, AP Nr. 68 zu § 1 TVG Auslegung; ebenso *Nikisch*, Arbeitsrecht, II. Bd., S. 223.

[442] Urt. v. 12.4.57 - 1 AZR 559/55, E 4, 156, 164 f. = AP Nr. 3 zu § 9 TVG.

[443] BAG, Urt. v. 29.8.84 - 4 AZR 309/82, E 46, 292, 298 = AP Nr. 93 zu §§ 22, 23 BAT 1975; Urt. v. 10.10.84 - 4 AZR 411/82, E 47, 61, 67 = AP Nr. 95 zu §§ 22, 23 BAT 1975; Urt. v. 24.2.88 - 4 AZR 614/87, E 57, 335, 342 = AP Nr. 2 zu § 1 TVG Tarifverträge: Schuhindustrie.

setzten, wenn sie den Tarifvertrag ergänzten. Das sei mit der durch Art. 9 Abs. 3 GG geschützten Tarifautonomie unvereinbar.[444]

(2) Die "unbewußte Tariflücke"

Der "bewußten Tariflücke" hat das Bundesarbeitsgericht verschiedentlich die Fälle der "unbewußten Lücke" gegenübergestellt, in denen eine Fortbildung zulässig sein soll.[445] Die Gegenüberstellung läßt - obwohl eine ausdrückliche Definition in den Entscheidungen fehlt - erkennen, daß eine "unbewußte Tariflücke" (schon) dann vorliegen soll, wenn die Tarifparteien einen bestimmten Sachverhalt im Tarifvertrag deswegen nicht behandelt und geregelt haben, weil sie ihn bei Abschluß des Vertrags nicht bedacht haben.[446]

bb) Die Lücke als planwidrige Unvollständigkeit

In anderen Entscheidungen[447] hat das Bundesarbeitsgericht die der Fortbildung zugängliche Unvollständigkeit in Anlehnung an *Larenz*[448] als Lücke innerhalb des Regelungszusammenhangs des Tarifvertrags definiert. Eine Lücke sei eine planwidrige Unvollständigkeit des Normenwerks. Den Regelungsplan, der dem Tarifvertrag zugrundeliegt, will das Gericht im Wege der historischen und teleologischen Auslegung erschließen. Maßgebend seien

---

[444] Urt. v. 12.4.57 - 1 AZR 559/55, E 4, 156, 165 f. = AP Nr. 3 zu § 9 TVG; Urt. v. 23.9.81 - 4 AZR 569/79, E 36, 218, 225 = AP Nr. 19 zu § 611 BGB Lehrer und Dozenten; Urt. v. 24.2.88 - 4 AZR 614/87, E 57, 335, 342 = AP Nr. 2 zu § 1 TVG Tarifverträge: Schuhindustrie.

[445] Urt. v. 24.5.78 - 4 AZR 769/76, AP Nr. 6 zu § 1 TVG Tarifverträge: Metallindustrie; Urt. v. 23.9.81 - 4 AZR 569/79, E 36, 218, 225 = AP Nr. 19 zu § 611 BGB Lehrer und Dozenten; Urt. v. 10.10.84 - 4 AZR 411/82, E 47, 61, 67 = AP Nr. 95 zu §§ 22, 23 BAT 1975; ähnlich bereits Urt. v. 16.4.59 - 2 AZR 95/57, AP Nr. 42 zu § 1 TVG Auslegung.

[446] Vgl. LAG Hamm, Urt. v. 6.4.66 - 5 Sa 67/66, BB 1966, 619; BAG, Urt. v. 6.5.87 - 5 AZR 610/85, nicht veröffentlicht, wiedergegeben von *Mayer-Maly*, RdA 1988, 136; Urt. v. 24.2.88 - 4 AZR 614/87, E 57, 335, 342 = AP Nr. 2 zu § 1 TVG Tarifverträge: Schuhindustrie; anders Urt. v. 10.5.89 - 6 AZR 660/87, EzA § 16 BErzGG Nr. 2.

[447] Urt. v. 12.4.57 - 1 AZR 559/55, E 4, 156, 165 = AP Nr. 3 zu § 9 TVG; Urt. v. 3.6.66 - 3 AZR 18/66, AP Nr. 112 zu § 242 BGB Ruhegehalt; Urt. v. 13.6.73 - 4 AZR 445/72, AP Nr. 123 zu § 1 TVG Auslegung; aus neuerer Zeit auch Urt. v. 10.5.89 - 6 AZR 660/87, EzA § 16 BErzGG Nr. 2; Urt. v. 7.12.89 - 6 AZR 322/88, EzA § 4 TVG Metallindustrie Nr. 66.

[448] Methodenlehre der Rechtswissenschaft, S. 354 ff.

der Tarifvertrag selbst, die ihm zugrundeliegende Regelungsabsicht und die mit ihm verfolgten Zwecke.

In die Beurteilung, ob das Fehlen einer Regelung planwidrig ist, bezieht das Gericht die bereits angesprochene[449] Überlegung ein, daß die Tarifparteien häufig einzelne Fragen aus dem Vertrag ausklammerten und der Regelung durch andere Gestaltungsmittel überließen.[450] Vor allem neigten sie dazu, manche Fragen den Gerichten zu überantworten, um das Zustandekommen des Vertrags nicht zu gefährden.[451]

cc) Die Bedeutung der unterschiedlichen Beurteilung, wann eine ergänzungsbedürftige Unvollständigkeit vorliegt

In der Regel führen die verschieden gewählten Ausgangspunkte für die Feststellung, ob eine Lücke vorliegt und damit eine Fortbildung erlaubt ist, nur zu Abweichungen in der Terminologie. In der Sache decken sich ihre Ergebnisse zumeist. So entsprechen sich die Formen ausfüllungsfähiger Lücken: Die Lücke kann sich einmal daraus ergeben, daß der Tarifvertrag für eine bestimmte Fallgruppe keine Regel enthält, die für sie gelten würde[452] (offene Lücke[453]). Sie kann aber auch darauf beruhen, daß der Tarifvertrag zwar eine anwendbare Regel enthält, diese aber nicht paßt. Die Lücke besteht dann darin, daß eine Einschränkung fehlt[454] (verdeckte Lükke).

In zeitlicher Hinsicht hält das Bundesarbeitsgericht sowohl für möglich, daß die Lücke bereits bei Abschluß des Tarifvertrags existiert hat (anfängliche Lücke), als auch, daß sie erst später entstanden ist (nachträgliche Lücke), etwa weil sich die dem Tarifvertrag zugrundeliegenden wirtschaftlichen und sozialen Verhältnisse in tatsächlicher oder rechtlicher Hinsicht

---

[449] Vgl. S. 112.

[450] Urt. v. 13.6.73 - 4 AZR 445/72, AP Nr. 123 zu § 1 TVG Auslegung; ebenso *Nikisch*, Arbeitsrecht, II. Bd., S. 223.

[451] Vgl. *Neumann* (ArbuR 1985, 320), Vorsitzender des 4. Senats des BAG; ebenso schon früher *Herschel*, Festschrift für Erich Molitor, S. 161, 169 f.

[452] BAG, Urt. v. 10.10.84 - 4 AZR 411/82, E 47, 61, 67 = AP Nr. 95 zu §§ 22, 23 BAT 1975.

[453] Zur Terminologie vgl. *Larenz*, Methodenlehre der Rechtswissenschaft, S. 362.

[454] Vgl. BAG, Urt. v. 9.10.56 - 3 AZR 643/54, E 3, 159, 160 ff. = AP Nr. 2 zu § 1 TVG Auslegung; Urt. v. 12.11.64 - 5 AZR 507/63, AP Nr. 4 zu § 34 SchwBeschG 1961.

verändert haben.[455] Eine Entscheidung vom 9. Oktober 1956[456] legt freilich nahe, daß die Gerichte eine nachträgliche Lücke erst ausfüllen dürfen, nachdem sie gleichsam eine Wartefrist haben verstreichen lassen. In der Entscheidung heißt es, in erster Linie obliege es den Tarifparteien, die Lücke zu schließen; (erst[457]) wenn dies nicht geschehe, seien die Gerichte zur Fortbildung befugt. Eine ausfüllungsfähige Lücke kann sich schließlich unabhängig von den verschiedenen Definitionen aus der Nichtigkeit einer Tarifklausel ergeben.[458]

Zu unterschiedlichen Ergebnissen führen die beiden Ausgangspunkte in folgenden Fällen: Definiert man die ausfüllungsfähige Lücke als dem Regelungszusammenhang widersprechende Unvollständigkeit, kommt eine Fortbildung auch dann in Betracht, wenn die Tarifparteien eine Frage offen gelassen haben, um ihre Beantwortung der Rechtsprechung zu überlassen.[459] Da hier eine den Tarifparteien bewußte Unvollständigkeit vorliegt, muß die Fortbildung ausscheiden, wenn man für sie eine "unbewußte Tariflücke" verlangt.

Umgekehrt ist es, wenn die Parteien einen nicht geregelten Sachverhalt bei Abschluß des Tarifvertrags nicht bedacht haben, sie ihn aber - ausweislich ihres Regelungsplans - auch dann ungeregelt gelassen hätten, wenn er ihnen bewußt gewesen wäre. Hier kommt eine Fortbildung nicht in Betracht, wenn man die ausfüllungsfähige Lücke als planwidrige Unvollständigkeit versteht. Wohl aber ist sie möglich, falls man die Fortbildung schon dann zuläßt, wenn die Tarifparteien den Sachverhalt bloß nicht bedacht haben.

b) Die Ausfüllung einer Tariflücke

Ein lückenhafter Tarifvertrag ist nach dem Bundesarbeitsgericht unter Einbeziehung "von Treu und Glauben und unter Berücksichtigung dessen"

---

[455] BAG, Urt. v. 12.11.64 - 5 AZR 507/63, AP Nr. 4 zu § 34 SchwBeschG 1961; Urt. v. 10.5.89 - 6 AZR 660/87, EzA § 16 BErzGG Nr. 2.

[456] 3 AZR 643/54, E 3, 159, 161 = AP Nr. 2 zu § 1 TVG Auslegung, vgl. aber Urt. v. 14.12.82 - 3 AZR 251/80, E 41, 163, 171 f. = AP Nr. 1 zu § 1 BetrAVG Besitzstand, hierzu auf S. 127.

[457] Einschub des Verfassers.

[458] BAG, Urt. v. 2.6.61 - 1 AZR 573/59, E 11, 135, 139 = AP Nr. 68 zu Art. 3 GG mit Anm. *Alfred Hueck*.

[459] Dazu näher auf S. 133 f.

zu ergänzen, "wie die Tarifvertragsparteien die betreffende Frage bei objektiver Betrachtung der wirtschaftlichen und sozialen Zusammenhänge im Zeitpunkt des Tarifvertragsabschlusses voraussichtlich geregelt hätten, falls sie an den nicht geregelten Fall gedacht hätten".[460] Nach der neueren Rechtsprechung müssen jedoch "hinreichende und vor allem sichere Anhaltspunkte dafür gegeben sein, daß die Tarifparteien die Frage in bestimmter Weise geregelt hätten".[461] Dafür läßt das Bundesarbeitsgericht genügen, "daß nur eine bestimmte Regelung billigem Ermessen entspricht, sie damit nach Treu und Glauben und objektiver Betrachtung der maßgebenden Zusammenhänge geboten ist und deshalb davon ausgegangen werden kann, daß sich die Tarifvertragsparteien einer solchen zwingend gebotenen Regelung nicht entzogen hätten".

Der häufig auftretenden Konstellation, daß eine tarifliche Vergütungsordnung lückenhaft ist, weil sie eine bestimmte Tätigkeit nicht erfaßt, begegnet die Rechtsprechung, indem sie die Tätigkeit entsprechend den artverwandten und vergleichbaren Tätigkeiten einstuft.[462]

Läßt sich ein mutmaßlicher Wille der Tarifparteien nicht feststellen, weil ihnen verschiedene Gestaltungsmöglichkeiten zur Verfügung stehen, sollen die Gerichte die Tariflücke nicht ausfüllen können.[463] In Anlehnung an die Praxis des Bundesverfassungsgerichts,[464] es dem Gesetzgeber aufzugeben, eine als verfassungswidrig angesehene gesetzliche Regelung neu zu gestalten, nimmt das Bundesarbeitsgericht[465] an, die Entscheidung für eine der Gestaltungsmöglichkeiten sei durch Art. 9 Abs. 3 GG den Tarifparteien

---

[460] BAG, Urt. v. 23.9.81 - 4 AZR 569/79, E 36, 218, 225 = AP Nr. 19 zu § 611 BGB Lehrer und Dozenten; ähnlich bereits RAG, Urt. v. 25.1.30 - 319/29, BenshSamml. 8, 337, 341; Urt. v. 12.11.30 - 258/30, BenshSamml. 11, 45, 48 f.

[461] BAG, Urt. v. 23.9.81 - 4 AZR 569/79, E 36, 218, 225 = AP Nr. 19 zu § 611 BGB Lehrer und Dozenten.

[462] Vgl. etwa RAG, Urt. v. 4.10.39 - 49/39, ArbRSlg. 37, 218; BAG, Urt. v. 26.9.79 - 4 AZR 1008/77, AP Nr. 26 zu §§ 22, 23 BAT 1975; Urt. v. 23.1.80 - 4 AZR 105/78, E 32, 364, 369 f. = AP Nr. 31 zu §§ 22, 23 BAT 1975; Urt. v. 10.10.84 - 4 AZR 411/82, E 47, 61, 67 = AP Nr. 95 zu §§ 22, 23 BAT 1975.

[463] Urt. v. 10.5.89 - 6 AZR 660/87, EzA § 16 BErzGG Nr. 2.

[464] Vgl. Beschl. v. 14.4.87 - 1 BvL 25/84, E 75, 166; Beschl. v. 5.5.87 - 1 BvR 981/81, E 75, 284; wegen weiterer Nachweise s. *Ipsen*, Rechtsfolgen der Verfassungswidrigkeit von Norm und Einzelakt, S. 107; *Sachs*, RdA 1989, 25, 28, Fn. 45.

[465] BAG, Urt. v. 16.2.78 - 3 AZR 624/76, AP Nr. 178 zu § 242 BGB Ruhegehalt; Urt. v. 23.9.81 - 4 AZR 569/79, E 36, 218, 225 f. = AP Nr. 19 zu § 611 BGB Lehrer und Dozenten; Urt. v. 23.9.84 - 4 AZR 309/82, E 46, 292, 298 = AP Nr. 93 zu §§ 22, 23 BAT 1975.

zugewiesen. Nach seiner Auffassung bedeutete ein Tätigwerden der Gerichte, "daß sie verfassungswidrig in die Tarifautonomie eingriffen".[466]

Von diesen Grundsätzen ist das Bundesarbeitsgericht ein einziges Mal abgewichen: In einer Entscheidung vom 14. Dezember 1982[467] hat es angenommen, ein Verfahren, bei dem den Tarifparteien Zeit und Gelegenheit für eine Ergänzung des Tarifvertrags gegeben werde, sei dem Parteiprozeß fremd. Das angerufene Gericht sei zu einer Entscheidung des Rechtsstreits gezwungen und müsse aus den denkbaren Regelungsmöglichkeiten, mit denen die planwidrig entstandene Tariflücke geschlossen werden könnte, diejenige auswählen, die dem Regelungssystem des Tarifvertrags am nächsten komme.

2. Das Schrifttum

Die Lehre stimmt mit der Rechtsprechung darin überein, daß ein Tarifvertrag nicht schon aufgrund bloßer Zweckmäßigkeitserwägungen fortgebildet oder gar zur Inhaltskontrolle des Tarifvertrags benutzt werden darf.[468] Das Schrifttum pflichtet der Rechtsprechung auch darin bei, daß den Gerichten eine Fortbildung des Tarifs verwehrt sei, wenn sich ein entgegenstehender Wille der Tarifparteien feststellen lasse, der in der tariflichen Erklärung zum Ausdruck gekommen sei.[469] In diesem Fall, so meinen *Dütz*[470] und

---

[466] BAG, Urt. v. 10.12.86 - 5 AZR 517/85, E 54, 30, 35 = AP Nr. 1 zu § 42 MTB II; Urt. v. 6.5.87 - 5 AZR 610/85, nicht veröffentlicht, wiedergegeben von *Mayer-Maly*, RdA 1988, 136; Urt. v. 24.2.88 - 4 AZR 614/87, E 57, 335, 343 = AP Nr. 2 zu § 1 TVG Tarifverträge: Schuhindustrie.

[467] 3 AZR 251/80, E 41, 163, 171 f. = AP Nr. 1 zu § 1 BetrAVG Besitzstand.

[468] *Buchner*, AR-Blattei, [D] Tarifvertrag IX Auslegung, C II 2 c; *Neumann*, ArbuR 1985, 320, 322; *Schlüter/Belling*, Anm. zu BAG EzA § 242 BGB Gleichbehandlung Nr. 33 (= AP Nr. 54 zu § 242 BGB Gleichbehandlung); *Nipperdey* in Hueck/Nipperdey, Lehrbuch des Arbeitsrechts, II/1, § 18 V 3 p, S. 363; *Herschel*, Festschrift für Erich Molitor, S. 161, 192; *Nikisch*, Arbeitsrecht, II. Bd., S. 223; *Wiedemann/Stumpf*, TVG, § 1 Rdnr. 416.

[469] *Buchner*, AR-Blattei, [D] Tarifvertrag IX Auslegung, C II 2 a; *Dütz*, Festschrift für Karl Molitor, S. 63, 75; *Wiedemann/Stumpf*, TVG, § 1 Rdnr. 417; *Zilius* in Hagemeier/Kempen/Zachert/Zilius, TVG, Einleitung Rdnr. 262; *Nipperdey* in Hueck/Nipperdey, Lehrbuch des Arbeitsrechts, II/1, § 18 V 3 p, S. 363; *Nikisch*, Arbeitsrecht, II. Bd., S. 223; *Achilles*, Der tatsächliche Parteiwille bei der Auslegung von Tarifverträgen, S. 127 ff.; *Siegers*, DB 1967, 1630, 1636; *Miltrup*, Die Auslegung von Tarifverträgen, S. 16 f.; *Schwerin*, Die Auslegung von Tarifnormen, S. 60 ff.

[470] Festschrift für Karl Molitor, S. 63, 75.

andere,[471] greife die Fortbildung rechtswidrig in die durch Art. 9 Abs. 3 GG geschützte Tarifautonomie ein.

Eine Fortbildung der Tarifnormen wird im Schrifttum überhaupt nur in Betracht gezogen, wenn eine Unvollständigkeit vorliegt, die dem Regelungsplan der Tarifparteien widerspricht. Was die Behandlung solcher Unvollständigkeiten anbelangt, gehen die im Schrifttum vertretenen Auffassungen auseinander: *Zilius*[472] meint, auch insoweit sei den Gerichten eine Fortbildung des Tarifvertrags durch Art. 9 Abs. 3 GG generell verwehrt. Die Ergänzung sei aufgrund der ihnen gewährten Autonomie den Tarifparteien vorbehalten. Die fehlende Befugnis der Gerichte zur Lückenschließung bedeute nicht etwa einen rechtlosen Zustand. Vielmehr seien, solange die Tarifparteien die Lücke nicht ausgefüllt hätten, anstehende Rechtsfragen nach dem Einzelarbeitsvertrag oder den gesetzlichen Regelungen zu entscheiden.[473] Beruhe die Unvollständigkeit darauf, daß die Tarifparteien den persönlichen Geltungsbereich oder die Anspruchsvoraussetzungen einer Tarifnorm derart geregelt hätten, daß gegen den Gleichheitsgrundsatz verstoßen werde und die Norm insoweit unwirksam sei, werde das Gericht dem Betroffenen wegen Art. 3 GG die tarifliche Leistung zusprechen, ohne daß damit der Tarifvertrag fortgebildet werde. Ähnlich lägen die Verhältnisse bei einem Verstoß gegen Regeln, die Vertrauensschutz gewährleisten.

Zur Zurückhaltung bei der Lückenausfüllung mahnt auch *Herschel*.[474] Der Richter, der eine Fortbildung ablehne, trage bei einem Tarifvertrag geringere Verantwortung als bei sonstigen Normenwerken. Denn er könne es ja den Tarifparteien selbst überlassen - ggf. rückwirkend - die Änderung herbeizuführen.[475] Hinzu komme die Überlegung *Erich Molitors*,[476] daß eine ergänzende Auslegung weniger als sonst erforderlich sei, weil der Tarifver-

---

471 *Zilius* in Hagemeier/Kempen/Zachert/Zilius, TVG, Einleitung Rdnr. 262; *Achilles*, Der tatsächliche Parteiwille bei der Auslegung von Tarifverträgen, S. 127 f.; *Tophoven*, Anm. zu BAG, AP Nr. 3 zu § 9 TVG; wohl auch schon *Miltrup*, Die Auslegung von Tarifverträgen, S. 17.

472 In Hagemeier/Kempen/Zachert/Zilius, TVG, Einleitung Rdnr. 262 f.

473 So auch *Achilles*, Der tatsächliche Parteiwille bei der Auslegung von Tarifverträgen, S. 128.

474 Festschrift für Erich Molitor, S. 161, 191 ff.

475 Ebenso *Achilles*, Der tatsächliche Parteiwille bei der Auslegung von Tarifverträgen, S. 128.

476 Kommentar zur Tarifvertragsordnung, Bem. 1.

trag die Arbeitsverträge der Beteiligten keineswegs vollständig zu regeln brauche.[477]

Schlüter/Belling[478] heben einen anderen Gesichtspunkt hervor. Nach ihrer Auffassung ist als Schranke für eine Fortbildung von Tarifnormen zu beachten, daß die Gerichte die von den Tarifparteien verbindlich festgelegte Verteilung der von jeder Seite zu tragenden Lasten nicht in ihrer Grundstruktur verschieben.

Ohne auf diesen Aspekt einzugehen, hält *Dütz*[479] die Gerichte für befugt, unbewußte Lücken von Tarifnormen zu schließen, falls sichere Anhaltspunkte dafür bestehen, welche Regelung die Tarifparteien selbst getroffen hätten; anderenfalls sei es aufgrund der Tarifautonomie den Tarifparteien vorbehalten, diejenige von mehreren Möglichkeiten tariflich zu verfestigen, die ihnen angemessen und sinnvoll erscheine.

Demgegenüber befürwortet *Mayer-Maly*[480] eine gerichtliche Lückenausfüllung auch dann, wenn den Tarifparteien verschiedene Gestaltungsmöglichkeiten zur Verfügung stehen. Der lückenhafte Tarifvertrag sei durch die Regelung zu ergänzen, die seinen Grundgedanken am nächsten komme. *Mayer-Maly* begründet seine Auffassung wie folgt: Die grundsätzliche Befugnis der Gerichte zur Fortbildung von Tarifverträgen könne ungeachtet der Tarifautonomie schon deshalb nicht bezweifelt werden, weil auch die gewöhnliche Vertragsfreiheit verfassungsrechtlichen Schutz genieße, aus dem noch nie Bedenken gegen eine ergänzende Vertragsauslegung abgeleitet worden seien. Zwar sei der Grundrechtsschutz der Tarifautonomie stärker ausgeprägt als jener der Vertragsfreiheit. Dieser Differenz könne aber Rechnung getragen werden, indem nur eine solche Tariffortbildung zugelassen werde, die im Rahmen der Grundgedanken des lückenhaften Tarifvertrags bleibe.[481]

---

[477] Ebenso *Achilles*, Der tatsächliche Parteiwille bei der Auslegung von Tarifverträgen, S. 128 f.

[478] Anm. zu BAG EzA § 242 BGB Gleichbehandlung Nr. 33 (= AP Nr. 54 zu § 242 BGB Gleichbehandlung).

[479] Festschrift für Karl Molitor, S. 63, 75; *ders.*, Anm. zu BAG, EzA § 4 TVG Bühnen Nr. 2, S. 38; ähnlich *Winterfeld*, Anm. zu BAG, SAE 1989, 254, 260; *Gaul*, Anm. zu BAG, AP Nr. 68 zu § 1 TVG Auslegung.

[480] RdA 1988, 136, 137.

[481] *Buchner* (AR-Blattei, [D] Tarifvertrag IX Auslegung, C II 1 b, c) hält eine weitergehende durch Bedürfnisse des Rechtsverkehrs oder rechtsethische Prinzipien gebotene tarifübersteigende" Rechtsfortbildung zwar prinzipiell für zulässig, wegen der subsidiären gesetzlichen Regelung aber für praktisch irrelevant; ähnlich *Achilles*, Der tatsächliche Parteiwille

Die Existenz mehrerer Gestaltungsmöglichkeiten stehe der Fortbildung schon deshalb nicht entgegen, weil jeder Interpretation ein gewisser Spielraum eigentümlich sei. Auch gehe es nicht um die Feststellung des mutmaßlichen Willens der Tarifparteien,[482] sondern um die Ermittlung des objektiven Vertragssinns, also dessen, was redliche Tarifpartner bei Erkenntnis der Lückenhaftigkeit ihrer Regelung nach Treu und Glauben vereinbart hätten. Den Tarifparteien bleibe es unbenommen, einen anderen Weg einzuschlagen als den, zu dem die Fortbildung führe. *Mayer-Maly* macht weiter geltend, die Verweigerung der Fortbildung bedeute häufig, daß sich das Gericht im Ergebnis doch für eine der Gestaltungsmöglichkeiten entscheide, freilich ohne die Chancen der Fortbildung auszuschöpfen. Bestehe z. B. sowohl die Gestaltungsmöglichkeit, den Arbeitgeber zu einer bestimmten Zahlung zu verpflichten, als auch, ihn hiervon freizuhalten, könne der Verzicht der Gerichte auf eine Lückenausfüllung dazu führen, daß eben keine Zahlungspflicht bestehe. Das entspreche der zweiten Gestaltungsmöglichkeit. *Mayer-Maly* hält es zudem für zweifelhaft, ob sich ein Unterlassen der Fortbildung mit dem Rechtsverweigerungsverbot vereinbaren läßt.[483] Die Tarifunterworfenen auf eine Ergänzung des Tarifvertrags durch die Tarifparteien zu verweisen, sei, wenn diese erst rückwirkend geschaffen werde, unter rechtsstaatlichem Aspekt mißlich. Schließlich könne eine unterbleibende Fortbildung eine tarifpolitische Schieflage bewirken, indem sie dazu führe, daß eine als Gestaltungsmöglichkeit im Raum stehende Zahlungspflicht des Arbeitgebers nicht zur Entstehung gelange. Die Gewerkschaft werde genötigt, die Begründung der Zahlungspflicht in ihr Forderungsprogramm aufzunehmen. Da nicht beliebig viele Tarifforderungen aufgestellt und durchgesetzt werden könnten, leide die Durchsetzungschance anderer Forderungen. Bei dieser Konstellation erfolge der Eingriff in die Tarifpolitik, der mit dem Verzicht auf eine Fortbildung vermieden werden solle, erst recht.

Im Ergebnis ähnlich wie *Mayer-Maly* halten auch *Buchner*,[484] *Wiedemann/Stumpf*,[485] *Alfred Hueck*,[486] *Nipperdey*,[487] *Nikisch*[488] und *Siegers*[489] die

---

bei der Auslegung von Tarifverträgen, S. 140 ff.

[482] So aber *Achilles*, Der tatsächliche Parteiwille bei der Auslegung von Tarifverträgen, S. 130 f., 143 f.

[483] Auch nach Meinung von *Wiedemann/Stumpf* (TVG, § 1 Rdnr. 416) kann ein Unterlassen der Fortbildung hiergegen verstoßen.

[484] AR-Blattei, [D] Tarifvertrag IX Auslegung C.

[485] TVG, § 1 Rdnr. 416 ff.

Ausfüllung von Tariflücken für zulässig. Unter Berufung auf *Brändl*,[490] *Larenz*[491] und andere gesteht *Achilles*,[492] ein weiterer Vertreter dieses Standpunkts, dem Richter für den Fall, daß sowohl die Wertungen des Tarifvertrags als auch die grundlegenden Wertentscheidungen der Rechtsordnung ihm noch Spielraum lassen, die Möglichkeit zu, sich auf sein persönliches Urteilsermessen, sein kritisches Rechtsgefühl zu verlassen.

Däubler/Hege[493] schließlich halten die Gerichte zwar auch für befugt, unvollständige tarifliche Regelungen fortzubilden. Allerdings hat die Lückenausfüllung nach ihrer Auffassung im Hinblick auf die von ihnen angenommene Schutzfunktion des Tarifvertrags in der Weise zu erfolgen, daß mangels anderer Anhaltspunkte zugunsten des Arbeitnehmers fortgebildet werde. Ein Konflikt mit der Normsetzungsbefugnis der Tarifparteien drohe nicht, da Verbesserungen zugunsten des Arbeitnehmers in aller Regel unbedenklich seien.

II. Die eigene Konzeption

Die vorstehende Übersicht zeigt, daß sich im Zusammenhang mit der Fortbildung von Tarifnormen vier Fragen stellen, die auseinandergehalten werden sollten: Zunächst geht es darum, ob die Gerichte im Hinblick auf die Autonomie der Tarifparteien überhaupt befugt sind, Tarifnormen fortzubilden. Sollte diese Frage zu bejahen sein, gilt es festzustellen, unter welchen Voraussetzungen ein Tarifvertrag lückenhaft und damit einer Fortbildung zugänglich ist. Steht fest, daß ein Tarifvertrag eine Lücke aufweist, stellt sich die Frage, wie die Lücke auszufüllen ist. Schließlich ist von Be-

---

[486] Anm. zu BAG, AP Nr. 68 zu Art. 3 GG.

[487] In Hueck/Nipperdey, Lehrbuch des Arbeitsrechts, II/1, § 18 V 3 p, S. 363 f. unter Hinweis auf § 157 BGB.

[488] Arbeitsrecht, II. Bd., S. 223.

[489] DB 1967, 1630, 1636.

[490] In J. v. Staudingers Kommentar zum BGB, 11. Aufl., Einl. Bem. 72.

[491] NJW 1965, 1, 9.

[492] Der tatsächliche Parteiwille bei der Auslegung von Tarifverträgen, S. 129 ff., vor allem S. 135 f.

[493] Tarifvertragsrecht, Anm. 90.

deutung, ob eine Lückenausfüllung auch dann möglich ist, wenn hierfür mehrere Gestaltungsmöglichkeiten existieren.

1. Die generelle Zulässigkeit der Fortbildung

Die Gerichte sind nur dann befugt, Tarifnormen fortzubilden, wenn die Fortbildung nicht den Tarifparteien vorbehalten ist. Ein solcher Vorbehalt zugunsten der Tarifparteien könnte sich aus der ihnen durch Art. 9 Abs. 3 GG eingeräumten Autonomie ergeben. Die Tarifautonomie sichert den Tarifparteien die Befugnis, kraft ihres Willens Recht zu setzen. Grundsätzlich schützt sie die Tarifparteien davor, daß sich die Gerichte über ihren Willen hinwegsetzen oder ihnen eine nicht gewollte tarifliche Regelung aufnötigen.[494] Damit könnte sie die Tarifparteien auch davor bewahren, daß der von ihnen abgeschlossene Tarifvertrag von den Gerichten ergänzt oder abgeändert wird.

Der richterlichen Fortbildung könnte zudem entgegenstehen, daß die Gerichte nicht hinreichend demokratisch legitimiert sind, eigenverantwortlich Recht zu setzen.[495] Das in Art. 20 Abs. 2 GG verankerte Demokratieprinzip verlangt, daß sich jede Ordnung eines Lebensbereichs durch Sätze objektiven Rechts auf eine Willensentschließung der vom Volk bestellten Gesetzgebungsorgane zurückführen läßt, wenn sie nicht autonom erfolgt.[496] Mittelbar ist das zwar auch bei einer Rechtsetzung durch die Richter der Fall, da ihre Berufung in das Richteramt letztlich auf die gewählte Volksvertretung des Bundes oder Landes zurückgeht, in dessen Dienst die Richter stehen. Diese Legitimation genügt jedoch nicht. Zwar ist aus der Ausformung des Demokratieprinzips durch die Vorschriften des Grundgesetzes, vor allem durch Art. 80 Abs. 1 GG, ersichtlich, daß nicht stets eine unmittelbare Legitimation erforderlich ist. Damit sie entbehrlich ist, müssen jedoch folgende Voraussetzungen erfüllt sein: Entweder muß die nur mittelbar legitimierte Rechtsetzung von einem unmittelbar legitimierten Organ wie in den Fällen des Art. 80 Abs. 2 GG nach Inhalt, Ausmaß und Zweck vorgegeben sein. Fehlt es hieran, muß die Rechtsetzung, wie das für die Ausübung von Exekutivbefugnissen durch den Beliehenen im Verwaltungs-

---

[494] *Achilles*, Der tatsächliche Parteiwille bei der Auslegung von Tarifverträgen, S. 121; ähnlich auch *Sachs*, RdA 1989, 25, 35.

[495] Auch *Wank* (Grenzen richterlicher Rechtsfortbildung, S. 207 ff.) weist auf die geringere demokratische Legitimation im Verhältnis zum Parlament hin.

[496] BVerfG, Beschl. v. 9.5.72 - 1 BvR 518/62 und 308/64, E 33, 126, 158; *Gern*, VerwArch 1989, 415, 432.

recht, den Konkurs-, Vergleichs- und Nachlaßverwalter sowie den Vormund anerkannt ist, jedenfalls durch ein solches Organ beaufsichtigt werden.[497] Beides ist bei einer eigenständigen gerichtlichen Rechtsetzung nicht der Fall.

Die vorstehenden Gesichtspunkte schließen eine Fortbildung aus, bei der die Gerichte die von den Tarifparteien gesetzten Regelungen aus eigener Autorität abändern oder ergänzen. Sie sprechen indes nicht generell gegen eine Befugnis der Gerichte zur Fortbildung von Tarifnormen. Erfolgt die Fortbildung in der Weise, daß sie sich an dem in den Tarifnormen zum Ausdruck kommenden Willen der Tarifparteien orientiert,[498] indem sie lediglich die dem Normenwerk zugrundeliegenden Wertungen auf den nicht geregelten Fall überträgt,[499] hält sie sich in dem von den Tarifparteien vorgegebenen Rahmen.[500] Eine solche Fortbildung beeinträchtigt die Autonomie der Tarifparteien nicht nur nicht; sie unterstreicht sie sogar. Gerade in dem - gar nicht so seltenen - Fall, daß die von den Tarifparteien getroffenen und im Tarifvertrag zum Ausdruck kommenden Wertungen eine bestimmte Ergänzung der Tarifnormen verlangen, wird eine entsprechende Fortbildung der Gerichte dem durch die Tarifautonomie geschützten Willen der Tarifparteien besser gerecht als ein Verzicht auf sie. Folgt die Fortbildung nur den Vorgaben der Tarifparteien, fehlt es auch nicht an der erforderlichen demokratischen Legitimation der Gerichte; ausreichend ist dann, daß die Tarifparteien selbst genügend legitimiert sind.

Den vorstehenden Überlegungen könnte nun entgegengehalten werden, daß eine richterliche Fortbildung des Tarifvertrags insofern entbehrlich sei, als es den Tarifparteien unbenommen ist, den Tarifvertrag nachträglich zu ergänzen. Eine solche Ergänzung durch die Tarifparteien selbst könnte ihrer Tarifautonomie besser als die richterliche Fortbildung entsprechen. So sehr jedoch die nachträgliche Ergänzung durch die Tarifparteien selbst dem Gedanken der Tarifautonomie gerecht zu werden scheint, so wenig würde

---

[497] So auch *Schlüter*, Festschrift für Lukes, S. 559, 563 ff.

[498] *Wank* (Grenzen richterlicher Rechtsfortbildung, S. 252) spricht davon, daß der neue Rechtssatz konstruktiv aus dem bisherigen Recht entwickelt werden muß.

[499] Auf eine solche Vorgehensweise bezogen meinte *Zitelmann* (Lücken im Recht, S. 25), der Richter, der auf Grund einer Analogie entscheide, behaupte damit, der von ihm im Wege der Analogie gefundene Satz sei bereits geltendes Recht.

[500] Wäre das nicht der Fall, würde sie nach Meinung von *H. Westermann* (Wesen und Grenzen der richterlichen Streitentscheidungen im Zivilrecht, S. 21) dem Wesen der Rechtsprechung widersprechen, das in der Anwendung der Wertungen des Normgebers im Gegensatz zur selbständigen Bewertung bestehen soll. Ähnlich wie Westermann *Herschel*, Festschrift für Erich Molitor, S. 161, 192.

sie den praktischen Gegebenheiten genügen: Die nachträgliche Ergänzung des Tarifvertrags setzt eine Einigung der Tarifparteien voraus, die vielfach daran scheitern würde, daß einer Tarifpartei die Unvollständigkeit des Tarifvertrags nicht ungelegen käme.[501] So mag die Arbeitgeberseite daran interessiert sein, daß der Vertrag nicht nachträglich um eine ihre Leistungspflichten erweiternde Klausel ergänzt wird. Die lückenhafte Regelung könnte auf diese Weise ein langes Leben entfalten. Würden die Tarifparteien und mit ihnen die Normadressaten auf eine spätere Ergänzung des Tarifvertrags durch die Tarifparteien selbst verwiesen, käme das häufig einem endgültigen Verzicht auf eine Behebung der Unvollständigkeit gleich. Diese Vorgehensweise stellt deshalb keine wirkliche Alternative zur richterlichen Fortbildung dar.

Damit steht fest, daß die Tarifautonomie der Rechtsfortbildung grundsätzlich ebensowenig entgegensteht, wie das bei Verträgen die Privatautonomie und bei Gesetzen das Prinzip der Gewaltenteilung tun. Hier wie dort ist die Rechtsfortbildung geboten, weil das Gesetz bzw. der Vertrag, das bzw. den der Richter seiner Entscheidung zugrundezulegen hat, mehr ist als die Summe der durch (einfache) Auslegung zu ermittelnden Regeln. Wie *Binder*[502] für die Gesetze herausgearbeitet hat, gehört zu dem anzuwendenden Regelwerk auch sein Geist und Zweck. Dieser kommt in den einzelnen Regeln zum Ausdruck, weist aber zugleich über sie hinaus.[503] Um ihm in vollem Umfang gerecht zu werden, darf der Richter Rechtsantworten nicht nur im Wege der Auslegung suchen. Er muß das, ohne ein Tätigwerden der Tarifparteien abzuwarten, auch rechtsfortbildend anhand der Wertungen und Prinzipien des Regelwerks tun.[504]

Der so verstandene materiell-rechtliche Geltungsanspruch der Normen findet auf prozessualer Ebene seine Entsprechung im Rechtsverweigerungs-

---

[501] Im Zusammenhang mit Nicht-Normenverträgen hält auch *Brox* (Die Einschränkung der Irrtumsanfechtung, S. 125) eine Einigung für zweifelhaft.

[502] Philosophie des Rechts, S. 985.

[503] *Heck* (AcP 112, 1914, S. 1, 230) und ihm folgend *D. Reinicke* (JuS 1964, 421, 426) sprechen hier von den sog. Fernwirkungen der Wertentscheidungen des Normgebers. Nur in der Terminologie anders nimmt *Betti* (Die Hermeneutik als allgemeine Methodik der Geisteswissenschaften, S. 18) einen Sinnüberschuß der normativen Werturteile an. In der Sache ähnlich auch RG, Urt. v. 29.10.09 - VII.24/1909, Gruchot 54, 386, 387: "Der erklärte Wille entscheidet. Erklärt ist auch das, was sich als selbstverständliche Folge aus dem ganzen Zusammenhange der getroffenen Abreden darstellt, wenn auch die Beteiligten nicht den demnächst eingetretenen Verlauf der Dinge in Betracht gezogen haben".

[504] So auch für die Fortbildung von Gesetzen BAG, Beschl. v. 16.3.62 - GS 1/61 (GS 2/61), E 13, 1, 14 = AP Nr. 19 zu § 1 HausarbTagsG Nordrh.-Westfalen, Bl. 98.

verbot.[505] Auch hiergegen verstößt der Richter, wenn er den Normadressaten die Fortbildung des Tarifvertrags anhand der immanenten Wertungen vorenthält.

2. Die Lücke als Voraussetzung für die Fortbildung des Tarifvertrags

a) Die Lücke als planwidrige Unvollständigkeit

Die Beantwortung der Frage, wann eine Lücke vorliegt, die die Fortbildung von Tarifnormen erlaubt, hat von dem Befund zu 1. auszugehen: Raum für die Fortbildung von Tarifnormen bleibt nur in dem durch den Willen der Tarifparteien, der ja über die einzelnen Regeln hinausweist, vorgegebenen Rahmen. Anders ausgedrückt liegt eine die Fortbildung erlaubende Lücke nur vor, wenn die auf die Tarifparteien zurückgehenden Wertungen und Prinzipien, die dem jeweiligen Tarifvertrag zugrundeliegen, eine Regelung verlangen, die nicht vorhanden ist. Nur wenn diese Voraussetzung erfüllt ist, ist die richterliche Fortbildung vom Willen der Tarifparteien gedeckt und damit hinreichend demokratisch legitimiert.

Der vorstehende Befund entspricht dem, was für Gesetze und (einfache) Verträge anerkannt ist. Eine die Fortbildung[506] erlaubende Lücke wird hier als eine dem Regelungsplan widersprechende Unvollständigkeit verstanden.[507] Auch hier steht hinter der Definition das Bemühen, den Bereich, in dem eine Fortbildung möglich ist, abzustecken und sie nur insoweit zuzulassen, daß bei Gesetzen nicht in die durch den Grundsatz der Rechts- und Gesetzesbindung (Art. 20 Abs. 3, 97 Abs. 1 GG[508]) und den Gewaltentei-

---

505 *Canaris*, Die Feststellung von Lücken im Gesetz, S. 55 f. m. w. Nachw.

506 Bei Verträgen wird meist von ergänzender Auslegung gesprochen, vgl. etwa *Brox*, Allgemeiner Teil des Bürgerlichen Gesetzbuchs, Rdnr. 136 f.; *Medicus*, Allgemeiner Teil des BGB, Rdnr. 338 ff.

507 Für die Fortbildung von Gesetzen vgl. *Canaris*, Die Feststellung von Lücken im Gesetz, S. 15 ff.; *Larenz*, Methodenlehre der Rechtswissenschaft, S. 358; für die ergänzende Vertragsauslegung vgl. BGH, Urt. v. 14.3.90 - VIII ZR 18/89, DB 1990, 1558, 1559; *Larenz*, Allgemeiner Teil des deutschen Bürgerlichen Rechts, § 29 I, S. 538; *Hefermehl* in Erman, Handkommentar zum BGB, § 157 Rdnr. 17; *Manfred Wolf* in Soergel, BGB, § 157 Rdnr. 123 f.; *Dilcher* in J. v. Staudingers Kommentar zum BGB, §§ 133, 157 Rdnr. 41.

508 *Wank* (Grenzen richterlicher Rechtsfortbildung, S. 88 f.) mißt diesen Vorschriften in diesem Zusammenhang keine Bedeutung bei, da sie keine näheren Angaben über die Voraussetzungen der Abweichung vom Gesetz sowie über die Grenzen des Richterrechts enthielten.

lungsgrundsatz geschützte Kompetenz des Gesetzgebers eingegriffen[509] oder gegen das Demokratieprinzip verstoßen wird.[510] Bei Verträgen geht es darum, einen Eingriff in die Privatautonomie zu vermeiden.[511] Die Kompetenzen der primär zur Regelung berufenen Organe würden unvermeidbar beeinträchtigt, wenn die Gerichte befugt wären, auch planentsprechende und damit auf den Gesetzgeber bzw. die Vertragsparteien zurückgehende Unvollständigkeiten zu beheben, was letztlich bedeutete, daß sie das jeweilige Regelwerk nach ihren Vorstellungen verbessern könnten.

Auch bei Tarifnormen läßt sich von einem Regelungsplan sprechen, dem die Unvollständigkeit des Tarifvertrags widersprechen muß. Dieser Regelungsplan wird - wie dargelegt - durch den Willen der Tarifparteien bestimmt.[512] Was die Ermittlung dieses Willens anbelangt, müssen dieselben Kriterien wie im Rahmen der Auslegung gelten. Im hier interessierenden Zusammenhang sind folgende Gesichtspunkte besonders bedeutsam: Zunächst kann sich aus dem tariflichen Bedeutungszusammenhang ergeben, daß die Tarifparteien ein bestimmtes Sachgebiet umfassend und erschöpfend regeln wollten. So geht das Bundesarbeitsgericht[513] davon aus, daß der Bundesangestelltentarifvertrag nach dem Willen seiner Verfasser alle Angestelltentätigkeiten des gesamten öffentlichen Dienstes erfassen soll. Zu Recht hat es hieraus den Schluß gezogen, daß eine ausfüllungsfähige Tariflücke vorliegt, wenn seine Regeln eine bestimmte Tätigkeit nicht erfassen.

Besondere Beachtung verdient weiter das höherrangige Recht, vor allem der Gleichheitssatz des Art. 3 GG.[514] Im Zweifel kann davon ausgegangen werden, daß die Tarifparteien Gleichartiges gleich behandelt wissen woll-

---

[509] Vgl. BVerfG, Beschl. v. 19.10.83 - 2 BvR 485, 486/80, E 65, 182, 196 f.; Beschl. v. 14.5.85 - 1 BvR 233, 341/81, E 69, 315, 371 f.; BAG , Beschl. v. 16.3.62 - GS 1/61 (GS 2/61), E 13, 1, 13 f. = AP Nr. 19 zu § 1 HausarbTagsG Nordrh.-Westfalen; *Sachs*, RdA 1989, 25, 35.

[510] BVerfG, Beschl. v. 9.5.72 - 1 BvR 518/62 und 308/64, E 33, 125, 158; *Gern*, VerwArch 1989, 415, 432; *Sachs*, RdA 1989, 25, 35.

[511] *Larenz*, Allgemeiner Teil des deutschen bürgerlichen Rechts, § 29 I, S. 543; *Manfred Wolf* in Soergel, BGB, § 157 Rdnr. 125.

[512] Für eine objektive Bestimmung, wie *Mayer-Maly* (in Münchener Kommentar zum BGB, § 157 Rdnr. 29) sie für die ergänzende Auslegung von Nicht-Normenverträgen vertritt, ist grundsätzlich kein Raum.

[513] Urt. v. 29.8.84 - 4 AZR 309/82, E 46, 292, 298 = AP Nr. 93 zu §§ 22, 23 BAT 1975; Urt. v. 10.10.84 - 4 AZR 411/82, E 47, 61, 67 = AP Nr. 95 zu §§ 22, 23 BAT 1975.

[514] Dem Prinzip der Gleichbehandlung messen für die Fortbildung von Gesetzen auch *Larenz* (Methodenlehre der Rechtswissenschaft, S. 365) sowie *Canaris* (JZ 1987, 543, 547) herausragende Bedeutung zu.

ten.[515] In Ermangelung anderweitiger Anhaltspunkte gilt deshalb: Haben die Tarifparteien für einen bestimmten Sachverhalt keine Regelung getroffen, obwohl er aus Sicht des Rechtsanwenders in bezug auf die zu beantwortende Frage mit einem anderen, geregelten Sachverhalt gleichartig ist, so kann davon ausgegangen werden, daß die Parteien den nicht geregelten Fall nicht bedacht haben. Die Unvollständigkeit widerspricht hier dem Regelungsplan der Parteien. Er verlangt, daß auch der ungeregelt gelassene Fall der Regelung unterstellt wird.[516]

Die Einbeziehung des Art. 3 GG, aber auch generell des höherrangigen Rechts in die Beurteilung, ob eine ausfüllungsfähige Lücke vorliegt, erweitert gleichsam die Möglichkeiten, Tarifnormen fortzubilden: Nach den getroffenen Feststellungen liegt eine ausfüllungsfähige Lücke nur vor, wenn die Unvollständigkeit dem auf die Tarifparteien zurückgehenden Regelungsplan widerspricht. Den Gerichten ist damit nur eine tarifimmanente Fortbildung gestattet. Eine tarifübersteigende, vom Regelungsplan der Tarifparteien gelöste Fortbildung, die an anderen Werten orientiert wäre, ist ihnen verwehrt. Indem nun aber der Regelungsplan der Tarifparteien auch im Hinblick auf höherrangiges Recht bestimmt wird, nähert sich die zulässige tarifimmanente der verbotenen tarifübersteigenden Fortbildung an.

Vorstehend haben wir gesehen, daß im Mittelpunkt auch der Frage, wann eine ausfüllungsfähige Lücke vorliegt, der Wille der Tarifparteien steht. Ebenso wie bei der Auslegung[517] kann dieser Wille jedoch nicht schrankenlos, sondern nur insoweit zugrundegelegt werden, wie die durch das Rechtsstaatsprinzip geschützten Interessen der Normadressaten das zulassen.[518] Im Regelfall kann er also nur insoweit maßgeblich sein, wie er sich mit dem Text des Tarifvertrags vereinbaren läßt. Maßgebend ist ein durch den Text modifizierter Wille. Als gewollt ist nur das anzusehen, was im Text einen Ausdruck gefunden hat.

Nach der Rechtsprechung des Bundesarbeitsgerichts[519] kann der Umstand, daß die Unvollständigkeit dem Willen der Tarifparteien zuwiderläuft, in einer Auslassung genügend zum Ausdruck kommen. Dieser Auffassung ist

---

[515] Auf S. 103 wurde bereits festgestellt, daß die Tarifparteien im Zweifel ein mit dem höherrangigen Recht im Einklang stehendes Normenwerk schaffen wollen.

[516] Hier zeigt sich bereits, daß die bei der Feststellung einer Lücke anzustellenden Überlegungen oft auch schon zur Ausfüllung der Lücke führen. Hierzu näher auf S. 134 ff.

[517] Vgl. oben auf S. 45 ff.

[518] In diesem Sinne bereits *Schwerin*, Die Auslegung von Tarifnormen, S. 62.

[519] Vgl. die in Fn. 443 angegebenen Entscheidungen.

zuzustimmen. Sie darf allerdings nicht dahin mißverstanden werden, daß schon das bloße Fehlen einer Regelung die Planwidrigkeit der Unvollständigkeit ausreichend erkennen läßt. Hinzukommen muß, daß die aus dem Tarifvertrag ersichtlichen Wertungen die Möglichkeit eröffnen, daß auch der ungeregelt gebliebene Sachverhalt einer Regelung bedarf. Das ist der Fall, wenn der Tarifvertrag erkennen läßt, daß er als abschliessende Regelung eines bestimmten Sachgebiets gedacht ist, zu dem auch der ungeregelte Sachverhalt gehört. Hier ist aus dem Tarifvertrag der Wille der Tarifparteien ersichtlich, den nicht geregelten Sachverhalt entsprechend den ihm verwandten Sachverhalten zu regeln. Einen Anhalt für die Annahme, daß die Unvollständigkeit dem Willen der Tarifparteien zuwiderläuft, bietet der Tarifvertrag auch dann, wenn in ihm ein gleichartiger Sachverhalt geregelt ist. Die entsprechende Norm kann so gedeutet werden, daß die Tarifparteien nur den ausdrücklich geregelten Sachverhalt gesehen haben, mit seiner Regelung aber alle so gelagerten Sachverhalte erfassen wollten.

b) Die bloß unbewußte Unvollständigkeit

Nach den vorangegangenen Überlegungen muß eine Unvollständigkeit, damit sie eine der Rechtsfortbildung zugängliche Lücke darstellt, planwidrig sein. Eine bloß unbedachte Unvollständigkeit genügt hierfür nicht; auch ein unbeabsichtigtes Ungeregeltlassen kann dem Regelungsplan der Parteien entsprechen. Das Bundesarbeitsgericht ist deshalb in einer Entscheidung vom 23. September 1981[520] vorschnell davon ausgegangen, daß der unbeabsichtigte Verzicht der Tarifparteien auf die Anrechnung der Teilnahme an Ausbildungsseminaren auf die Unterrichtsstunden teilzeitbeschäftigter Lehramtsanwärter eine Lücke des Tarifvertrags darstelle. Um diese Feststellung treffen zu können, hätte das Gericht zunächst prüfen müssen, ob der Verzicht nicht durch die aus anderen Tarifregelungen erkennbare Wertung gefordert wird, nur vollzeitbeschäftigte Personen zu entlasten. Entgegen der Auffassung des Gerichts hat sich die Frage, ob die von den Parteien nicht bedachte Unvollständigkeit den auf den Willen der Tarifparteien zurückgehenden Wertungen und Prinzipien entspricht, nicht erst im Rahmen der Lückenausfüllung gestellt, sondern bereits bei der Lückenfeststellung.

Ein Sonderfall der unbewußten Unvollständigkeit ist der, daß die Unvollständigkeit auf einer Teilnichtigkeit des Tarifvertrags beruht. Auch hier liegt eine ausfüllungsfähige Lücke nicht schon deshalb vor, weil die Parteien eine Regelung, wenn auch eine nichtige, angestrebt hatten. Damit eine Fortbil-

[520] 4 AZR 569/79, E 36, 218 ff. = AP Nr. 19 zu § 611 BGB Lehrer und Dozenten.

dung zulässig ist, muß die auf die Teilnichtigkeit zurückgehende Unvollständigkeit dem Regelungsplan deshalb widersprechen, weil dieser eine andere - wirksame - Regelung verlangt.[521]

c) Das Fehlen einer Regelung als dem Regelungsplan am besten entsprechende Gestaltung

Bei dem Merkmal "planwidrig" stellt sich die Frage, ob das Fehlen einer Bestimmung nur dann planwidrig ist, wenn es sich mit dem Regelungsplan nicht vereinbaren läßt. Danach würde es an einer planwidrigen Lücke selbst dann fehlen, wenn die Unvollständigkeit nur eine unter mehreren Gestaltungsmöglichkeiten, und zwar nicht einmal die naheliegendste, ist. Alternativ hierzu ist zu bedenken, ob die Planwidrigkeit nicht schon dann gegeben ist, wenn eine andere Gestaltung dem Regelungsplan besser als das Fehlen einer Regelung gerecht wird.[522] Für letzteres spricht die Überlegung, daß die Gerichte an den Willen der Tarifparteien gebunden sind, sofern sich dieser mit dem Text des Tarifvertrags vereinbaren läßt. Es liegt nahe, diese Bindung so zu verstehen, daß die Gerichte den Willen der Tarifparteien so weit wie möglich zu verwirklichen haben. Dazu gehört dann auch, den Tarifvertrag fortzubilden, wenn die ergänzte Fassung dem Willen der Tarifparteien besser gerecht wird als die ursprüngliche. Eine solche Fortbildung wahrt die Autonomie der Tarifparteien. Sie ist von ihnen vorgegeben, da ja der auf sie zurückgehende Regelungsplan danach befragt wird, welche Gestaltung ihm am besten gerecht wird.[523] Daß in dieser Feststellung eine Bewertung des Gerichts liegt, in die die persönlichen Kenntnisse und Erfahrungen der Richter einfließen, ist nicht zu übersehen. Das ist aber auch bei der Ermittlung des Regelungsplans und sogar bei der einfachen Auslegung[524] der Fall,

---

[521] Die Möglichkeit, daß die Teilnichtigkeit eines Vertrags eine ausfüllungsfähige Lücke zur Folge hat, sehen auch der BGH (vgl. Urt. v. 30.10.74 - VIII ZR 69/73, NJW 1975, 44, 45), *Herschel* (Festschrift für Erich Molitor, S. 161, 162) und *Larenz* (Allgemeiner Teil des deutschen Bürgerlichen Rechts, § 29 a, S. 538, Fn. 5). *Dilcher* (in J. v. Staudingers Kommentar zum BGB, § 157 Rdnr. 40) hingegen verneint sie ohne nähere Begründung.

[522] In diese Richtung weist die - vereinzelt gebliebene - Entscheidung des BAG v. 14.12.82 (3 AZR 251/80, E 41, 163, 171 f. = AP Nr. 1 zu § 1 BetrAVG Besitzstand).

[523] Zu Unrecht bezeichnete deshalb *Miltrup*, Die Auslegung von Tarifverträgen, S. 15 f., die ergänzende Auslegung als "Unterlegung".

[524] Vgl. hierzu *Herschel*, Festschrift für Erich Molitor, S. 161, 174 f.; für die Auslegung von Gesetzen auch *Larenz*, Festschrift für Arthur Nikisch, S. 275; *ders.*, NJW 1965, 1; *ders.*, Methodenlehre der Rechtswissenschaft, S. 299 f.; *Canaris*, JZ 1987, 543, 544; *Wieacker*, Gesetz und Richterkunst, S. 6 f.; *Esser*, Grundsatz und Norm in der richterlichen Fortbildung des Privatrechts, S. 150 f.; *Sauer*, Einführung in die Rechtsphilosophie, S. 100.

ohne daß hierin ein Hindernis für das Tätigwerden der Gerichte gesehen wird.

Zusammenfassend läßt sich feststellen, daß eine planwidrige Unvollständigkeit, die die Fortbildung des Tarifvertrags ermöglicht, gegeben ist, wenn eine bestimmte Regelung dem Regelungsplan besser gerecht wird als der Verzicht auf sie. Anderenfalls fehlt es an einer Lücke, so daß eine Fortbildung unterbleiben muß.

Zumeist wird sich die Frage, ob die Unvollständigkeit oder eine bestimmte Regelung dem Regelungsplan näher kommt, zugunsten einer der beiden Möglichkeiten beantworten lassen. Ist das ausnahmsweise nicht der Fall, weil beide Gestaltungsmöglichkeiten am Plan gemessen gleichwertig sind, läßt sich die Planwidrigkeit der Unvollständigkeit nicht nachweisen. Bei einem solchen "non liquet" muß eine Fortbildung unterbleiben.

Im Rahmen der Beurteilung, ob das Fehlen einer Regelung dem Plan am besten gerecht wird, ist zu beachten, daß jedem Tarifvertrag als Teil des Regelungsplans ein bestimmtes Verhältnis der Leistungen von Arbeitgeber- und Arbeitnehmerseite zugrundeliegt. Dieses Verhältnis können die Gerichte nicht wesentlich verändern, ohne dadurch den Regelungsplan anzutasten. Aus diesem Grund geht es beispielsweise nicht an, die in einem Tarifvertrag festgelegten Zahlungsverpflichtungen der Arbeitgeber im Wege der Fortbildung einseitig erheblich zu erweitern.[525] Den Arbeitgebern würden hier über das ausgehandelte Maß hinaus Zahlungen auferlegt, für das sie kein zusätzliches Entgelt erhielten. In einem solchen Fall wird die "Unvollständigkeit" des Tarifvertrags dem Willen der Tarifparteien insofern besser gerecht, als das ursprüngliche Leistungsverhältnis gewahrt bleibt. Eine Gefährdung der Existenz einzelner Arbeitgeber oder Arbeitnehmer, wie sie eine unvorhergesehene Ergänzung des Tarifvertrags mit sich bringen kann, wird vermieden. Da die Fortbildung in den meisten Fällen auf das zugrundeliegende Leistungsverhältnis einwirkt, bedeutet der aufgezeigte Gesichtspunkt eine erhebliche Einschränkung der Möglichkeiten richterlicher Fortbildung von Tarifverträgen.

Die Fortbildung von Tarifnormen ist deshalb aber nicht generell ausgeschlossen. In bestimmten Fällen, vor allem solchen, in denen die Unvollständigkeit des Tarifvertrags auf einen Verstoß gegen den Gleichheitssatz[526]

---

[525] So auch BAG, Urt. v. 20.4.77 - 4 AZR 732/75, E 29, 122, 133 = AP Nr. 111 zu Art. 3 GG mit zust. Anm. *Wiedemann/Willemsen*; *Schlüter/Belling*, Anm. zu BAG EzA § 242 BGB Gleichbehandlung Nr. 33 (=AP Nr. 54 zu § 242 BGB Gleichbehandlung).

[526] Die verbreitete Bezeichnung "gleichheitswidriger Begünstigungsausschluß" (vgl. etwa *Sachs*, RdA 1989, 25, 28) wird hier nicht verwendet, da sie den - falschen - Eindruck erweckt, als könne diese Fallgruppe allein durch die Einbeziehung der benachteiligten Gruppe in die

zurückgeht, kann der Gesichtspunkt, daß dem Tarif ein bestimmtes Verhältnis der beiderseitigen Leistungen zugrundeliegt, sogar für die Fortbildung sprechen.

Typisch für die Fälle des Gleichheitsverstoßes ist ein Sachverhalt, über den das Bundesarbeitsgericht am 13. November 1985[527] zu urteilen hatte. Hier sah der Tarifvertrag vor, daß an männliche verheiratete Arbeitnehmer eine Ehefrauenzulage in Höhe von 10,-- DM mtl. gezahlt werden sollte. Nach Auffassung des Gerichts verstieß diese Regelung aufgrund der Bevorteilung der männlichen Arbeitnehmer gegen Art. 3 Abs. 2 und 3 GG.[528] Außerhalb des Tarifrechts wird bei ähnlichen Gleichheitsverstößen im allgemeinen angenommen, daß das jeweilige Gleichbehandlungsgebot eine Einbeziehung der benachteiligten Gruppe, hier der weiblichen Arbeitnehmer, in die Begünstigung verlangt.[529] Da jedoch zumindest Art. 3 GG hierfür keinen Anhalt bietet,[530] hat sich das Bundesarbeitsgericht zu Recht statt für die sogenannte Angleichung nach oben für die Nichtigkeit der Regelung über die Ehefrauenzulage ausgesprochen (§ 134 BGB).[531] Der Tarifvertrag enthielt damit keine wirksame Regelung über die Zulage. Das Gericht hat daraufhin geprüft, ob insoweit eine Tariflücke vorliegt. Es hat sie indes mit der Erwägung verneint, daß aufgrund der Nichtigkeit der Zulagenregelung Lohngleichheit zwischen den Geschlechtern hergestellt sei.[532] In einer Entscheidung[533], die einen ähnlich gelagerten Sachverhalt betraf, hat es sich auch darauf gestützt, daß es nicht befugt sei, anstelle der unwirksamen Regelung eine andere, insgesamt möglicherweise viel höhere Kosten verursachende Bestimmung zu setzen. Diese Argumentation entspricht im Kern den oben angestellten Überlegungen, daß das Verhältnis der beiderseitigen

---

Begünstigung befriedigend gelöst werden.

527 4 AZR 234/84, E 50, 137 = AP Nr. 136 zu Art. 3 GG.

528 E 50, 137, 141; anders *Zuleeg* in seiner Anm. zu dieser Entscheidung (AP Nr. 136 zu Art. 3 GG). Er interpretiert die Zulagenregelung i. S. einer "Ehegattenzulage".

529 BAG, Urt. v. 30.11.82 - 3 AZR 214/80, AP Nr. 54 zu § 242 BGB Gleichbehandlung; Urt. v. 11.9.85 - 7 AZR 371/83, E 49, 346, 352 f. = AP Nr. 76 zu § 242 BGB Gleichbehandlung.

530 Anders *Zuleeg*, Anm. zu BAG, AP Nr. 136 zu Art. 3 GG, der die Notwendigkeit einer "Angleichung nach oben" aus dem Charakter als Grundrecht ableitet.

531 E 50, 137, 142.

532 E 50, 137, 142; ebenso *Sachs*, RdA 1989, 25, 34.

533 Urt. v. 20.4.77 - 4 AZR 732/75, E 29, 122, 133 = AP Nr. 111 zu Art. 3 GG mit zust. Anm. *Wiedemann/Willemsen*.

Leistungen nicht durch eine richterliche Fortbildung des Tarifs verändert werden darf.

Es ist jedoch fraglich, ob im Beispielsfall nicht gerade der Verzicht auf die Fortbildung das ausgehandelte Verhältnis von Arbeitgeber- und Arbeitnehmerleistungen beeinträchtigt. Indem die Arbeitgeberseite anders als von den Tarifparteien vorgesehen keinerlei Ehegattenzulagen zu erbringen hat, wirkt sich die Nichtigkeit der Zulagenregelung in Verbindung mit dem Verzicht auf die richterliche Fortbildung einseitig zu ihren Gunsten aus. Für die Arbeitnehmerseite findet eine "Angleichung nach unten"[534] statt. Anders als in den oben angesprochenen Fällen kann hier das ausgehandelte Leistungsverhältnis nur durch eine Fortbildung aufrechterhalten werden. Faßt man das Leistungsverhältnis - wie vorgeschlagen - als Teil des Regelungsplans auf, verlangt mithin dieser die Fortbildung des Tarifvertrags.

Im Beispielsfall könnte die Fortbildung wie folgt ausfallen: Aus dem Text des Tarifvertrags läßt sich ersehen, daß die Tarifparteien verheirateten Arbeitnehmern eine Zulage gewähren wollten. Daß diese Sonderzahlung nur für die männlichen Arbeitnehmer vorgesehen war, muß außer Betracht bleiben, da sich diese Absicht auch nicht im Rahmen der Fortbildung verwirklichen läßt. Ungeachtet der Beschränkung der Zahlung auf ein bestimmtes Geschlecht dürften die Tarifparteien eine Belastung der Arbeitgeber- und eine Begünstigung der Arbeitnehmerseite in bestimmter Größenordnung in Rechnung gestellt haben. Sie könnten sich etwa vorgestellt haben, daß die Zulage von 10,– DM mtl. an etwa 70.000 Männer zu zahlen ist, von den Arbeitgebern also 700.000,– DM mtl. aufzuwenden sind. Aus diesen Vorstellungen läßt sich folgender Regelungsplan herleiten, an dem die Fortbildung auszurichten ist: Die Arbeitgeber haben 700.000,– DM mtl. als Zulage an verheiratete Arbeitnehmer auszuzahlen. Unterstellt man nun, daß neben den 70.000,– Männern 30.000,– verheiratete Frauen, insgesamt also 100.000 verheiratete Arbeitnehmer vom Tarifvertrag erfaßt werden, so entfällt auf jeden verheirateten Arbeitnehmer eine Zulage von 7,– DM mtl. Im Rahmen der Fortbildung ist somit der Tarifvertrag dahin zu ergänzen, daß jeder verheiratete Arbeitnehmer eine monatliche Zulage von 7,– DM erhält.

Daß das Gericht - wie das Beispiel zeigt - für eine solche Fortbildung eine Reihe von Informationen benötigt, spricht nicht generell gegen sie. Werden diese Informationen dem Gericht nicht ohnehin von den Parteien des Rechtsstreits unterbreitet, können sie im Regelfall doch nach § 293 ZPO beschafft werden.[535]

---

[534] So *Sachs*, RdA 1989, 25, 33.

[535] Ähnlich BAG, Urt. v. 15.1.55 - 1 AZR 305/54, E 1, 258,272 = AP Nr. 4 zu Art. 3 GG; vgl. auch S. 108.

d) Das Eingreifen von Gesetzesrecht

Eine Lücke im Sinne einer planwidrigen Unvollständigkeit könnte weiter davon abhängen, daß kein Gesetzesrecht eingreift. Es entspricht allgemeiner Auffassung, daß eine richterliche Rechtsfortbildung unzulässig ist, wenn eine vom Tarifvertrag offen gelassene Frage durch Gesetzesrecht, gleich ob dispositiver oder zwingender Natur, geregelt wird. Die für Nicht-Normenverträge bestehende Streitfrage, ob hier schon keine Lücke vorliegt[536] oder aber eine bestehende Lücke durch das Gesetzesrecht ausgefüllt wird,[537] kann vernachlässigt werden. In jedem Fall scheidet eine Fortbildung aus.

e) Der bewußte Verzicht der Tarifparteien auf eine Regelung

In einigen Entscheidungen ist das Bundesarbeitsgericht davon ausgegangen, daß eine Tariffortbildung in Fällen, in denen die Tarifparteien eine regelungsbedürftige Frage bewußt tariflich ungeregelt gelassen haben, ohne Ausnahme unzulässig ist. In der Regel führt diese Auffassung zu richtigen Ergebnissen. Dennoch erscheint eine Differenzierung danach, weshalb die Frage offen geblieben ist, notwendig.[538] Beachtung verdient der Fall, daß die Tarifparteien auf eine Regelung verzichtet haben, um die Entscheidung den Gerichten zu überlassen.[539] Hier ist das Schweigen des Tarifvertrags kein "beredtes" im Sinne eines als endgültig gedachten Verzichts auf eine Regelung. Gemessen am Regelungsplan der Tarifparteien kann hier durchaus eine Unvollständigkeit und damit eine ausfüllungsfähige Lücke gegeben sein. Für Gesetze[540] und (einfache) Verträge[541] ist das längst anerkannt. Bei Tarifnormen ist keine andere Beurteilung gerechtfertigt. Die richterliche Fortbildung droht hier schon deshalb nicht in die Autonomie der Tarifparteien einzugreifen, weil diese die Beantwortung der Frage bewußt den Gerichten überlassen haben.

---

[536] So BGH, Urt. v. 10.7.63 - VIII ZR 204/61, BGHZ 40, 91, 103; *Dilcher* in J. v. Staudingers Kommentar zum BGB, §§ 133, 157 Rdnr. 40.

[537] So *Mayer-Maly* in Münchener Kommentar zum BGB, § 157 Rdnr. 34.

[538] So wohl auch *Wiedemann/Stumpf*, TVG, § 1 Rdnr. 417.

[539] Daß dieser Fall praxisrelevant ist, zeigt der Hinweis von *Neumann* (ArbuR 1985, 320), Vorsitzender des 4. Senats des BAG, der vornehmlich mit der Auslegung von Tarifverträgen befaßt ist.

[540] Vgl. *Larenz*, Methodenlehre der Rechtswissenschaft, S. 363.

[541] Vgl. BGH, Urt. v. 6.7.89 - III ZR 35/88, NJW-RR 1989, 1490, 1491.

Der Fortbildung durch die Gerichte könnte aber entgegenstehen, daß es den Tarifparteien verwehrt ist, sich der Gerichte zur Erfüllung einer Aufgabe zu bedienen, die in ihre eigene Zuständigkeit fällt. Eine solche Delegation eigener Aufgaben auf die staatlichen Gerichte ist unzulässig, da es dem Staat vorbehalten ist, Aufgaben und Zuständigkeit der Gerichte durch Gesetz festzulegen. Dementsprechend ist anerkannt, daß ein Gericht nicht Dritter im Sinne des § 317 BGB sein kann, dem es überlassen werden kann, eine Leistung nach billigem Ermessen zu bestimmen.[542] Es ist jedoch fraglich, ob die Parteien, wenn sie eine Frage offenhalten, um ihre Beantwortung den Gerichten zu überlassen, tatsächlich eine von ihnen zu erfüllende Aufgabe auf die Gerichte übertragen. Das wäre nur dann der Fall, wenn die Tarifparteien den Gerichten die Entscheidung der Frage überlassen würden. Hieran fehlt es jedoch, wenn - was generell Voraussetzung für die Rechtsfortbildung durch die Gerichte ist - ihre Beantwortung bereits durch den auf die Tarifparteien zurückgehenden Regelungsplan vorgegeben ist. Für die Gerichte bleibt dann nur, die von den Tarifparteien bereits getroffene, von ihnen selbst nur nicht zur Kenntnis genommene Entscheidung klarzustellen. Von einer Aufgabendelegation kann hier keine Rede sein. In eben diese Richtung weist auch die Rechtsprechung des Bundesgerichtshofs,[543] nach der ein Gericht im Rahmen von Nicht-Normenverträgen eine Leistungspflicht festlegen darf, wenn die Vertragsparteien einen objektiven Maßstab für die Leistung vereinbart haben.

Als Zwischenergebnis bleibt festzuhalten, daß eine anhand des Regelungsplans auszufüllende Lücke auch dann vorliegt, wenn die Tarifparteien eine Frage offengehalten haben, um ihre Beantwortung den Gerichten zu überlassen.

3. Die Ausfüllung einer Lücke

Die Überlegungen zur Frage, wann eine die Fortbildung des Tarifvertrags erlaubende Lücke vorliegt, geben zugleich Aufschluß darüber, wie eine festgestellte Lücke zu schließen ist. Es ist deutlich geworden, daß es bei der Fortbildung eines Tarifvertrags darum geht, den ihm zugrundeliegenden Regelungsplan so weit wie möglich zu verwirklichen. Für die Feststellung

---

[542] RG, Urt. v. 25.6.42 - II 25/42, RGZ 169, 232, 237; BGH, Urt. v. 5.1.55 - VI ZR 256/53, LM § 317 BGB Nr. 3; Urt. v. 14.10.77 - I ZR 119/76, LM § 339 BGB Nr. 21; *Söllner* in Münchener Kommentar zum BGB, § 317 Rdnr. 7; *Heinrichs* in Palandt, BGB, § 317 Anm. 1 b.

[543] Urt. v. 5.2.71 - V ZR 75/70, LM § 157 (Ge) BGB Nr. 14; ebenso *Söllner* in Münchener Kommentar zum BGB, § 317 Rdnr. 7; *Heinrichs* in Palandt, BGB, § 317 Anm. 1 b.

einer Lücke folgt hieraus, daß die Unvollständigkeit des Tarifvertrags seinem Regelungsplan *wider*sprechen muß; damit korrespondierend muß die Lückenausfüllung dem Regelungsplan *ent*sprechen, d. h. in der ihm am besten gerecht werdenden Weise erfolgen. Bei Lücken, die auf einer Teilnichtigkeit des Tarifvertrags beruhen, ist der Tarifvertrag so zu ergänzen, daß die dem Regelungsplan am besten entsprechende wirksame Regelung eingefügt wird.[544]

Die Verknüpfung von Lückenfeststellung und Lückenausfüllung haben auch *Larenz*[545] und *Canaris*[546] gesehen. Zu Recht gehen sie für die Fortbildung von Gesetzen davon aus, daß die bei der Feststellung einer Lücke anzustellenden Erwägungen oft auch schon zur Ausfüllung der Lücke führen.

Ein Beispiel hierfür bietet der Sachverhalt, der einer Entscheidung des Bundesarbeitsgerichts vom 9. Oktober 1956[547] zugrundelag: Die tarifliche "Vereinbarung über die Versetzung der Arbeitnehmer der Gebietskörperschaft Groß-Berlin in den Ruhestand und ihre Versorgung" vom 24. Januar 1949 sah für die in den Ruhestand versetzten Beschäftigten der Körperschaft ein Ruhegehalt vor. Nach der ursprünglichen Fassung des Tarifvertrags sollte seine Höhe allein vom Lebensalter und den letzten Bezügen des Beschäftigten abhängen. Auf die Dauer seiner Beschäftigung bei der Körperschaft sollte es nicht ankommen. Deshalb hätten die erst kurze Zeit bei der Körperschaft beschäftigten Personen das gleiche Ruhegehalt wie die seit langem bei ihr Tätigen beanspruchen können. Anders als die letztgenannnten hätten aber die Kurzzeitbeschäftigten aufgrund ihrer früheren Tätigkeit bei einem anderen Arbeitgeber vielfach eine zusätzliche Sozialrente erhalten. Ihre damit verbundene Besserstellung sollte durch § 48 des Tarifvertrags verhindert werden. Diese Vorschrift sah vor, daß andere Sozialrenten voll auf das von der Körperschaft zu zahlende Ruhegehalt angerechnet werden sollten.

Später wurde die Berechnung des von der Körperschaft zu zahlenden Ruhegehalts umgestellt: Nunmehr hing seine Höhe auch von der bei der Körperschaft verbrachten Dienstzeit ab. Durch diese Änderung ging die mit § 48 bezweckte Gleichstellung der seit langem und der erst kurze Zeit Beschäftigten verloren. Die Kurzzeitbeschäftigten erhielten von der Körperschaft ein geringeres Ruhegehalt. Einer Kompensation durch andere Sozialrenten stand deren volle Anrechnung auf das von der Körperschaft zu zahlende Ruhegehalt entgegen. Die Anrechnung nach § 48 des Tarifvertrags lief damit dem auf Gleichstellung aller Ruheständler gerichteten Regelungsplan der Tarifparteien zuwider. Das Bundesarbeitsgericht wertete es zu Recht als (nachträgliche, verdeckte) Lücke, daß die Anrechnung auch insoweit vorgesehen war, wie beide Renten zusammen das nach der gesamten Beschäftigungszeit zu berechnende Ruhegehalt nicht überstiegen. Die Aus-

---

544 Vgl. das Beispiel auf S. 131 f.

545 Methodenlehre der Rechtswissenschaft, S. 385.

546 Die Feststellung von Lücken im Gesetz, S. 71 f., 148 f.

547 3 AZR 643/54, E 3, 159 = AP Nr. 2 zu § 1 TVG Auslegung.

füllung der Lücke konnte nach den Überlegungen, die nötig waren, um sie festzustellen, nur im Hinzufügen der vermißten Einschränkung bestehen.

Eine Lückenausfüllung anhand des für Lückenfeststellung und -ausfüllung gleichermaßen verbindlichen Regelungsplans bedeutet nicht, daß es zu ermitteln gilt, wie die Tarifparteien die Unvollständigkeit mutmaßlich geregelt hätten, wenn sie die offene Frage bedacht hätten. Den Regelungsplan zu verwirklichen, heißt nicht, einen hypothetischen, sondern einen tatsächlich vorhandenen Willen zu verwirklichen, der freilich in erster Linie auf die Regelung anderer Fragen gerichtet ist, dabei jedoch über sie hinausweist. Da der Wille der Tarifparteien, auf den der Regelungsplan zurückgeht, nur berücksichtigt wird, soweit er sich mit Wortlaut und Bedeutungszusammenhang des Tarifvertrags vereinbaren läßt, weist der Regelungsplan auch normative Elemente auf. Das bedeutet jedoch nicht, daß für die Lückenausfüllung ein (rein) objektiver Vertragssinn maßgebend ist.[548] Im Rahmen der Lückenausfüllung anhand des Regelungsplans sind ebenso wie bei der am Willen der Tarifparteien ausgerichteten Tarifauslegung subjektive wie objektive Elemente maßgebend. Die Fortbildung steht wie die Auslegung zwischen einer ausschließlich an den Vorstellungen der Tarifparteien orientierten Tätigkeit und einer allein am Vertragstext ausgerichteten objektiven Vorgehensweise.

Die vorstehenden Überlegungen haben gezeigt, daß für die Ausfüllung von Tariflücken im Kern dieselben Erwägungen maßgeblich sind, die für die Ausfüllung von Gesetzeslücken anerkannt sind. Aus diesem Grund ist es sachgerecht, für die Ausfüllung von Tariflücken auf die für die Gesetzesfortbildung entwickelten Methoden zurückzugreifen. Das gilt vor allem für die Analogie und die teleologische Reduktion. Hinzu kommen Schlußverfahren wie "a maiore ad minus" und das "argumentum e contrario".[549]

4. Die Existenz mehrerer Gestaltungsmöglichkeiten

Häufig wird sich den Wertungen und Prinzipien des Tarifvertrags sowie des höherrangigen Rechts ein so weit konkretisierter Regelungsplan entnehmen lassen, daß nur die Ausfüllung der Lücke in einer bestimmten Weise mit ihm vereinbar ist; jede andere Lückenausfüllung würde ihm in diesem Fall nicht gerecht. Denkbar sind aber auch mehrere Gestaltungsmöglichkeiten, die sich mit dem Regelungsplan mehr oder weniger gut vereinbaren

---

[548] So aber *Mayer-Maly*, RdA 1988, 136, 137.

[549] Zu diesen und weiteren Verfahren im einzelnen *Larenz*, Methodenlehre der Rechtswissenschaft, S. 365 ff., sowie *Wolff/Bachof*, Verwaltungsrecht I, § 28 III d, S. 163 f.

lassen. Für diesen Fall ist fraglich, ob die Auswahl, welche der Gestaltungsmöglichkeiten zur Lückenausfüllung herangezogen werden soll, aufgrund der Autonomie der Tarifparteien diesen vorbehalten ist, so daß eine richterliche Fortbildung ausscheidet. Diese Fragestellung ist mit der bereits behandelten verwandt, ob überhaupt eine Lücke vorliegt, wenn das Fehlen einer Regelung eine unter mehreren Möglichkeiten ist, die der Regelungsplan zuläßt. Diese letzte Frage wurde oben[550] so beantwortet, daß die Bindung der Gerichte an den Willen der Tarifparteien es verlangt, daß sie - und nicht erst die Tarifparteien - die Gestaltungsmöglichkeit verwirklichen, die dem Regelungsplan am besten gerecht wird. Dieses Prinzip muß auch angewendet werden, wenn es im Rahmen der Lückenausfüllung um die Auswahl unter mehreren Gestaltungsmöglichkeiten geht. Die Gerichte sind verpflichtet, eine von ihnen festgestellte Tariflücke in der dem Regelungsplan am nächsten kommenden Weise zu schließen. Ein Eingriff in die Autonomie der Tarifparteien droht hier schon deshalb nicht, weil die Auswahl unter den Gestaltungsmöglichkeiten durch den Regelungsplan vorgegeben ist. Sie steht nicht im Ermessen der Richter. Deren Entscheidung ähnelt der gebundenen Entscheidung, wie sie aus dem Verwaltungsrecht bekannt ist.[551]

Entsprechen mehrere Gestaltungsmöglichkeiten dem Regelungsplan gleichermaßen, ist eine Lückenfüllung allein anhand der Wertungen des Tarifvertrags und des höherrangigen Rechts nicht möglich. Würde der Richter hier einer der Möglichkeiten den Vorzug geben, würde er den vom Regelungsplan abgesteckten Rahmen verlassen. Damit würde er - was ihm nicht gestattet ist - in die Autonomie der Tarifparteien eingreifen. Eine freie Entscheidung des Richters, wie *Achilles*[552] sie für zulässig zu halten scheint, ist ausgeschlossen. Sie wird auch nicht, wie *Achilles* meinen dürfte, für die Fortbildung von Gesetzen vertreten. Auch hier ist als Voraussetzung der Rechtsfortbildung anerkannt, daß die Rechtsordnung Wertentscheidungen, sei es auch nur in unvollkommener Form für eine Lösung in einem bestimmten Sinne ergibt.[553] Zutreffend führt *Brox*[554] aus, der Richter, der seine eigene Wertung in das Gesetz hineinlege, setze sich an die Stelle des Ge-

---

550 Vgl. S. 129 f.

551 Vgl. etwa *Wolff/Bachof*, Verwaltungsrecht I, § 31, S. 185 ff.; *Erichsen* in Erichsen/Martens, Allgemeines Verwaltungsrecht, § 12 II 1 a, S. 202.

552 Vgl. oben auf S. 121.

553 BGH, Urt. v. 19.9.89 - VI ZR 349/88, BGHZ 108, 305, 309; *Kirchhof* in Richterliche Rechtsfortbildung, S. 11 f.: "Rechtsprechen ist ... nicht ein ... aus eigener Autorität gerechtfertigtes Recht, sondern Aussprechen des vorgegebenen Rechts", ähnlich auf S. 14.

554 Die Einschränkung der Irrtumsanfechtung, S. 104.

setzgebers. Dadurch verstoße er gegen seine Gesetzesbindung und taste das Prinzip der Gewaltenteilung an. Selbst die Autoren, auf die sich *Achilles* beruft, lehnen eine freie Entscheidung des Richters ab. *Larenz*[555] etwa verpflichtet ihn, die der Gerechtigkeit am nächsten kommende Lösung zu wählen. An anderer Stelle[556] führt er aus, daß die Lösung mit Hilfe spezifisch rechtlicher Erwägungen zu erzielen sein muß. Nach Ansciht von *Brändl*[557] muß der Richter die leitenden Grundsätze des zu ergänzenden Gesetzes, die Harmonie des Rechtssystems und die herrschenden Kultur- und Gesellschaftsanschauungen berücksichtigen.

Die Unzulässigkeit einer Eigenwertung des Richters hat zur Folge, daß bei mehreren gleichwertigen Gestaltungsmöglichkeiten eine richterliche Tariffortbildung unterbleiben muß.[558,559] Daß die bis zu einem Eingreifen der Tarifparteien bestehende Unvollständigkeit des Tarifvertrags dem Regelungsplan weniger gerecht wird als die für die Lückenausfüllung zur Verfügung stehenden Gestaltungsmöglichkeiten, muß hingenommen werden. Dieser Zustand ist mißlich und sollte von den Tarifparteien umgehend behoben werden. Von einer Rechtsverweigerung im Verhältnis zu den Tarifunterworfenen - auf die sich etwa *Mayer-Maly* und *Wiedemann / Stumpf* berufen[560] - kann dennoch nicht die Rede sein. In Ermangelung ausreichender Vorgaben durch den Tarifvertrag und das höherrangige Recht fehlt es an einer hinreichend konkretisierten Regelung, die den Tarifunterworfenen vorenthalten wird.

Wegen der Existenz mehrerer gleichwertiger Gestaltungsmöglichkeiten wird eine richterliche Tariffortbildung jedoch nur ausnahmsweise ausschei-

---

[555] NJW 1965, 1, 9.

[556] Methodenlehre der Rechtswissenschaft, S. 387, 398, 410.

[557] In J. v. Staudingers Kommentar zum BGB, 11. Aufl., Einl. Bem. 72.

[558] Anschaulich hat *Schwerin* (Die Auslegung von Tarifverträgen, S. 68) formuliert: "Wo eine Auslegung (einschl. der erg. Auslegung, Anm. d. Verf.) aufhört, Tarifanwendung zu sein, da muß das Gericht jedenfalls dem Tarif gegenüber ein 'non liquet' sprechen. Auf S. 69 heißt es: "Lückenfüllung durch Entfaltung des Tarifvertrags ist zulässig, durch Ergänzung des Tarifvertrags aber ausgeschlossen".

[559] Ebenso für die ergänzende Auslegung von Nicht-Normenverträgen BGH, Urt. v. 4.6.70 - VII ZR 187/68, BGHZ 54, 106, 115; Urt. v. 10.1.74 - VII ZR 28/72, BGHZ 62, 83, 89 f.; Urt. v. 5.5.77 - VII ZR 36/76, WM 1977, 741, 743; Urt. v. 1.2.84 - VIII ZR 54/83, BGHZ 90, 69, 80; Urt. v. 6.2.85 - VIII ZR 61/84, BGHZ 93, 358, 370; Urt. v. 12.7.89 - VIII ZR 297/88, NJW 1990, 115, 116; *Hefermehl* in Erman, Handkommentar zum BGB, § 157 Rdnr. 25; *Manfred Wolf* in Soergel, BGB, § 157 Rdnr. 130; *Jauernig* in Jauernig, BGB, § 157 Anm. 2 c; *Heinrichs* in Palandt, BGB, § 157 Anm. 2 e cc.

[560] Vgl. oben auf S. 120.

den. In den meisten Fällen wird sich doch feststellen lassen, daß eine der Möglichkeiten dem Regelungsplan besser entspricht als die anderen. Keinesfalls darf sich der Richter seiner Verpfichtung zur Tariffortbildung dadurch entledigen, daß er vorschnell die Gleichwertigkeit mehrerer Gestaltungsmöglichkeiten bejaht.

C. Auslegung und Fortbildung von Bestimmungen über die Geltung des Tarifvertrags

Tarifverträge enthalten in der Regel Bestimmungen, die ihr Inkrafttreten, ihre Laufzeit und ihre Beendigung regeln. Faßt man diese Bestimmungen - wie die im Schrifttum überwiegende Meinung[561] - als Tarifnormen auf, versteht es sich von selbst, daß die vorstehend herausgearbeiteten Auslegungs- und Fortbildungsregeln auch auf sie anwendbar sind. Nichts anderes kann freilich gelten, wenn man die Bestimmungen mit *Zöllner*[562] sowohl von den Tarifnormen als auch von den schuldrechtlichen Regeln trennt und als eigene Kategorie der sog. Geltungsregelungen wertet. Indem die "Geltungsregelungen" z.B. verbindlich festlegen, wann ein Tarifvertrag in Kraft tritt, entfalten sie wie die Tarifnormen unmittelbare Wirkung nicht nur für die Tarifparteien, sondern auch noch für weitere Personen, vor allem für die Tarifunterworfenen. Deshalb ist bei ihnen die gleiche Interessenlage gegeben. Dieser Umstand rechtfertigt es, die für Tarifnormen geltenden Auslegungs- und Fortbildungsregeln auch dann auf die Geltungsregelungen anzuwenden, wenn diese selbst keine Tarifnormen sein sollten.

---

[561] Vgl. *Wiedemann/Stumpf*, TVG, § 1 Rdnr. 294; *Nipperdey* in Hueck/Nipperdey, Lehrbuch des Arbeitsrechts, II/1, § 15 VII, S. 300; *Nikisch*, Arbeitsrecht, 2. Bd., S. 308.

[562] Arbeitsrecht, § 33 I 3, S. 298; ebenso schon früher *Jacobi*, Grundlehren des Arbeitsrechts, S. 210.

Zweiter Abschnitt

Der schuldrechtliche Teil von Tarifverträgen

A. Die in Rechtsprechung und Schrifttum vertretenen Auffassungen

Die Frage, wie in einem Tarifvertrag enthaltene schuldrechtliche Regelungen auszulegen und gegebenenfalls fortzubilden sind, hat in Rechtsprechung und Literatur kaum Beachtung erfahren. Entscheidungen des Bundesarbeitsgerichts liegen hierzu noch gar nicht vor. In der Rechtslehre findet sich regelmäßig der knappe Hinweis, ihre Auslegung - gemeint sein dürfte damit auch die ergänzende Auslegung, also die Fortbildung - habe den für Verträge maßgeblichen Grundsätzen zu folgen; es gälten die §§ 133, 157 BGB.[563] Hiervon abweichend geht *Gröbing*[564] davon aus, daß die schuldrechtlichen Bestimmungen wie Tarifnormen auszulegen seien. Weil auch sie sich - auf indirekte Art - gegenüber Dritten auswirkten, sei eine einheitliche Auslegungsmethode für den ganzen Tarifvertrag gerechtfertigt.

B. Die eigene Konzeption

Schuldrechtliche Abreden in einem Tarifvertrag entfalten keine normative Wirkung. Sie entsprechen damit einem gewöhnlichen schuldrechtlichen Vertrag. Wie ein solcher Vertrag sind sie nach den in §§ 133, 157 BGB niedergelegten Grundsätzen auszulegen und fortzubilden. So gesehen sind die unter A. wiedergegebenen Stellungnahmen des Schrifttums zutreffend. Sie erfassen aber nur einen Teil der Wahrheit, indem sie nicht herausstellen, ob die Auslegung oder Fortbildung des schuldrechtlichen Teils im Vergleich

---

[563] So *Wiedemann/Stumpf*, TVG, § 1 Rdnr. 413; *Zilius* in Hagemeier/Kempen/Zachert/Zilius, TVG, Einl. Rdnr. 236 f.; *Nipperdey* in Hueck/Nipperdey, Lehrbuch des Arbeitsrechts, II/1, § 18 V 3 g, S. 360; *Maus*, TVG, § 1 Rdnr. 314.

[564] ZTR 1987, 236, 237 f.

zum normativen Teil Besonderheiten aufweist und worin diese gegebenenfalls bestehen. Wie oben[565] festgestellt, gelten auch für die Auslegung von Tarifnormen die §§ 133, 157 BGB. Das bedeutet jedoch nicht, daß normativer und schuldrechtlicher Teil in gleicher Weise auszulegen und fortzubilden sind. Ein wichtiger Unterschied besteht darin, daß es beim schuldrechtlichen Teil grundsätzlich nicht auf die Interessen am Vertragsschluß unbeteiligter Personen, etwa der Tarifunterworfenen, ankommt, welche die Auslegung und Fortbildung von Tarifnormen wesentlich mitbestimmen. In der Regel wirken nämlich schuldrechtliche Abreden in einem Tarifvertrag nur zwischen den Tarifparteien, weil nur für sie Rechte und Pflichten begründet werden.[566] Das gilt etwa für Vereinbarungen zur Kostentragung oder eine Bestimmung, nach der die eine Tarifpartei der anderen eine Vertragsstrafe zu zahlen hat, wenn sie den Tarifvertrag verletzt. Hier ist für die Auslegung und Fortbildung des schuldrechtlichen Teils allein der übereinstimmende Wille der Tarifparteien, hilfsweise ein unter Abwägung ihrer Interessen ermittelter normativer Wille[567] maßgebend. Anders als beim normativen Teil[568] besteht keine Einschränkung dahin, daß sich der Wille mit dem Text des Tarifvertrags vereinbaren lassen muß. Eine solche Begrenzung ließe sich nur mit den - hier unbeachtlichen - Interessen der Tarifadressaten, vor allem der Tarifunterworfenen, rechtfertigen. Das für Tarifverträge geltende Schriftformerfordernis, das nach verbreiteter Auffassung[569] auch im Interesse der Tarifparteien besteht, verlangt eine solche Einschränkung nicht. Soweit die Formvorschrift des § 1 Abs. 2 TVG den Interessen der Tarifparteien dient, muß es genügen, daß der Wille der Parteien *aus ihrer Sicht* hinreichenden Ausdruck im Text gefunden hat.

Ausnahmsweise können allerdings auch die schuldrechtlichen Bestimmungen Wirkung gegenüber Personen entfalten, die am Vertragsschluß nicht beteiligt gewesen sind. Das ist vor allem bei der Friedenspflicht der Fall. Nach der Rechtsprechung des Bundesarbeitsgerichts[570] und der im Schriftum

---

[565] Vgl. S. 45 ff.

[566] *Zöllner*, Arbeitsrecht, § 33 I 1, S. 297; *Schaub*, Arbeitsrechts-Handbuch, § 201 I 1, S. 1317; *Nipperdey* in Hueck/Nipperdey, Lehrbuch des Arbeitsrechts, II/1, § 12 I 1, S. 207.

[567] Hierzu auf S. 55 und 69 ff.

[568] Vgl. S. 45 ff.

[569] Vgl. *Wiedemann/Stumpf*, TVG, § 1 Rdnr. 98.

[570] BAG, Urt. v. 17.12.58 - 1 AZR 349/57, BAG AP Nr. 3 zu § 1 TVG Friedenspflicht; Urt. v. 31.10.58 - 1 AZR 632/57, E 6, 321 = AP Nr. 2 zu § 1 TVG Friedenspflicht; Urt. v. 14.11.58 - 1 AZR 247/57, AP Nr. 4 zu § 1 TVG Friedenspflicht.

überwiegenden Auffassung[571] bindet sie zwar nur die Parteien des Tarifvertrags, entfaltet aber gegenüber deren Mitgliedern immerhin Schutzwirkung. Bei einer Verletzung der Friedenspflicht können deshalb auch diese Mitglieder schadensersatzberechtigt sein.[572] Damit besitzen auch sie ein schutzwürdiges Interesse daran, sich über den Inhalt der Friedenspflicht informieren zu können. Die Regelungen über die Friedenspflicht sind deshalb auch mit Rücksicht auf ihre Interessen auszulegen und fortzubilden. Der Wille der Tarifparteien kann nur insoweit maßgeblich sein, wie er im Text des Tarifvertrags einen Niederschlag gefunden hat und sich mit ihm vereinbaren läßt. Der Umstand, daß die Friedenspflicht als solche nur selten ausdrücklich geregelt wird,[573] steht zu dieser Forderung nicht in Widerspruch. Was den üblichen Inhalt der Friedenspflicht anbelangt, nämlich die Verpflichtung, während der Dauer des Tarifvertrags von den Mitteln des Arbeitskampfes keinen Gebrauch zu machen, so wird man annehmen dürfen, daß eine solche Friedenspflicht in den Regelungen des normativen Teils, denen ein Arbeitskampf zuwiderlaufen würde, hinreichend zum Ausdruck kommt. Nur wenn die Tarifparteien eine Friedenspflicht mit einem anderen als dem üblichen Inhalt gewollt haben, ist ein darüber hinausgehender Ausdruck im Tarifvertrag erforderlich, damit ihr Wille beachtlich ist.

Die vorstehenden Überlegungen führen zu folgenden Grundsätzen für die Auslegung und Fortbildung des schuldrechtlichen Teils von Tarifverträgen:

Abreden, die wie die Friedenspflicht am Vertragsschluß nicht beteiligte Personen unmittelbar betreffen, sind anhand derselben Regeln auszulegen und fortzubilden, die auch für den normativen Teil gelten. Insoweit kann auf die obigen Ausführungen verwiesen werden.

Die Auslegung und Fortbildung der übrigen schuldrechtlichen Abreden, bei denen auf die Interessen Dritter keine Rücksicht genommen werden muß, weicht in einigen Punkten davon ab: Ihr Inhalt hängt zwar ebenfalls von der gesondert vorzunehmenden Auslegung der auf den Vertragsschluß gerichteten Willenserklärungen ab. Dabei sind die einzelnen Erklärungen jedoch ohne Einschränkung so auszulegen, wie sie entweder von allen Tarifparteien verstanden worden sind oder aber, wenn es hieran fehlt, wie sie von den Tarifparteien, an welche die jeweilige Erklärung gerichtet gewesen ist, bei Anwendung der zumutbaren Sorgfalt verstanden werden mußten.

---

[571] Vgl. etwa *Rüthers* in Brox/Rüthers, Arbeitskampfrecht, Rdnr. 220; *Wiedemann/Stumpf*, TVG, § 1 Rdnr. 328 jeweils m. w. Nachw.

[572] BAG, Urt. v. 31.10.58 - 1 AZR 632/57, E 6, 321 = AP Nr. 2 zu § 1 TVG Friedenspflicht, Urt. v. 14.11.58 - 1 AZR 247/57, AP Nr. 4 zu § 1 TVG Friedenspflicht.

[573] Vgl. etwa *Buchner*, AR-Blattei, [D] Tarifvertrag IX Auslegung, A II 1.

Für die Fortbildung dieser schuldrechtlichen Abreden ist wie beim normativen Teil eine dem Regelungsplan widersprechende Unvollständigkeit erforderlich.[574] Auch hat die Ausfüllung einer Lücke ebenfalls in der dem Regelungsplan am besten gerecht werdenden Weise zu erfolgen. Die Fortbildung unterscheidet sich von der des normativen Teils dadurch, daß der den Regelungsplan bestimmende Wille der Tarifparteien bei den schuldrechtlichen Abreden, um die es hier geht, auch dann beachtlich ist, wenn er dem Text des Tarifvertrags zuwiderläuft.

[574] Vgl. oben auf S. 125 ff.

Zweiter Teil

Die Auslegung und Fortbildung von Betriebsvereinbarungen

Erster Abschnitt

Der normative Teil von Betriebsvereinbarungen

A. Überblick

I. Die Auslegung

Die Stellungnahmen zur Auslegung des normativen Teils von Betriebsvereinbarungen[575] entsprechen weitgehend denen zur Auslegung von Tarifnormen. In der Rechtsprechung heißt es, Betriebsvereinbarungen seien wegen ihres normativen Charakters[576] wie Tarifnormen, diese wiederum wie Gesetze auszulegen.[577] Entsprechend den für Tarifnormen entwickelten Grundsätzen sei Ziel der Auslegung von Betriebsvereinbarungen, den wirklichen Willen der Betriebspartner zu erforschen, soweit dieser in der Betriebsvereinbarung einen Ausdruck gefunden habe.[578] Für die Feststellung eines vom

---

[575] Im folgenden wird hier von Betriebsnormen gesprochen.

[576] BAG, Urt. v. 23.10.85 - 4 AZR 119/84, AP Nr. 33 zu § 1 TVG Tarifverträge: Metallindustrie.

[577] BAG, Beschl. v. 27.5.82 - 6 ABR 105/79, E 39, 102, 106 f. = AP Nr. 3 zu § 80 ArbGG 1979; Urt. v. 23.10.85 - 4 AZR 119/84, AP Nr. 33 zu § 1 TVG Tarifverträge: Metallindustrie; Beschl. v. 13.10.87 - 1 ABR 51/86, AP Nr. 2 zu § 77 BetrVG 1972 Auslegung; Urt. v. 8.11.88 - 1 AZR 721/87, AP Nr. 48 zu § 112 BetrVG 1972.

[578] BAG, Urt. v. 4.3.82 - 6 AZR 594/79, AP Nr. 3 zu § 77 BetrVG 1972; Beschl. v. 27.5.82 - 6 ABR 105/79, E 39, 102, 106 = AP Nr. 3 zu § 80 ArbGG 1979; Beschl. v. 9.2.84 - 6 ABR 10/81, E 45, 132, 138 = AP Nr. 9 zu § 77 BetrVG 1972; Urt. v. 8.11.88 - 1 AZR 721/87, AP Nr. 48 zu § 112 BetrVG 1972.

Wortlaut abweichenden Willens sei - so das Bundesarbeitsgericht - kein Raum.[579]

Deshalb habe die Auslegung vom Wortlaut auszugehen.[580] Hernach komme es auf den Gesamtzusammenhang der Regelung an.[581] Dann noch bestehende Unsicherheiten will das Gericht mit Hilfe der Entstehungsgeschichte[582] und einer nachträglichen, zunächst nicht streitigen tatsächlichen Handhabung der Betriebsvereinbarung[583] beheben. Schließlich sei davon auszugehen, daß die Betriebspartner gesetzeskonforme Regeln treffen wollten.[584]

Im Schrifttum betonen die verschiedenen Autoren, unter ihnen *Hess*[585] und *Richardi*,[586] ebenfalls die Maßgeblichkeit des in der Betriebsvereinbarung zum Ausdruck kommenden Willens der Betriebspartner.[587] *Hess*[588] und *Richardi*[589] sprechen sich jedoch an anderer Stelle ihrer Stellungnahmen dafür aus, den objektiven Erklärungswert der Betriebsvereinbarung zu ermitteln: Es komme darauf an, wie ein mit den Umständen des Einzelfalls vertrauter Belegschaftsangehöriger die Vereinbarung verstanden habe.

---

579 BAG, Urt. v. 4.3.82 - 6 AZR 594/79, AP Nr. 3 zu § 77 BetrVG 1972; Beschl. v. 9.2.84 - 6 ABR 10/81, E 45, 132, 138 = AP Nr. 9 zu § 77 BetrVG 1972.

580 Urt. v. 21.3.68 - 5 AZR 299/67, AP Nr. 33 zu § 242 BGB Gleichbehandlung; Urt. v. 29.11.78 - 5 AZR 553/77, AP Nr. 7 zu § 112 BetrVG 1972.

581 BAG, Urt. 29.11.78 - 5 AZR 553/77, AP Nr. 7 zu § 112 BetrVG 1972; Beschl. v. 9.2.84 - 6 ABR 10/81, E 45, 132, 138 = AP Nr. 9 zu § 77 BetrVG 1972; Beschl. v. 13.10.87 - 1 ABR 51/86, AP Nr. 2 zu § 77 BetrVG 1972 Auslegung.

582 BAG, Urt. v. 21.3.68 - 5 AZR 299/67, AP Nr. 33 zu § 242 BGB Gleichbehandlung; Urt. v. 20.11.70 - 1 AZR 409/69, E 23, 62, 69 f. = AP Nr. 8 zu § 72 BetrVG; Beschl. v. 13.10.87 - 1 ABR 51/86, AP Nr. 2 zu § 77 BetrVG 1972 Auslegung.

583 BAG, Urt. v. 21.3.68 - 5 AZR 299/67, AP Nr. 33 zu § 242 BGB Gleichbehandlung.

584 BAG, Beschl. v. 27.5.82 - 6 ABR 105/79, E 39, 102, 107 = AP Nr. 3 zu § 80 ArbGG 1979.

585 In Hess/Schlochauer/Glaubitz, Komm. z. BetrVG, § 77 Rdnr. 31.

586 In Dietz/Richardi, BetrVG, § 77 Rdnr. 151.

587 *Fitting/Auffarth/Kaiser/Heither*, BetrVG, § 77 Rdnr. 24; *v. Hoyningen-Huene*, Betriebsverfassungsrecht, § 11 III 6, S. 200 f.; widersprüchlich *Kreutz*, BetrVG, Gemeinschaftskomm., § 77 Rdnr. 53 f., der zum einen verlangt, daß der Wille der Betriebspartner in der betreffenden Regelung erkennbaren Ausdruck gefunden hat, zum anderen meint, ein "eindeutiger" Wortlaut schließe die Sinnermittlung nach anderen Kriterien nicht aus.

588 In Hess/Schlochauer/Glaubitz, Komm. z. BetrVG, § 77 Rdnr. 31.

589 In Dietz/Richardi, BetrVG, § 77 Rdnr. 152.

II. Die Fortbildung

Zur Fortbildung von Betriebsvereinbarungen liegt nur eine Entscheidung des Bundesarbeitsgerichts[590] vor. Auch aus dem Schrifttum haben sich nur wenige Autoren[591] hierzu geäußert.

Die Fortbildung wird für zulässig gehalten, wenn die Betriebsvereinbarung planwidrig unvollständig ist.[592] Die dann vorliegende Lücke soll nach §§ 157, 242 BGB geschlossen werden, indem das Gericht die Regelung hinzufügt, welche die Vertragsparteien als vernünftige, redliche Partner nach Treu und Glauben vereinbart hätten.[593]

Nach Meinung von *Hess*[594] und *Richardi*[595] kommt eine richterliche Fortbildung nicht in Betracht, wenn sich die tatsächlichen oder rechtlichen Grundlagen einer Betriebsvereinbarung nachträglich ändern. Hier sei es Aufgabe der Betriebspartner, die erforderliche Angleichung vorzunehmen.

B. Die eigene Konzeption

I. Die Auslegung

1. Das Ziel der Auslegung

Bei Betriebsvereinbarungen besteht der gleiche Interessengegensatz zwischen den Vertragschließenden auf der einen Seite und den Normunterworfenen auf der anderen Seite wie bei Tarifnormen. Es liegt nahe, ihn in gleicher Weise anhand der §§ 133, 157 BGB zu lösen. Auch bei den Betriebsvereinbarungen könnte es grundsätzlich auf den Willen der Vertragschließenden, hier der Betriebspartner, ankommen. Grundlage hierfür ist bei den

---

[590] Beschl. v. 13.7.62 - 1 ABR 2/61, AP Nr. 3 zu § 57 BetrVG 1952.

[591] *Richardi* in Dietz/Richardi, BetrVG, § 77 Rdnr. 152; *Hess* in Hess/Schlochauer/Glaubitz, Komm. z. BetrVG, § 77 Rdnr. 32 f.; *Kreutz* in BetrVG, Gemeinschaftskomm., § 77 Rdnr. 58; *Thiele* in BetrVG, Gemeinschaftskomm., 3. Bearbeitung, § 77 Rdnr. 201.

[592] *Kreutz* in BetrVG, Gemeinschaftskomm., § 77 Rdnr. 58; *Thiele* in BetrVG, Gemeinschaftskomm., 3. Bearbeitung, § 77 Rdnr. 201.

[593] *Kreutz* in BetrVG, Gemeinschaftskomm., § 77 Rdnr. 58; ähnlich *Hess* in Hess/Schlochauer/Glaubitz, Komm. z. BetrVG, § 77 Rdnr. 33.

[594] In Hess/Schlochauer/Glaubitz, Komm. z. BetrVG, § 77 Rdnr. 32.

[595] In Dietz/Richardi, BetrVG, § 77 Rdnr. 152.

Tarifnormen neben § 133 BGB die Tarifautonomie. Ihr Schutzbereich umfaßt die Befugnis der Tarifparteien, gemeinsam kraft ihres Willens für einen bestimmten Personenkreis Recht zu setzen. Diese Befugnis und damit die Tarifautonomie droht beeinträchtigt zu werden, wenn die Rechtsordnung den von den Tarifparteien geschaffenen Rechtsnormen eine andere Bedeutung beilegt als die von den Tarifparteien gemeinsam gewollte.[596]

Die Tarifautonomie schützt nur den Willen der Tarifparteien, nicht den der Betriebspartner. In bezug auf deren Willen könnten jedoch andere Verfassungsvorschriften eine entsprechende Wirkung entfalten. Soweit es um den Willen des Arbeitgebers geht, greift zunächst Art. 14 GG ein: Diese Vorschrift schützt das Eigentum des Arbeitgebers am Unternehmen[597] und gewährleistet damit, daß er die Abläufe im Unternehmen mitgestalten kann. Dazu gehört auch, daß er Einfluß auf Betriebsvereinbarungen nehmen, ihren Inhalt nach seinem Willen mitbestimmen kann. Das schließt aus, ihm generell eine Bedeutung der Betriebsvereinbarung aufzunötigen, die er nicht gewollt hat.

Art. 14 GG stellt indes nur die Maßgeblichkeit des Willens des Arbeitgebers sicher. Den Willen beider Betriebspartner könnte dagegen Art. 2 Abs. 1 GG[598] schützen: § 77 Abs. 2 und 4 BetrVG räumt den Betriebspartnern die Möglichkeit ein, ihrem Willen in Form objektiven Rechts Geltung zu verschaffen. Machen die Betriebspartner von dieser Möglichkeit Gebrauch, wird ihr Vorgehen wie jedes menschliche Tun durch Art. 2 Abs. 1 GG geschützt. Beide Betriebspartner entfalten die durch diese Vorschrift gewährleistete Handlungsfreiheit.[599] Was den Arbeitgeber anbelangt, so entfaltet er eigene Handlungsfreiheit. Für den Betriebsrat gilt dasselbe, wenn - wie teilweise angenommen wird - ihm selbst die betriebsverfassungsrechtlichen

---

[596] Vgl. S. 69.

[597] *Papier* in Maunz/Dürig, Komm. z. GG, Art. 14 Rdnr. 186; *ders.*, VVDStRL 35 (1977), S. 55 ff.; *Bryde* in v. Münch, GG-Komm., Art. 14 Rdnr. 22; *Friauf/Wendt*, Eigentum am Unternehmen, S. 25 ff.; *Meyer-Abich*, Der Schutzzweck der Eigentumsgarantie, S. 78 ff.

[598] Art. 12 GG ist hier nicht berührt, weil es der Aufnötigung einer nicht gewollten Bedeutung an der von Bundesverfassungsgericht (Beschl. v. 18.7.79 - 2 BvR 488/76, E 52, 42, 54; Beschl. v. 15.7.80 - 1 BvR 24/74 und 439/79, E 55, 7, 25 f.; Beschl. v. 19.6.85 - 1 BvL 57/79, E 70, 191, 214) und Schrifttum (*Jarass* in Jarass/Pieroth, Grundgesetz für die Bundesrepublik Deutschland, Art. 12 Rdnr. 11) geforderten berufsregelnden Tendenz fehlt.

[599] Das BVerfG (Beschl. v. 23.4.86 - 2 BvR 487/80, E 73, 261, 271 ff.) zieht insoweit die Privatautonomie der Betriebspartner heran. Dieses Vorgehen ist deshalb bedenklich, weil der Betriebsrat nach verbreiteter Auffassung (*Kreutz*, Grenzen der Betriebsautonomie, S. 99 ff.; *Canaris*, JuS 1989, 161, 167) nicht privatautonom, sondern privatheteronom tätig wird.

Beteiligungsrechte zustehen, er also kraft eigener Kompetenz tätig wird.[600] Stehen die Mitwirkungs- und Mitbestimmungsrechte der Belegschaft insgesamt[601] oder aber den einzelnen Arbeitnehmern[602] zu und sind sie dem Betriebsrat nur zur Ausübung zugewiesen, macht dieser nur dann von eigener Handlungsfreiheit Gebrauch, wenn die Wahrnehmung fremder Rechte Teil der eigenen Handlungsfreiheit ist. In jedem Fall entfaltet aber der Betriebsrat, der Rechte der jeweils handlungsunfähigen Belegschaft bzw. der einzelnen Arbeitnehmer ausübt, deren, also fremde Handlungsfreiheit. Wird er hierin, etwa durch die Aufnötigung einer nicht gewollten Bedeutung eingeschränkt, ist der Schutzbereich des Art. 2 Abs. 1 GG betroffen.[603]

Als Zwischenergebnis läßt sich festhalten, daß die grundsätzliche Maßgeblichkeit des Willens beider Betriebspartner für die Auslegung von Betriebsvereinbarungen durch Art. 2 Abs. 1 GG gewährleistet ist. Auf Seiten des Arbeitgebers kommt ein Schutz durch Art. 14 GG hinzu.

Grenzen sind der Maßgeblichkeit des Willens der Betriebspartner durch die verfassungs-, vor allem verhältnismäßigen einfachrechtlichen Normen gezogen. Für Art. 14 GG ergibt sich das aus Abs. 1 Satz 2 GG, für Art. 2 Abs. 1 GG aus der Begrenzung durch die verfassungsmäßige Ordnung.[604] Von Bedeutung sind die Schranken in zweierlei Hinsicht: Zunächst ist das Recht der Betriebspartner, durch Betriebsvereinbarungen kraft ihres Willens Recht für die Belegschaftsangehörigen zu setzen, durch § 77 Abs. 2 S. 1 BetrVG so ausgestaltet, daß es ein gemeinsames Tätigwerden voraussetzt. Danach ist der Wille eines jeden Betriebspartners für sich genommen unbeachtlich. Von Bedeutung ist nur ihr gemeinschaftlicher Wille. Für die Er-

---

[600] *Kreutz*, Grenzen der Betriebsautonomie, S. 30; *Gaul*, Aktuelle Aspekte des Arbeitsrechts, S. 365, 373; *Heinze*, ZfA 1988, 53, 62; *Fitting/Auffarth/Kaiser/Heither*, BetrVG, § 1 Rdnr. 94.

[601] BAG, Beschl. v. 27.6.89 - 1 ABR 28/88, SAE 1990, 162, 164; *Thiele* in BetrVG, Gemeinschaftskomm., 3. Bearbeitung, Einl. Rdnr. 52; *Däubler*, ArbuR 1982, 6, 9; *Zöllner*, Arbeitsrecht, § 45 II, S. 417; *Spielbüchler* in Festschrift für Rudolf Strasser, S. 613, 620 f.; *Nebel*, Die Normen des Betriebsverbandes am Beispiel der ablösenden Betriebsvereinbarung, S. 86.

[602] So *Nipperdey* in Hueck/Nipperdey, Lehrbuch des Arbeitsrechts, II/2, § 52 A I 3, S. 1085 f.; *Weitnauer* in Festschrift für Konrad Duden, S. 705, 709 f.; *Paschke*, AcP 187, 60, 76; *Belling/Liedmeier*, Anm. zu BAG, SAE 1990, S. 162, 168 ff.

[603] Auch *Canaris* (JuS 1989, S. 161, 166) meint, eine vom realen Willen abgelöste Vertragsauslegung schränke die durch Art. 2 Abs. 1 GG geschützte Privatautonomie ein; enger BVerfG, Beschl. v. 23.4.86 - 2 BvR 487/80, E 73, 261, 271 ff. (vgl. hierzu Fn. 104).

[604] Vgl. hierzu BVerfG, Urt. v. 16.1.57 - 1 BvR 253/56, E 6, 32, 37 ff.; Beschl. v. 5.11.80 - 1 BvR 290/78, E 55, 159, 165; Beschl. v. 27.1.83 - 1 BvR 1008/79, 322/80 und 1091/81, E 63, 88, 108 f.

mittlung dieses Willens kann auf die Ausführungen zur Feststellung eines gemeinschaftlichen Willens der Tarifpartner verwiesen werden.[605] Fällt der innere Wille der Betriebspartner auseinander, dürfte es auch hier dem verfassungsrechtlich geschützten Interesse der Betriebspartner, kraft ihres gemeinsamen Willens Recht zu setzen, am besten entsprechen, einen normativen Willen heranzuziehen, der unter Abwägung ihrer Interessen, nicht der der Belegschaftsangehörigen, ermittelt wurde.

Auch der gemeinschaftliche Wille der Betriebspartner ist jedoch für die Auslegung nur mit Einschränkungen maßgeblich. Grenzen ergeben sich insoweit aus § 157 BGB, der bei den Betriebsvereinbarungen Raum für eine Berücksichtigung der Interessen der Belegschaftsangehörigen läßt.[606] Unter Einbeziehung der Wertungen des Rechtsstaatsprinzips begrenzt diese Vorschrift die Bedeutung des Willens der Betriebspartner dahin, daß ihr Wille nur insoweit Ziel der Auslegung ist, wie er aus den Umständen hervorgeht, die für die Normunterworfenen erkennbar sind. Es liegt nahe, diese Erkennbarkeit generell zu bejahen, da die Belegschaftsangehörigen die Möglichkeit haben, über den Arbeitgeber auch an nicht allgemein zugängliche Informationen zu gelangen. Aufgrund seiner Fürsorgepflicht wird man den Arbeitgeber als verpflichtet ansehen müssen, die Arbeitnehmer bei Bedarf über den Inhalt von Betriebsvereinbarungen zu unterrichten.[607]

Wie bei den Tarifnormen ist trotz dieser Möglichkeit ein schutzwürdiges Interesse der am Vertragsschluß unbeteiligten Normunterworfenen, der Belegschaftsangehörigen, an einer dem Text des Normenvertrags entsprechenden Bedeutung anzuerkennen. Bei den Tarifnormen folgt das aus den §§ 1 Abs. 2 und 8 TVG, welche die Wertung des Gesetzgebers erkennen lassen, daß sich die Normunterworfenen grundsätzlich auf den Tarifvertragstext verlassen dürfen und nicht verpflichtet sind, ihn anhand anderweitig verfügbarer Informationen auf seine Richtigkeit zu überprüfen. An die Stelle der §§ 1 Abs. 2 und 8 TVG tritt bei den Betriebsvereinbarungen § 77 Abs. 2 BetrVG. Er enthält ein entsprechendes Schriftformerfordernis (Satz 1) und ein nahezu gleichlautendes Gebot, den Vertragstext an geeigneter Stelle auszulegen (Satz 3). § 77 Abs. 2 BetrVG führt dazu, daß der Wille der Betriebspartner im Regelfall nur insoweit maßgeblich ist, wie er mit dem Text der Betriebsvereinbarung in Einklang steht. Darüber hinaus ist er

---

[605] Hierzu auf S. 55 und 69 ff.

[606] Damit übereinstimmend nimmt *Canaris* (JuS 1989, S. 161, 166) an, die Einschränkung der durch Art. 2 Abs. 1 GG geschützten Privatautonomie durch eine vom realen Willen abgelöste Vertragsauslegung könne durch die Prinzipien des Verkehrs- und Vertrauensschutzes legitimiert werden.

[607] Vgl. S. 58 f.

nur dann von Bedeutung, wenn die Belegschaftsangehörigen des Schutzes durch diese Einschränkung ausnahmsweise nicht bedürfen.

Entsprechend den obigen Ausführungen zur Auslegung von Tarifnormen entfällt hier ein schutzwürdiges Interesse an einer dem Vertragstext entspechenden Normbedeutung einmal dann, wenn der Text offensichtlich unrichtig ist. Drängt sich den Belegschaftsmitgliedern die Unrichtigkeit des Textes auf, ohne daß sie insoweit Anstrengungen entfalten müssen, dürfen sie die Augen vor dieser Erkenntnis nicht verschließen. § 77 Abs. 2 BetrVG steht dem nicht entgegen. In dieser Vorschrift kommt nur zum Ausdruck, daß es den Belegschaftsangehörigen grundsätzlich nicht obliegt, den Vertragstext auf seine Richtigkeit zu überprüfen.

Ein schutzwürdiges Interesse an einer dem Vertragstext entsprechenden Bedeutung entfällt weiter dann, wenn die von den Betriebspartnern gewollte Normbedeutung für sämtliche Belegschaftsangehörigen günstiger ist als die aus dem Vertragstext ersichtliche Bedeutung. Ist diese Voraussetzung, was nicht selten der Fall sein dürfte, erfüllt, ist für die Auslegung allein der Wille der Betriebspartner maßgeblich. Der Gesichtspunkt der Günstigkeit gewinnt anders als bei Tarifverträgen bei allen Betriebsvereinbarungen Bedeutung. Die dafür erforderliche Voraussetzung, daß neben der Arbeitnehmerseite, für die ja der Wille der Betriebspartner vorteilhafter als der Text ist, auch die Arbeitgeberseite kein schutzwürdiges Interesse an einer dem Text entsprechenden Bedeutung hat, ist hier stets gegeben. Wie bei einem Firmentarif ist der Arbeitgeber nicht schutzwürdig, weil er als Vertragspartei weiß oder doch wissen muß, worauf er sich mit dem Betriebsrat geeinigt hat.

2. Die Auslegungskriterien

Wie bei den Tarifnormen sind auch bei der Auslegung von Betriebsvereinbarungen zwei Kriterien von Bedeutung, nämlich der Text der Betriebsvereinbarung und der Wille der Betriebspartner.

Hinsichtlich des Textes kann auf die obigen Ausführungen[608] zur Tarifauslegung verwiesen werden. Besonderheiten der Betriebsvereinbarungen, denen Rechnung getragen werden müßte, bestehen insoweit nicht.

Auch in bezug auf den Willen der Betriebspartner gelten die oben angestellten Überlegungen[609] entsprechend. Die Erkenntnisquellen sind weitge-

---

[608] Vgl. S. 95 ff.

[609] Vgl. S. 101 ff.

hend die gleichen. Neben dem Wortsinn des auszulegenden Ausdrucks kann zunächst der Bedeutungszusammenhang, in dem der Ausdruck steht, aufschlußreich sein. Außer dem Text der Betriebsvereinbarung umfaßt dieser Bedeutungszusammenhang die anderen im selben Betrieb geltenden Betriebsvereinbarungen sowie das höherrangige Recht einschließlich des Tarifrechts. Von besonderer Bedeutung sind die höherrangigen Normen, an welche die Betriebspartner gebunden sind. Für sie kann in besonderem Maße davon ausgegangen werden, daß der Wille der Betriebspartner darauf gerichtet gewesen ist, ihnen zu entsprechen, um die Wirksamkeit der Betriebsvereinbarung nicht zu gefährden. Zu dem höherrangigen Recht, an das nicht nur die Tarifparteien, sondern auch die Betriebspartner gebunden sind, gehören entgegen der Auffassung des Bundesverfassungsgerichts[610] auch die Grundrechte. Wie die tarifliche ist auch die betriebliche Rechtsetzung mit ähnlichen Gefahren für die rechtlich anerkannten Individualinteressen der Normunterworfenen verbunden wie die staatliche Gesetzgebung. Altersgrenzen etwa, die den Arbeitnehmern die Möglichkeit zu weiterer Berufstätigkeit nehmen und damit die Berufs- und Arbeitsfreiheit begrenzen, finden sich nicht nur in Tarifverträgen, sondern auch in Betriebsvereinbarungen.[611] Das Schutzbedürfnis der Belegschaftsangehörigen, das aus der drohenden Beeinträchtigung ihrer Interessen durch Betriebsvereinbarungen erwächst, verlangt, daß sich auch die Rechtsetzung der Betriebspartner an den Grundrechten messen lassen muß. Zu eben diesem Ergebnis gelangt auch *Canaris*,[612] der Konflikte zwischen Mehrheitswillen und Minderheitsinteressen voraussieht, "auf die die Grundrechte ihrem Schutzzweck nach durchaus passen".

Aufschluß über den Willen der Betriebspartner können - wie bei Tarifnormen - auch etwaige Niederschriften über die Verhandlungen geben, die dem Abschluß der Betriebsvereinbarung vorausgegangen sind. In der Regel werden diese Verhandlungen auf der Betriebsebene aber weniger genau dokumentiert sein, als das bei Tarifverhandlungen üblich ist. Häufig wird deshalb der Aussagewert solcher Materialien, wenn sie überhaupt vorhanden sind, gering sein.

Hinweise auf den Willen der Betriebspartner können weiter Auskünfte der an den Verhandlungen beteiligten Personen, ein Vergleich mit etwaigen Vorläuferbestimmungen oder eine betriebliche Übung geben. Der betrieb-

---

610 Beschl. v. 23.4.86 - 2 BvR 487/80, BVerfGE 73, 261, 268 f.

611 Vgl. BAG, Urt. v. 20.11.87 - 2 AZR 284/86, E 57, 30 = AP Nr. 2 zu § 620 BGB Altersgrenze; *Schlüter/Belling*, NZA 1988, 297, 302.

612 JuS 1989, 161, 167.

lichen Übung kommt im Vergleich zur Tarifübung eine größere Bedeutung zu. Bei einer Übung, die sich erst nach Inkrafttreten der Betriebsvereinbarung entwickelt hat, steht hier - anders als bei der Tarifübung - fest, daß sie mit Kenntnis und Billigung der Vertragsparteien, hier der Betriebspartner, entstanden ist.

Betriebsvereinbarungen, die in anderen Betrieben geschlossen worden sind, sind zur Ermittlung des Willens der Betriebspartner nur selten geeignet. Nur wenn Anhaltspunkte dafür gegeben sind, daß sie den Betriebspartnern bei Abschluß ihrer Vereinbarung bekannt waren, darf angenommen werden, daß die Betriebspartner sie bei ihrer Willensbildung berücksichtigt haben. Nur dann sind Abweichungen oder Übereinstimmungen auslegungserheblich.

II. Die Fortbildung

So wie die Auslegung von Betriebsvereinbarungen der von Tarifnormen entspricht, ist auch kein Grund dafür ersichtlich, ihre Fortbildung unterschiedlich zu handhaben. Ist eine Betriebsvereinbarung nach dem ihr zugrundeliegenden Regelungsplan der Betriebspartner, der grundsätzlich mit dem Text der Vereinbarung in Einklang stehen muß, unvollständig, darf sie ergänzt werden. Hinzuzufügen ist die nach dem Plan fehlende, ihm am besten gerecht werdende Regelung. Diese Ergänzung ist vom Regelungsplan vorgegeben. Da der Plan wiederum auf die Betriebspartner zurückgeht, greift die richterliche Fortbildung nicht in die Kompetenzen der Betriebspartner ein. Aus diesem Grund besteht kein Anlaß, die Fortbildung den Betriebspartnern vorzubehalten, wie das *Hess*[613] und *Richardi*[614] für den Fall vertreten, daß die Lücke auf einer nachträglichen Änderung der tatsächlichen oder rechtlichen Grundlagen der Betriebsvereinbarung beruht.

---

613 In Hess/Schlochauer/Glaubitz, Komm. z. BetrVG, § 77 Rdnr. 32.

614 In Dietz/Richardi, BetrVG, § 77 Rdnr. 152.

Zweiter Abschnitt

Der schuldrechtliche Teil von Betriebsvereinbarungen

Im arbeitsrechtlichen Schrifttum ist umstritten, ob Betriebsvereinbarungen auch schuldrechtliche Abreden zwischen den Betriebspartnern enthalten können.[615] Geht man hiervon mit der wohl überwiegenden Meinung aus, gelten für ihre Auslegung und Fortbildung die Grundsätze entsprechend, die für den schuldrechtlichen Teil von Tarifverträgen befürwortet wurden.[616] Besonderheiten, die eine Abweichung von diesen Grundsätzen rechtfertigen würden, sind nicht gegeben.

---

[615] Bejahend *Richardi* in Dietz/Richardi, BetrVG, § 77 Rdnr. 45, 136; *Zöllner*, Arbeitsrecht, § 46 II 3, S. 433; *Söllner*, Grundriß des Arbeitsrechts, § 22 III 2; *Löwisch* in Galperin/Löwisch, Komm. z. BetrVG, § 77 Rdnr. 59; *v. Hoyningen-Huene*, Betriebsverfassungsrecht, § 11 III 4, S. 188; *Hess* in Hess/Schlochauer/Glaubitz, Komm. z. BetrVG, § 77 Rdnr. 8; *Thiele* in BetrVG, Gemeinschaftskomm., 3. Bearbeitung, § 77 Rdnr. 183 ff; verneinend *Herschel*, RdA 1948, S. 47 f.; *Kreutz* in BetrVG, Gemeinschaftskomm., Rdnr. 158; wohl auch *Fitting/Auffarth/Kaiser/Heither*, BetrVG, § 77 Rdnr. 18.

[616] Vgl. S. 140 ff.

Zusammenfassung der wichtigsten Ergebnisse

I. 1. Für die *Auslegung von Tarifnormen* fehlen, wie überhaupt für Normenverträge, spezielle gesetzliche Auslegungsregeln. Die vertragliche Entstehung von Tarifnormen legt es nahe, sie wie Nicht-Normenverträge anhand der §§ 133, 157 BGB auszulegen.

2. Die §§ 133, 157 BGB regeln gemeinsam die Auslegung von Willenserklärungen. Damit sind sie auch für den Inhalt von Verträgen maßgebend. Stimmt nämlich die Bedeutung der auf einen Vertragsschluß gerichteten Erklärungen überein, steht zugleich der Inhalt des Vertrags fest.

Die §§ 133, 157 BGB ergänzen einander, setzen aber unterschiedliche Akzente: § 133 BGB gibt als Auslegungsziel den inneren Willen des Erklärenden vor. § 157 BGB begrenzt die Maßgeblichkeit dieses Willens, indem er es ermöglicht, auch die Belange der Erklärungsempfänger zu berücksichtigen, also der Personen, die durch die Erklärung in ihren rechtlich geschützten Interessen betroffen sind. Regelmäßig gilt danach die Erklärung so, wie die Erklärungsempfänger sie bei der ihnen zumutbaren Sorgfalt verstehen müssen. Der innere Wille des Erklärenden ist nur maßgeblich, wenn die Erklärungsempfänger verstehen, was gemeint ist, es bei Anwendung der ihnen zumutbaren Sorgfalt verstehen können oder das vom Erklärenden Gewollte für sie günstiger ist als eine ihren Verständnismöglichkeiten entsprechende Erklärungsbedeutung.

Regelmäßig gehen die Sorgfaltsanforderungen nicht so weit, daß die Erklärungsempfänger den Text einer schriftlichen Erklärung darauf überprüfen müssen, ob sie den Willen des Erklärenden richtig wiedergibt. Mit der förmlichen Erklärung hat der Erklärende einen Vertrauenstatbestand geschaffen, an dem er sich festhalten lassen muß.

3. Die Auslegungsgrundsätze der §§ 133, 157 BGB führen auch bei Tarifnormen zu interessengerechten Ergebnissen. Die hier bestehende Interessenlage gleicht der bei Nicht-Normenverträgen. Auch bei Tarifnormen muß ein Ausgleich zwischen den Interessen der Erklärenden und denen der Erklärungsempfänger gefunden werden.

a. In einem ersten Schritt müssen die Interessen der am Vertragsschluß beteiligten Personen, der Tarifparteien, in Einklang gebracht werden. Die von ihnen abgegebenen Willenserklärungen sind nach §§ 133, 157 BGB darauf zu untersuchen, wie sie von allen Tarifparteien verstanden worden sind. Fehlt es an einem gemeinsamen Verständnis, kommt es darauf an, wie die Erklärungen von den Tarifparteien, an die sie gerichtet gewesen sind, verstanden werden mußten. Stimmt die so ermittelte Bedeutung der einzelnen Erklärungen überein, steht der von den Tarifparteien - jedenfalls bei normativer Betrachtung - gemeinsam gewollte Inhalt der Tarifnorm fest.

b. Die Tarifnormen betreffen aber nicht nur die Tarifparteien, sondern auch und gerade am Vertragsschluß unbeteiligte Personen, vor allem die Tarifunterworfenen. Dieser Personenkreis hat regelmäßig ein schutzwürdiges Interesse an einer dem Text des Tarifvertrags entsprechenden Bedeutung. Zum einen haben die Tarifparteien mit dem Text einen Vertrauenstatbestand gesetzt. Zum anderen geben die §§ 1 Abs. 2 und 8 TVG zu erkennen, daß der Text des Tarifvertrags den Tarifbetroffenen als Informationsquelle zur Verfügung stehen soll und sie sich auf seine Richtigkeit verlassen dürfen.

Ein schutzwürdiges Interesse an einer vom Willen der Tarifparteien abweichenden Normbedeutung, das über ein Interesse an einer dem Text entsprechenden Bedeutung hinausgeht, kommt weder für die Tarifunterworfenen noch für andere von den Tarifnormen betroffene Personen oder Institutionen in Betracht.

aa. Die tarifgebundenen Personen können sich auf zumutbare Weise über den Willen der Tarifparteien informieren. Sie haben Zugang zu den Quellen, die Aufschluß über diesen Willen geben. Diejenigen, deren Tarifbindung auf ihrer Mitgliedschaft zu einer der Tarifparteien beruht (§ 3 Abs. 1 TVG), haben aufgrund der Mitgliedschaft einen Anspruch gegen ihren Verband, daß dieser ihnen die erforderlichen Informationen zur Verfügung stellt. Den nach § 3 Abs. 2 TVG tarifgebundenen Arbeitnehmern ist ihr Arbeitgeber aufgrund seiner Fürsorgepflicht zur Auskunft verpflichtet. Die aufgrund einer Allgemeinverbindlicherklärung tarifgebundenen Personen können von den Tarifparteien verlangen, daß diese sie wie Mitglieder behandeln und ihnen Auskunft erteilen. Nach Treu und Glauben dürfen die Tarifparteien die Auskunft nicht verweigern, da sie die mitgliedsgleiche Tarifbindung der von der Allgemeinverbindlicherklärung Betroffenen mit zu verantworten haben. Wenn sie nicht schon den Antrag auf Allgemeinverbindlicherklärung gestellt haben, hat zumindest einer der Vertreter ihrer Spitzenorganisation im Tarifausschuß für die Allgemeinverbindlicherklärung gestimmt.

Den Tarifunterworfenen ist es zumutbar, von ihren Auskunftsrechten Gebrauch zu machen und sich über den Willen der Tarifparteien zu informieren. Der Aufwand, der mit einer Anfrage bei den Tarifparteien oder ihrem Arbeitgeber verbunden ist, ist verhältnismäßig gering. Hinzu kommt, daß die Anforderungen, sich über den Willen der Tarifparteien zu informieren, nicht zu niedrig angesetzt werden dürfen. Jede Einschränkung der Maßgeblichkeit des Willens bedeutet, daß die hinter der Norm stehende Wertung der Tarifparteien nicht voll zum Tragen kommt. Das ist bedenklich, weil die Verwirklichung der Wertung eine aus Sicht kompetenter Personen, nämlich der Tarifparteien, zweckmäßige und praxisgerechte Lösung verspricht. Eine solche Lösung ist nicht gewährleistet, wenn statt auf den Willen der Tarifparteien einseitig darauf abgestellt wird, wie die Tarifunterworfenen die Norm verstehen mußten und dabei sogar etwaige Erkundigungsmöglichkeiten ausgeklammert werden.

bb. Ein schutzwürdiges Interesse an einer vom Willen der Tarifparteien abweichenden Normbedeutung, das über ein Interesse an einer dem Text entsprechenden Bedeutung hinausgeht, besitzen auch die übrigen von den Tarifnormen betroffenen Personen und Institutionen nicht. Personen, die als künftige Mitglieder der Tarifparteien in Betracht kommen, könnten zwar ein schutzwürdiges Interesse an einer ihren Verständnismöglichkeiten entsprechenden Normbedeutung haben. Für sie könnte es notwendig sein, den Inhalt des Tarifvertrags erkennen zu können, um zu wissen, welchen Normen sie sich gegebenenfalls unterwerfen. Es ist denkbar, daß sie das unter bestimmten Voraussetzungen bestehende Recht, einer der Tarifparteien beizutreten, nur dann sachgerecht ausüben können. Wenn jedoch die Kenntnis des Tarifinhalts erforderlich ist, um vom Recht auf Beitritt sinnvollen Gebrauch machen zu können, ist notwendiges Korrelat dieses gegen die Koalition gerichteten Anspruchs ein Recht auf Auskunfterteilung über den Inhalt des Tarifvertrags. Können aber die Beitrittsinteressenten Auskunft verlangen, besitzen sie, abgesehen davon, daß auch sie sich auf den Vertragstext verlassen dürfen, kein schutzwürdiges Interesse an einem vom Willen der Tarifparteien abweichenden Tarifinhalt.

Dasselbe gilt für die Personen, die nach § 5 TVG über die Allgemeinverbindlicherklärung des Tarifvertrags entscheiden. Ihre Interessen werden in aller Regel bereits dadurch gewahrt, daß sie über das, was die Tarifparteien mit ihren Erklärungen gemeint haben, im Rahmen des Verfahrens der Allgemeinverbindlicherklärung Kenntnis erhalten oder ihnen zumindest die Möglichkeit der Kenntnisnahme offensteht.

Die Interessen von Personen, die, ohne tarifgebunden zu sein, Einzelarbeitsverträge abgeschlossen haben, in denen auf den Tarifvertrag Bezug genommen wird, können im Rahmen der Auslegung von Tarifnormen generell nicht berücksichtigt werden. Ihre Bezugnahme könnte sonst den Inhalt des Tarifvertrags beeinflussen und das Verhältnis von Leistung und Gegenleistung zum Nachteil entweder der Arbeitgeber- oder aber der Arbeitnehmerseite verändern. Der benachteiligten Seite gegenüber würde sich die Bezugnahme als - unzulässiger - Vertrag zu Lasten Dritter auswirken.

4. Die vorstehenden Grundsätze, nach denen das Ziel der Auslegung grundsätzlich darin besteht, den Willen der Tarifparteien zu ermitteln, sofern er sich nur mit dem Text des Tarifvertrags vereinbaren läßt, sind auch verfassungsrechtlich geboten.

a. Die durch Art. 9 Abs. 3 GG geschützte Tarifautonomie gewährleistet die Befugnis der Tarifparteien, gemeinsam kraft ihres Willens für einen bestimmten Personenkreis Recht zu setzen. Die Rechtsordnung darf den von ihnen geschaffenen Rechtsnormen deshalb grundsätzlich keine andere Bedeutung beilegen als die von den Tarifpartnern gemeinsam gewollte. Die Auslegung der Tarifnormen muß in erster Linie darauf gerichtet sein, einen übereinstimmenden inneren Willen der Tarifparteien zu ermitteln. In Ermangelung eines übereinstimmenden inneren Willens gibt Art. 9 Abs. 3 GG als Auslegungsziel einen normativen Willen der Tarifparteien vor, der unter Abwägung der Interessen der Vertragschließenden zu ermitteln ist.

b. Eine andere als die von den Tarifparteien gemeinsam gewollte Bedeutung darf den Tarifnormen nur beigelegt werden, wenn kollidierendes Verfassungsrecht oder eine einfachgesetzliche Regelung, die die Tarifautonomie ausgestaltet, das rechtfertigt. Diese Wirkung entfaltet das Rechtsstaatsprinzip. Es verlangt eine Rechtsordnung, die rechtsstaatlichen Ansprüchen genügt. Dazu muß die Ordnung an zwei Hauptgedanken ausgerichtet sein. Zunächst gilt es, den Bürgern einen möglichst weiten Spielraum für ihre Entfaltung und Selbstgestaltung zu sichern. Mit dieser freiheitsgewährleistenden Funktion ist ein weiterer Gesichtspunkt eng verbunden: Rechtsvorschriften haben in einem Rechtsstaat eine befriedende Funktion, indem sie allen Rechtsgenossen Richtlinien für das Zusammenleben in der Gemeinschaft aufzeigen. Beide Funktionen erfüllen Rechtsvorschriften nur dann, wenn der Bürger ihren Inhalt und damit seine Rechte und Pflichten kennt. Nur dann kann er von der ihm eingeräumten Freiheit vollen Gebrauch machen. Für die Kenntnis der Bürger vom Inhalt der Rechtsvorschriften ist der Normtext von überragender Bedeutung. Er muß den Bürgern als Informationsquelle zur Verfügung stehen. Damit das der Fall ist, darf im Wege der Auslegung grundsätzlich nur eine solche Normbedeutung ermittelt werden, die sich mit dem Text der Rechtsvorschrift vereinbaren läßt.

Das Rechtsstaatsprinzip bestimmt nicht nur die Auslegung staatlicher Gesetze, sondern auch die von Tarifnormen. Dafür kommt es nicht einmal darauf an, ob die Tarifparteien an das Rechtsstaatsprinzip gebunden sind. Dieses Prinzip wirkt jedenfalls über § 157 BGB, dessen generalklauselartige Fassung für eine Einbeziehung der Wertungen des Rechtsstaatsprinzips ausreichend Raum läßt.

Nach den vorstehenden Überlegungen folgt die Auslegung von Tarifnormen zwar den §§ 133, 157 BGB und damit den für Rechtsgeschäfte geltenden Regeln. Der Befund, daß der Wille der Tarifparteien, um für die Auslegung maßgeblich zu sein, grundsätzlich im Text des Tarifvertrags zum Ausdruck kommen muß, läßt sich jedoch - wie gesehen - ebenso mit dem Rechtsstaatsprinzip begründen. Da dieses Prinzip auch für die Auslegung von Gesetzen gilt, stimmen die für Gesetze und die für Rechtsgeschäfte und Tarifnormen geltenden Regeln zwangsläufig in wesentlichen Teilen überein. Daher ist die verbreitete Annahme, die Auslegung von Rechtsgeschäften und Gesetzen folge jeweils eigenen, auf den anderen Bereich nicht übertragbaren Regeln, zu schematisch. Sie wird dem Umstand nicht gerecht, daß die Interessenlage, die die Auslegung letztlich bestimmt, jedenfalls für Gesetze und solche rechtsgeschäftlichen Erklärungen im wesentlichen identisch ist, die wie Tarifnormen auch am Vertragsschluß nicht beteiligte Personen betreffen.

5. Sowohl die §§ 133, 157 BGB als auch das Rechtsstaatsprinzip verlangen eine dem Text entsprechende und deshalb vom Willen der Tarifparteien abweichende Bedeutung nur für den Regelfall. Haben die Adressaten einer Tarifnorm ausnahmsweise kein schutzwürdiges Interesse an einer dem Text entsprechenden Bedeutung, ist für die Auslegung allein der Wille der Tarifparteien maßgeblich.

a. Das ist zunächst der Fall, wenn der Text des Tarifvertrags den Willen der Tarifparteien offensichtlich unrichtig wiedergibt. Hier dürfen sich die Adressaten trotz der §§ 1 Abs. 2, 8 TVG und des Rechtsstaatsprinzips nicht auf den Text des Tarifvertrags verlassen. Sie dürfen also nicht die Augen vor seiner Unrichtigkeit verschliessen. Ein solcher Schutz blinden Vertrauens müßte dadurch erkauft werden, daß der Wille der Tarifparteien und damit die Tarifautonomie zurückgedrängt würde. Wird die Tarifautonomie in die Auslegung der §§ 1 Abs. 2, 8 TVG einbezogen und als Gegengewicht zu den Anforderungen des Rechtsstaatsprinzips verstanden, verlangen diese Regelungen nicht, auch dann ein schutzwürdiges Interesse an einer dem Vertragstext entsprechenden Erklärungsbedeutung anzunehmen, wenn der Text offensichtlich unrichtig ist.

b. An einem schutzwürdigen Vertrauen der Normadressaten auf den Vertragstext fehlt es ferner, wenn der Wille der Tarifparteien für die Normadressaten günstiger ist als der aus dem Vertragstext ersichtliche Norminhalt. Unter diesem Gesichtspunkt entfällt zwar immer nur für einen Teil der Normadressaten ein schutzwürdiges Vertrauen auf den Vertragstext. Die für eine Seite, etwa die Arbeitnehmer, günstige Abweichung vom Vertragstext benachteiligt die andere Seite, die Arbeitgeber. Das Vertrauen dieser Seite auf den Vertragstext kann jedoch aus einem anderen Grund nicht schutzwürdig sein, etwa weil sie um den vom Text abweichenden Willen der Tarifparteien weiß.

Bei einem Firmentarif, dessen Wortlaut und Kontext in für die Arbeitnehmer ungünstiger Weise von dem abweicht, was die Tarifparteien ausdrücken wollten, scheidet danach ein schutzwürdiges Vertrauen auf den Vertragstext grundsätzlich aus. Der Arbeitgeber ist nicht schutzbedürftig, weil er als Vertragspartei weiß, worauf er sich mit der beteiligten Gewerkschaft geeinigt hat. Für die Arbeitnehmer gilt dasselbe, weil das, worauf sich die Tarifparteien verständigt haben, ihren Interessen mehr dient als das Erklärte. Nur wenn der Firmentarif - was kaum einmal der Fall sein wird - für allgemeinverbindlich erklärt ist, verlangen die Interessen der durch die Allgemeinverbindlicherklärung tarifgebundenen Arbeitgeber eine dem Text entsprechende Auslegung.

6. Für jemanden, der eine Tarifnorm anwenden und sie zu diesem Zweck auslegen muß, erscheint folgende Vorgehensweise zweckmäßig: Die Auslegung sollte mit dem Text des Tarifvertrags - der ersten Stufe - beginnen. Ist der Text eindeutig, ist dem Normanwender der Übergang zur nächsten Stufe, der Ermittlung dessen, was die Tarifparteien ausdrücken wollten, grundsätzlich verwehrt. Er hat nur noch zu prüfen, ob Anhaltspunkte für einen jener Ausnahmefälle gegeben sind, in denen ungeachtet des Textes der Wille der Tarifparteien die Auslegung bestimmt. Fehlen solche Anhaltspunkte, ist die Norm dem (eindeutigen) Text entsprechend auszulegen.

Ist der Text mehrdeutig, ist die Norm so auszulegen, wie die Tarifparteien sie übereinstimmend, hilfsweise bei normativer Betrachtung, gemeint haben.

7. Für die Auslegung von Tarifnormen sind nach den vorstehenden Überlegungen der Text des Tarifvertrags und der Wille der Tarifparteien bedeutsam.

a. "Text des Tarifvertrags" ist ein Sammelbegriff für zwei auslegungserhebliche Umstände, nämlich den Wortsinn des auszulegenden Ausdrucks und den tariflichen Bedeutungszusammenhang, in dem der Ausdruck steht. Unter dem Wortsinn sind die Bedeutungen zu verstehen, die ein Ausdruck in der allgemeinen Umgangssprache und in den verschiedenen Sondersprachen, vor allem der Fachterminologie, hat. Der Wortsinn ist deshalb nur eindeutig, wenn die Umgangssprache und die verschiedenen Sondersprachgebräuche zusammen nur eine einzige Bedeutung zulassen. Durch den tariflichen Bedeutungszusammenhang, d. h. im Wege der Einbeziehung der anderen Regelungen des Tarifvertrags, kann die Zahl der möglichen Bedeutungen in einem zweiten Schritt weiter eingeengt werden.

Ob Wortsinn und tariflicher Bedeutungszusammenhang eine oder mehrere Bedeutungen zulassen, läßt sich immer nur aus Sicht des jeweiligen

Normanwenders feststellen. Für die Beantwortung der Frage, welche Anforderungen an seine Überzeugung zu stellen sind, bieten die Grundsätze Anhaltspunkte, die im Rahmen des § 286 ZPO für die richterliche Überzeugung entwickelt worden sind.

b. Unter dem Willen der Tarifparteien ist primär ihr übereinstimmender Wille zu verstehen. Somit gilt es, die Gebotsvorstellungen der Tarifparteien zu ermitteln. Hierfür stehen verschiedene Erkenntnisquellen zur Verfügung: Zunächst handelt es sich hierbei um den Text des Tarifvertrags, der, auch wenn er nicht eindeutig ist, doch eine bestimmte Bedeutung wahrscheinlicher als eine andere erscheinen lassen kann. Von Bedeutung ist weiter das höherrangige Recht. Im Zweifel kann nämlich angenommen werden, daß die Tarifparteien eine Regelung angestrebt haben, die der durch das höherrangige Recht errichteten Wertordnung möglichst weitgehend entspricht. Aufschluß über die Vorstellungen der Tarifparteien geben weiter Niederschriften über die Tarifverhandlungen. Dasselbe gilt für Zeugenaussagen und schriftliche Auskünfte der Tarifparteien über den Inhalt der Verhandlungen, die ein Gericht nach § 293 ZPO heranziehen darf. Von Bedeutung können ferner eine frühere Tarifordnung und eine dazu bestehende Tarifübung sein. Eine Tarifübung, die sich erst nach Inkrafttreten des Tarifvertrags entwickelt hat, ist vor allem dann wichtig, wenn sie mit Kenntnis und Billigung der Tarifparteien entstanden ist. Die vorstehenden Erkenntnisquellen, zu denen noch einige weniger bedeutsame treten, sind ohne Rangfolge nebeneinander heranzuziehen. Legen sie unterschiedliche Schlüsse nahe, sind sie gegeneinander abzuwägen.

Sind die Vorstellungen der Tarifparteien auseinandergefallen, ist maßgeblich, wie die Tarifparteien die Erklärungen ihrer Partner verstanden haben und verstehen mußten. Auch das bestimmt sich nach den vorgenannten Erkenntnisquellen.

II. 1. Die *Fortbildung von Tarifnormen* muß sich, um zulässig zu sein, mit der Autonomie der Tarifparteien vereinbaren lassen und hinreichend demokratisch legitimiert sein. Dazu müssen die auf die Tarifparteien zurückgehenden Wertungen und Prinzipien, die dem jeweiligen Tarifvertrag zugrundeliegen, eine Regelung verlangen, die nicht vorhanden ist. Anders ausgedrückt muß eine dem Regelungsplan der Tarifparteien widersprechende Unvollständigkeit vorliegen. Diese Voraussetzung kann, muß aber nicht erfüllt sein, wenn die Tarifparteien einen Sachverhalt unbeabsichtigt ungeregelt gelassen haben. Dasselbe gilt, wenn die Tarifparteien auf eine Regelung verzichtet haben, um die Entscheidung den Gerichten zu überlassen.

Die Unvollständigkeit widerspricht dem Regelungsplan nicht nur, wenn sie sich mit ihm überhaupt nicht vereinbaren läßt, sondern auch dann, wenn sie zwar eine unter mehreren mit dem Regelungsplan zu vereinbarenden Gestaltungsmöglichkeiten ist, eine andere Gestaltung dem Plan aber besser gerecht wird. Da die Fortbildung darauf zielt, den Plan und damit den Willen der Tarifparteien so weit wie möglich zu verwirklichen, darf es nicht bei der Unvollständigkeit verbleiben; vielmehr muß die dem Plan näher stehende Gestaltung verwirklicht werden.

Als Teil des Regelungsplans liegt dem Tarifvertrag ein bestimmtes Verhältnis der Leistungen von Arbeitgeber- und Arbeitnehmerseite zugrunde. Dieses Verhältnis darf durch die Fortbildung grundsätzlich nicht verändert werden. Nicht selten muß auf die Fortbildung verzichtet werden, damit das Leistungsverhältnis gewahrt bleibt. Umgekehrt kann die Fortbildung aber auch erforderlich sein, um ein gestörtes Gleichgewicht der ausgehandelten Leistungen wiederherzustellen. Das kommt in Fällen in Betracht, in denen entweder die Arbeitgeber- oder aber die Arbeitnehmerseite durch die Teilnichtigkeit des Tarifvertrags einen einseitigen Vorteil erlangt hat.

Damit der Regelungsplan beachtlich ist, muß er sich grundsätzlich - wie der Wille der Tarifparteien im Rahmen der (einfachen) Auslegung - mit dem Text des Tarifvertrags vereinbaren lassen. Das verlangen die durch das Rechtsstaatsprinzip geschützten Interessen der Normadressaten. Einen Anhalt für die Annahme, daß die Unvollständigkeit dem Willen der Tarifparteien und damit dem Regelungsplan zuwiderläuft, bietet der Tarifvertrag vor allem dann, wenn in ihm ein gleichartiger Sachverhalt geregelt ist. Die entsprechende Norm kann so gedeutet werden, daß die Tarifparteien nur den ausdrücklich geregelten Sachverhalt gesehen haben, mit seiner Regelung aber alle so gelagerten Sachverhalte erfassen wollten.

2. Auch bei der Ausfüllung einer festgestellten Lücke geht es darum, den Regelungsplan so weit wie möglich zu verwirklichen. Die planwidrige Unvollständigkeit wird beseitigt, indem die Regelung eingefügt wird, die dem Plan am besten entspricht. Auf diese Weise kann ein Tarifvertrag grundsätzlich auch dann fortgebildet werden, wenn für die Lückenausfüllung mehrere Gestaltungsmöglichkeiten zur Verfügung stehen, die sich mit dem Regelungsplan mehr oder weniger gut vereinbaren lassen. Unter diesen Möglichkeiten ist diejenige auszuwählen, die dem Plan am nächsten kommt. Die Auswahl ist somit vom Plan und damit von den Tarifparteien vorgegeben, so daß kein Eingriff in ihre Autonomie droht. Ein Verzicht auf die Fortbildung ist nur dann gerechtfertigt, wenn die verschiedenen Gestaltungsmöglichkeiten dem Plan ausnahmsweise gleichermaßen entsprechen. Hier müßte ein Richter die Auswahl nach freiem Ermessen vornehmen. Das aber ist ihm verwehrt.

III. *Der schuldrechtliche Teil eines Tarifvertrags* ist grundsätzlich in der gleichen Weise auszulegen und fortzubilden wie der normative Teil. Da jedoch die schuldrechtlichen Abreden in einem Tarifvertrag Rechte und Pflichten in der Regel nur für die Tarifparteien begründen, entfällt zumeist die Notwendigkeit, die Interessen am Vertragsschluß nicht beteiligter Personen, vor allem die der Tarifunterworfenen, zu berücksichtigen. In diesem Fall bestimmt der Wille der Tarifparteien die Auslegung und die Fortbildung auch dann, wenn er keinen Niederschlag im Text des Tarifvertrags gefunden hat.

IV. Für die *Auslegung und Fortbildung von Betriebsvereinbarungen* gelten im wesentlichen die gleichen Regeln wie für Tarifverträge. Zwar läßt sich hier die Maßgeblichkeit des Willens der Betriebspartner nicht mit Art. 9 Abs. 3 GG begründen. Einen vergleichbaren Schutz gewährleisten hier aber andere Verfassungswerte: Soweit es um den Willen des Arbeitgebers geht, greift zunächst Art. 14 GG ein. Diese Vorschrift schützt das Eigentum des Arbeitgebers am Unternehmen und gewährleistet, daß er die Abläufe im Unternehmen mitgestalten kann. Dazu gehört, daß er Einfluß auf Betriebsvereinbarungen nehmen und ihren Inhalt nach seinem Willen mitbestimmen kann.

Den Willen beider Betriebspartner schützt Art. 2 Abs. 1 GG. Die Vorschrift gewährleistet die Handlungsfreiheit der Betriebspartner. Zu dieser Freiheit gehört auch das Gebrauchmachen von der durch § 77 Abs. 2 und 4 BetrVG eingeräumten Möglichkeit, ihrem Willen in Form objektiven Rechts Geltung zu verschaffen. Werden die Betriebspartner hierin eingeschränkt, indem ihnen eine nicht gewollte Bedeutung aufgenötigt wird, ist der Schutzbereich des Art. 2 Abs. 1 GG betroffen.

Literaturverzeichnis

Achilles, Wolfgang: Der tatsächliche Parteiwille bei der Auslegung von Tarifverträgen, Dissertation Köln 1967

Ananiadis, Antonios: Die Auslegung von Tarifverträgen, Berlin 1974

Bartholomeyczik, Horst: Die Kunst der Gesetzesauslegung, 4. Aufl., Frankfurt am Main 1967

Baumbach, Adolf/*Hefermehl*, Wolfgang: Wechselgesetz und Scheckgesetz, 15. Aufl., München 1986

Baumbach, Adolf/*Hueck*, Alfred: GmbH-Gesetz, 15. Aufl., München 1988

Belling, Detlev W.: Anmerkung zu BAG EzA § 1 TVG Auslegung Nr. 14, S. 69 -83

Belling, Detlev W./*Liedmeier*, Norbert: Anmerkung zu BAG, SAE 1990, 162, S. 166 - 170

Bettermann, Karl August: Die verfassungskonforme Auslegung - Grenzen und Gefahren, Heidelberg 1986

Betti, Emilio: Die Hermeneutik als allgemeine Methodik der Geisteswissenschaften, 2. Aufl., Tübingen 1972

Biedenkopf, Kurt H.: Grenzen der Tarifautonomie, Karlsruhe 1964

Binder, Julius: Philosophie des Rechts, Berlin 1925

Blank, Michael: Die Warnstreikprozesse in der Metall-Tarifrunde 1987, NZA Beil. 2/1988, S. 9 - 18

Bogs, Walter: Auslegung des Tarifvertrags, AR-Blattei, [D] Tarifvertrag IX Auslegung, A II, Stand 31.10.1951

Brecher, Fritz: Grundrechte im Betrieb, in: Festschrift für Hans Carl Nipperdey zum 70. Geburtstag 21. Januar 1965, Band II, S. 29 - 54, München, Berlin 1965

Brötzmann, Ulrich K.: Probleme bei der Auslegung von Tarifvertragsnormen, Frankfurt am Main, Bern, New York, Paris 1990

Brox, Hans: Allgemeiner Teil des Bürgerlichen Gesetzbuchs, 14. Aufl., Köln, Berlin, Bonn, München 1990

- Die Einschränkung der Irrtumsanfechtung, Karlsruhe 1960
- Anmerkung zu BAG, AP Nr. 115 zu §§ 22, 23 BAT 1975

Brox, Hans/*Rüthers*, Bernd: Arbeitskampfrecht, 2. Aufl., Stuttgart, Berlin, Köln, Mainz 1982

Buchner, Herbert: Auslegung des Tarifvertrages, AR-Blattei, [D] Tarifvertrag IX Auslegung

- Tarifvertragsgesetz und Koalitionsfreiheit, Dissertation München 1964
- Tarifwille und Richtermacht, SAE 1987, 45 - 52
- Der Umfang tariflicher Abschlußnormen, insbesondere ihre Abgrenzung zu den Normen über betriebliche Fragen, RdA 1966, 208 - 210

Das Bürgerliche Gesetzbuch mit besonderer Berücksichtigung der Rechtsprechung des Reichsgerichts und des Bundesgerichtshofs, I. Band, 1. Teil: Allgemeiner Teil, §§ 1 - 240, 11. Aufl., Berlin 1959

Bydlinski, Franz: Juristische Methodenlehre und Rechtsbegriff, Wien, New York 1982

Canaris, Claus-Wilhelm: Die Feststellung von Lücken im Gesetz, 2. Aufl., Berlin 1983

- Systemdenken und Systembegriff in der Jurisprudenz, 2. Aufl., Berlin 1983

- Die Bedeutung allgemeiner Auslegungs- und Rechtsfortbildungskriterien im Wechselrecht, JZ 1987, 543 - 553

- Grundrechtswirkungen und Verhältnismäßigkeitsprinzip in der richterlichen Anwendung und Fortbildung des Privatrechts, JuS 1989, 161 - 172

- Anmerkung zu BAG, AP Nr. 26 zu § 1 FeiertagslohnzahlungsG

Coing, Helmut: Die juristischen Auslegungsmethoden und die Lehren der allgemeinen Hermeneutik, Köln, Opladen 1959

Däubler, Wolfgang: Grundstrukturen der Betriebsverfassung, ArbuR 1982, 6 - 12

Däubler, Wolfgang/*Hege*, Hans: Tarifvertragsrecht, 2. Aufl., Baden-Baden 1981, identisch mit *Däubler/Hege*, in: Maus, Wilhelm: Handbuch des Arbeitsrechts, Loseblattausgabe, Teil XI B, Baden-Baden 1980

Dersch, Hermann: Anmerkung zu LAG Bamberg, BenshSamml. 5 LAG 57, S. 59 -62

Dietz, Rolf/*Richardi*, Reinhard: Betriebsverfassungsgesetz, Band 2: §§ 74-Schluß mit Betriebsverfassungsgesetz 1952, 6. Aufl., München 1982

Dütz, Wilhelm: Subjektive Umstände bei der Auslegung kollektivvertraglicher Normen, in: Festschrift für Karl Molitor, S. 63 -79, München 1988

- Anmerkung zu BAG, EzA § 4 Nr. 2 TVG Bühnen, S. 26 - 43

Engisch, Karl: Einführung in das juristische Denken, 8. Aufl., Stuttgart, Berlin, Köln, Mainz 1983

Enneccerus, Ludwig/*Nipperdey*, Hans Carl: Allgemeiner Teil des Bürgerlichen Rechts, 1. Halbband, 15. Aufl., Tübingen 1959, 2. Halbband, 15. Aufl., Tübingen 1960

Erichsen, Hans-Uwe/*Martens*, Wolfgang: Allgemeines Verwaltungsrecht, 8. Aufl., Berlin, New York 1988

Erman, Walter: Handkommentar zum Bürgerlichen Gesetzbuch, 1. Band, 8. Aufl., Münster 1989

- Handkommentar zum Bürgerlichen Gesetzbuch, 1. Band, 6. Aufl., Münster 1975

Esser, Josef: Grundsatz und Norm in der richterlichen Fortbildung des Privatrechts, 3. Aufl., Tübingen 1974

Fabricius, Fritz/*Kraft*, Alfons/*Thiele*, Wolfgang/*Wiese*, Günther/*Kreutz*, Peter: Betriebsverfassungsgesetz Gemeinschaftskommentar, Band II: §§ 74-132 mit Kommentierung des BetrVG 1952 und des Sozialplangesetzes, 4. Aufl., Neuwied 1990

Fabricius, Fritz/*Kraft*, Alfons/*Thiele*, Wolfgang/*Wiese*, Günther: Betriebsverfassungsgesetz Gemeinschaftskommentar, 3. Bearbeitung, Loseblattsammlung, Neuwied 1982

Fikentscher, Wolfgang: Methoden des Rechts, Band II: Angloamerikanischer Rechtskreis, Tübingen 1975

Fischer, Robert/*Lutter*, Marcus/*Hommelhoff*, Peter: GmbH-Gesetz 12. Aufl., Köln 1987

Fitting, Karl/*Auffarth*, Fritz/*Kaiser*, Heinrich/*Heither*, Friedrich: Betriebsverfassungsgesetz, 16. Aufl., München 1990

Flume, Werner: Allgemeiner Teil des Bürgerlichen Rechts, Bd. 2, Das Rechtsgeschäft, 3. Aufl., Berlin, Heidelberg, New York 1979

Friauf, Karl Heinrich: Möglichkeiten und Grenzen der Rechtsfortbildung im Steuerrecht, in: Tipke, Grenzen der Rechtsfortbildung durch Rechtsprechung und Verwaltungsvorschriften im Steuerrecht, Köln 1982

Friauf, Karl Heinrich/*Wendt*, Rudolf: Eigentum am Unternehmen, Köln 1977

Gadamer, Hans-Georg: Wahrheit und Methode, 2. Aufl., Tübingen 1965

Galperin, Hans/*Löwisch*, Manfred: Kommentar zum Betriebsverfassungsgesetz, Band II: Regelung der Mitbestimmung (§§ 74 - 132), 6. Aufl., Heidelberg 1982

Gamillscheg, Franz: Arbeitsrecht, Band II: Kollektives Arbeitsrecht, 6. Aufl., München 1984

Gaul, Dieter: Der Unterlassungsanspruch durch einstweilige Verfügung im Arbeitsrecht, in: Boewer, Aktuelle Aspekte des Arbeitsrechts, S. 365 - 391, Berlin, Heidelberg, New York, London, Paris, Tokyo 1987

- Anm. zu BAG, AP Nr. 68 zu § 1 TVG Auslegung

Gern, Alfons: Die Rangfolge der Auslegungsmethoden von Rechtsnormen, VerwArch 1989, 415 - 436

Gitter, Wolfgang/*Boerner*, Dietmar: Altersgrenzen in Tarifverträgen, RdA 1990, 129 - 138

Gröbing, Karl: Zur Auslegung von Tarifverträgen, ZTR 1987, 236 - 240

- Zur Rechtswirksamkeit von Verweisungsklauseln, ArbuR 1982, 116 - 119

Grunsky, Wolfgang: Arbeitsgerichtsgesetz, 6. Aufl., München 1990

Hachenburg, Max: Gesetz betreffend die Gesellschaften mit beschränkter Haftung (GmbHG), Großkommentar, 1. Lieferung: Allgemeine Einleitung; §§ 1-14 (mit Anhang § 13), 8. Aufl., Berlin 1989, Erster Band (§§ 1 - 34), 6. Aufl., Berlin 1956

Hagemeier, Christian/*Kempen*, Otto Ernst/*Zachert*, Ulrich/*Zilius*, Jan: Tarifvertragsgesetz, 2. Aufl., Köln 1990

Hager, Johannes: Gesetzes- und sittenkonforme Auslegung und Aufrechterhaltung von Rechtsgeschäften, München 1983

Hanau, Peter: Die Rechtsprechung des Bundesarbeitsgerichts im Jahre 1983, ZfA 1984, 453 - 605

Hanau, Peter/*Adomeit*, Klaus, Arbeitsrecht, 9. Aufl., Frankfurt am Main 1988

Heck, Philipp: Gesetzesauslegung und Interessenjurisprudenz, AcP 112 (1914), 1 - 318

Heinze, Meinhard: Inhalt und Grenzen betriebsverfassungsrechtlicher Rechte, ZfA 1988, 53 - 91

Herschel, Wilhelm: Die Auslegung der Tarifvertragsnormen, in: Festschrift für Erich Molitor, S. 161 - 202, München, Berlin 1962

- Betriebsvereinbarung oder Betriebssatzung, RdA 1948, 47 - 50

- Eigenart und Auslegung der Tarifverträge, ArbuR 1976, 1 - 6

- Besprechung zu Roth-Stielow, Die Auflehnung des Richters gegen das Gesetz, ArbuR 1966, 148 - 149

- Anmerkung zu BAG, AP Nr. 119 zu § 1 TVG Auslegung

- Anmerkung zu BAG, AP Nr. 8 zu § 1 TVG Tarifverträge: Rundfunk

Hess, Harald/*Schlochauer*, Ursula/*Glaubitz*, Werner: Betriebsverfassungsgesetz, 3. Aufl., Neuwied, Darmstadt 1986

Hesse, Konrad: Grundzüge des Verfassungsrechts der Bundesrepublik Deutschland, 16. Aufl., Heidelberg 1988

Hinz, Manfred O.: Tarifhoheit und Verfassungsrecht, Berlin 1971

Hölder, Eduard: Kommentar zum Allgemeinen Theil des BGB, München 1900

Horber, Ernst/*Demharter*, Johann: Grundbuchordnung, 18. Aufl., München 1989

Hoyningen-Huene, Gerrick v.: Betriebsverfassungsrecht, 2. Aufl., München 1990

Hueck, Alfred: Anmerkung zu AP Nr. 3 zu § 1 TVG Auslegung

- Anmerkung zu BAG AP Nr. 117 zu § 1 TVG Auslegung

- Anmerkung zu BAG, AP Nr. 68 zu Art. 3 GG

- Anmerkung zu BAG, AP Nr. 76 zu § 611 BGB Fürsorgepflicht

Hueck, Alfred/*Canaris*, Claus-Wilhelm: Recht der Wertpapiere, 12. Aufl., München 1986

Hueck, Alfred/*Nipperdey*, Hans Carl: Lehrbuch des Arbeitsrechts, Zweiter Band: Kollektives Arbeitsrecht, Zweiter Halbband, 7. Aufl., Berlin, Frankfurt am Main 1970

Ipsen, Jörn: Rechtsfolgen der Verfassungswidrigkeit von Norm und Einzelakt, Baden-Baden 1980

Jacobi, Erwin: Grundlehren des Arbeitsrechts, Leipzig 1927

Jarass, Hans D./*Pieroth*, Bodo: Grundgesetz für die Bundesrepublik Deutschland, München 1989

Jauernig, Othmar: Bürgerliches Gesetzbuch, 5. Aufl., München 1990

Kaskel, Walter/*Dersch*, Hermann: Arbeitsrecht, 5. Aufl., Berlin, Göttingen, Heidelberg 1957

Kelsen, Hans: Reine Rechtslehre, Leipzig, Wien 1934

Kirchhof, Paul: Der Auftrag des Grundgesetzes an die rechtsprechende Gewalt, in: Richterliche Rechtsfortbildung, Festschrift der Juristischen Fakultät zur 600-Jahr-Feier der Ruprecht-Karls-Universität Heidelberg, S. 11 - 37, Heidelberg 1986

Koch, Hans-Joachim/*Rüßmann*, Helmut: Juristische Begründungslehre, München 1982

Kölner Kommentar zum Aktiengesetz, Band 1, §§ 1-75 AktG, 2. Aufl., Köln, Berlin, Bonn, München 1988

Kreutz, Peter: Grenzen der Betriebsautonomie, München 1979

Küchenhoff, Günther: Einwirkungen des Verfassungsrechts auf das Arbeitsrecht, in: Festschrift für Hans Carl Nipperdey zum 70. Geburtstag 21. Januar 1965, Band II, S. 317-348, München, Berlin 1965

Küttner, Wolfdieter: Aufnahmezwang für Gewerkschaften, NJW 1980, 968 - 972

Kunig, Philip: Das Rechtsstaatsprinzip, Tübingen 1986

Lang, Johannes/*Weidmüller*, Ludwig: Genossenschaftsgesetz, 32. Aufl., Berlin, New York 1988

Larenz, Karl: Allgemeiner Teil des deutschen Bürgerlichen Rechts, 7. Aufl., München 1989

- Die Methode der Auslegung des Rechtsgeschäfts, Nachdruck der 1. Aufl. von 1930, Frankfurt am Main, Berlin 1966

- Methodenlehre der Rechtswissenschaft, 5. Aufl., Berlin, Heidelberg, New York, Tokyo 1983

- Richterliche Rechtsfortbildung als methodisches Problem, NJW 1965, 1 - 10

- Wegweiser zu richterlicher Rechtsschöpfung, in: Festschrift für Arthur Nikisch, S. 275 - 305, Tübingen 1958

Lindena, Bodo: Publizität von Tarifverträgen, DB 1988, 1114 - 1118

Lüderitz, Alexander: Auslegung von Rechtsgeschäften, Karlsruhe 1966

Mangen, Kurt Günter: Die Form des Tarifvertrages gemäß § 1 Abs. 2 Tarifvertragsgesetz, RdA 1982, 229 - 237

Mangoldt, Hermann v./*Klein*, Friedrich/*Starck*, Christian: Das Bonner Grundgesetz, Band 1: Präambel, Artikel 1 bis 5, 3. Aufl., München 1985

Manigk, Alfred: Irrtum und Auslegung, Berlin 1918

Maunz, Theodor/*Dürig*, Günter: Kommentar zum Grundgesetz, Band I: Art. 1 - 12, Band II: Art. 12 a - 37, Loseblattsammlung, Stand Dezember 1989, München

Maus, Wilhelm: Tarifvertragsgesetz, Göttingen 1956

Mayer-Maly, Theo: Ergänzende Tarifvertragsauslegung und Tarifautonomie, RdA 1988, 136 - 137

- Anmerkung zu BAG, SAE 1966, 249, S. 251 - 252

Medicus, Dieter: Allgemeiner Teil des BGB, 4. Aufl., Heidelberg 1990

Meisel, Peter G.: Anm. zu BAG, AP Nr. 15 zu § 611 BGB Bergbau

Meyer-Abich, Jann: Der Schutzzweck der Eigentumsgarantie, Berlin 1980

Meyer-Cording, Ulrich: Wertpapierrecht, 2. Aufl., Neuwied, Frankfurt 1990

Mikat, Paul: Gleichheitsgrundsatz und Testierfreiheit, in: Festschrift für Hans Carl Nipperdey zum 70. Geburtstag 21. Januar 1965, Band I, S. 581 - 604, München, Berlin 1965

Miltrup, Hermann: Die Auslegung von Tarifverträgen, Dissertation Köln 1934

Molitor, Erich: Kommentar zur Tarifvertragsordnung, Berlin 1930

Motive zu dem Entwurfe eines Bürgerlichen Gesetzbuches für das Deutsche Reich, Bd. I: Allgemeiner Teil, Berlin, Leipzig 1888

Müller, Friedrich: Juristische Methodik, 3. Aufl., Berlin 1989

Müller, Gerhard: Die Auslegung des normativen Teiles eines Tarifvertrags nach der Rechtsprechung des Bundesarbeitsgerichts, DB 1960, 119 - 122, 148 - 150

Müller, Klaus: Kommentar zum Gesetz betreffend die Erwerbs- und Wirtschaftsgenossenschaften, Erster Band (§§ 1 - 42), Bielefeld 1976

Münch, Ingo v.: Grundgesetz-Kommentar, Band 1 (Präambel bis Art. 20), 3. Aufl., München 1985

Münchener Kommentar zum Bürgerlichen Gesetzbuch, Band 1: Allgemeiner Teil (§§ 1-240), AGB-Gesetz, 2. Aufl., München 1984

- Band 2: Schuldrecht, Allgemeiner Teil (§§ 241-432), 2. Aufl., München 1985

- Band 3: Schuldrecht, Besonderer Teil, 1. Halbband (§§ 433-651 k), AbzG, 2. Aufl., München 1988

- Band 3: Schuldrecht, Besonderer Teil, 2. Halbband (§§ 652-853), 2. Aufl., München 1986

Nebel, Andreas: Die Normen des Betriebsverbandes am Beispiel der ablösenden Betriebsvereinbarung, Heidelberg 1989

Neumann, Dirk: Zur Auslegung von Tarifverträgen, ArbuR 1985, 320 - 323

Nikisch, Arthur: Arbeitsrecht, II. Band: Koalitionsrecht, Arbeitskampfrecht und Tarifvertragsrecht, 2. Aufl., Tübingen 1959

Oetker, Hartmut: Anmerkung zu BAG, EzA § 1 KSchG Krankheit Nr. 28, S. 13 -54

Ostheim, Rolf: Zur Auslegung des Gesellschaftsvertrages bei der Gesellschaft mit beschränkter Haftung, in: Festschrift für Heinrich Demelius, S. 381 - 398, Wien 1973

- Probleme der Vorgesellschaft bei der GmbH, JBl. 1978, 337 - 353

Palandt, Otto: Bürgerliches Gesetzbuch, 50. Aufl., München 1991

Papier, Hans-Jürgen: Unternehmen und Unternehmer in der verfassungsrechtlichen Ordnung der Wirtschaft, VVDStRL 35 (1977), S. 55 - 108

Paschke, Marian: Außervertragliche Sozialbeziehungen - Eine Herausforderung der zivilrechtlichen Dogmatik -, AcP 187, 60 - 90

Pawlowski, Hans-Martin: Allgemeiner Teil des BGB, 2. Aufl., Heidelberg 1983

Pflug, Hans-Joachim: Zur Auslegung wechselmäßiger Erklärungen gegenüber dem ersten Wechselnehmer und gegenüber weiteren Erwerbern des Papiers, ZHR 148 (1984), 1 - 26

Raiser, Ludwig: Das Recht der Allgemeinen Geschäftsbedingungen, Unveränderter Nachdruck der 1935 erschienenen Monographie, Homburg vor der Höhe 1961

Reichel, Hans: Tarifvertragsgesetz, Loseblattsammlung, Stand September 1989

Reinhardt, Rudolf: Methoden der Rechtsfindung, in: Reinhardt/König, Richter und Rechtsfindung, S. 7 - 30, München, Berlin 1957

Reinicke, Dietrich: Ausfüllung von Gesetzeslücken durch den Bundesgerichtshof, Jus 1964, 421 - 429

Reinicke, G. u. D.: Die Auslegungsgrundsätze des Bundesarbeitsgerichts, NJW 1955, 1380 - 1385

Richardi, Reinhard: Kollektivgewalt und Individualwille bei der Gestaltung des Arbeitsverhältnisses, München 1968

- Wertpapierrecht, Heidelberg 1987

- Anmerkung zu BAG, AP Nr. 121 zu § 1 TVG Auslegung

Rowedder, Heinz u.a.: Gesetz betreffend die Gesellschaften mit beschränkter Haftung (GmbHG), 2. Aufl., München 1990

Sachs, Michael: Zu den Folgen von Gleichheitsverstößen, RdA 1989, 25 - 35

Sauer, Wilhelm: Einführung in die Rechtsphilosophie, 2. Aufl., Berlin 1961

Savigny, Friedrich Carl v.: System des heutigen römischen Rechts, Dritter Band, Berlin 1840

Schaub, Günter: Arbeitsrechts-Handbuch, 6. Aufl., München 1987

Scherer, Inge: Bedeutungsformel und falsa demonstratio beim formbedürftigen Rechtsgeschäft in der Rechtsprechung des Reichsgerichts und des Bundesgerichtshofs, Berlin 1987

Schlüter, Wilfried: Das Obiter dictum, München 1973

- Tarifmacht gegenüber Außenseitern - zur Verfassungsmäßigkeit der tariflichen Schlichtungsstellen (§ 76 Abs. 8 BetrVG) -, in: Festschrift für Rudolf Lukes, S. 559 - 573, Köln, Berlin, Bonn, München 1989

Schlüter, Wilfried/*Belling*, Detlev W.: Die Zulässigkeit von Altersgrenzen im Arbeitsverhältnis, NZA 1988, 297 - 304

- Anmerkung zu BAG EzA § 242 BGB Gleichbehandlung Nr. 33, S. 158 a - 158 j

Scholz, Franz: Kommentar zum GmbH-Gesetz, I. Band, §§ 1-40 Anh. Konzernrecht, 7. Aufl., Köln 1986

Schüren, Peter: Tarifgeltung für Außenseiter? - "No Taxation without Representation!", RdA 1988, 138 - 149

Schwerin, Dietrich: Die Auslegung von Tarifnormen, Dissertation Kiel 1934

Sieg, Karl: Der Tarifvertrag im Blickpunkt der Dogmatik des Zivilrechts, AcP 151 (1950/1951), 246 - 261

Siegers, Josef: Die Auslegung tarifvertraglicher Normen, DB 1967, 1630 - 1637

Söllner, Alfred: Grundriß des Arbeitsrechts, 9. Aufl., München 1987

Soergel, Hans Theodor: Bürgerliches Gesetzbuch, Band 1, Allgemeiner Teil (§§ 1-240), HaustürwiderrufG, 12. Aufl., Stuttgart, Berlin, Köln, Mainz 1988

Spielbüchler, Karl: Wider die Zähmung der Räte, in: Festschrift für Rudolf Strasser, 613 - 632, Wien 1983

Stampe, Ernst: Die Freirechtsbewegung, Berlin 1911

Staudinger, Julius v.: Kommentar zum Bürgerlichen Gesetzbuch, Erstes Buch, Allgemeiner Teil, §§ 90 - 240, 12. Aufl., Berlin 1980

- I. Band: Allgemeiner Teil, 11. Aufl., Berlin 1957

Stein, Friedrich/*Jonas,* Martin: Kommentar zur Zivilprozeßordnung, Zweiter Band, Teilband 1, §§ 253 - 299 a, 20. Aufl., Tübingen 1987

Tophoven, Ernst: Anmerkung zu BAG, AP Nr. 3 zu § 9 TVG

Tuhr, Andreas v.: Der allgemeine Theil des deutschen bürgerlichen Rechts, 2. Bd., 1. Hälfte, Leipzig, München 1914

Ulmer, Peter/*Brandner,* Hans Erich/*Hensen,* Horst-Dieter: AGB-Gesetz, 5. Aufl., Köln 1987

Waltermann, Raimund: Kollektivertrag und Grundrechte, RdA 1990, 138 - 144

Wank, Rolf: Grenzen richterlicher Rechtsfortbildung, Berlin 1978

Weitnauer, Hermann: Zivilrechtliche Grundstrukturen im Betriebsverfassungsrecht, in: Festschrift für Konrad Duden S. 705 - 718, München 1977

Westermann, Harry: Wesen und Grenzen der richterlichen Streitentscheidungen im Zivilrecht, Münster 1955

- Die Anpassung der Auslegungsmethode an die Eigenart des auszulegenden Willensaktes, in: Karl Arnold Festschrift, 281 - 290, Köln, Opladen 1955

Wieacker, Franz: Gesetz und Richterkunst, Karlsruhe 1958

Wiedemann, Herbert: Die Auslegung von Satzungen und Gesellschaftsverträgen, DNotZ Sonderheft 1977, 99 - 111

- Anmerkung zu BAG, AP Nr. 17, 18 zu 3 1 TVG Tarifverträge: Bau

Wiedemann, Herbert/*Stumpf,* Hermann: Tarifvertragsgesetz mit Durchführungs- und Nebenvorschriften, 5. Aufl., München 1977

Wiedemann, Herbert/*Willemsen,* H. J.: Anmerkung zu BAG, AP Nr. 111 zu Art. 3 GG

Windscheid, Bernhard/*Kipp,* Theodor: Lehrbuch des Pandektenrechts, Erster Band, 9. Aufl., Frankfurt am Main 1906

Winkler, Karl: Die Lückenausfüllung des GmbH-Rechts durch das Recht der Personalgesellschaft, Köln 1967

Winterfeld, Rosemarie: Anmerkung zu BAG, SAE 1989, 254, S. 256 - 260

Wolff, Hans Julius/*Bachof,* Otto: Verwaltungsrecht I, 9. Aufl., München 1974

Zitelmann, Ernst: Lücken im Recht, Leipzig 1903

Zöllner, Wolfgang: Arbeitsrecht, 3. Aufl., München 1983

- Das Wesen der Tarifnormen, RdA 1964, 443 - 450

Zuleeg, Manfred: Anmerkung zu BAG, AP Nr. 136 zu Art. 3 GG

Entscheidungsregister

I. Bundesverfassungsgericht

23. 10. 1951 - 2 BvG 1/51 E 1, 14 77
21. 05. 1952 - 2 BvH 2/52 E 1, 299 22
09. 11. 1955 - 1 BvL 13/52, 1 BvL 21/52 E 4, 331 79
16. 01. 1957 - 1 BvR 253/56 E 6, 32. 149
24. 07. 1957 - 1 BvL 23/52 E 7, 89 72
11. 06. 1958 - 1 BvL 149/52 E 8, 28. 78
13. 06. 1958 - 1 BvR 346/57 E 8, 38 78
23. 10. 1958 - 1 BvL 45/56 E 8, 210 105
12. 11. 1958 - 2 BvL 4, 26, 40/56, 1, 7/57 E 8, 274 22
08. 01. 1959 - 1 BvR 425/52 E 9, 83 46
15. 12. 1959 - 1 BvL 10/55 E 10, 234 22
17. 05. 1960 - 2 BvL 11/59, 11/60 E 11, 126 22
22. 06. 1960 - 2 BvR 125/60 E 11, 234 75
19. 12. 1961 - 2 BvL 6/59 E 13, 261 82
14. 03. 1963 - 1 BvL 28/62 E 15, 313 82
02. 04. 1963 - 2 BvL 22/60 E 16, 6 63
24. 07. 1963 - 1 BvR 425, 786/58, 787/58 E 17, 67 77
30. 06. 1964 - 1 BvL 16 - 25/62 E 18, 97 .... 78, 104
11. 01. 1966 - 2 BvR 424/63 E 19, 354 22
12. 01. 1967 - 1 BvR 169/63 E 20, 73 72
04. 04. 1967 - 1 BvR 126/65 E 20, 245 .... 72, 77
12. 02. 1969 - 1 BvR 687/62 E 25, 216 .... 72, 77
26. 05. 1970 - 2 BvR 664/65 E 28, 295 106
15. 12. 1970 - 2 BvF 1/69, 2 BvR 629/68, 308/69 E 30, 1 73
07. 07. 1971 - 1 BvR 775/66 E 31, 235 .... 72, 77
09. 05. 1972 - 1 BvR 518/62, 308/64 E 33, 126 .... 122, 126
27. 02. 1973 - 2 BvL 27/69 E 34, 307 106
21. 06. 1977 - 1 BvL 14/76 E 45, 187 73
09. 05. 1978 - 2 BvR 952/75 E 48, 246 100
17. 01. 1979 - 1 BvR 241/77 E 50, 166 73
18. 07. 1979 - 2 BvR 488/76 E 52, 42 148
13. 11. 1979 - 1 BvL 24/77, 19/78, 38/79 E 52, 357 78
15. 07. 1980 - 1 BvR 24/74, 439/79 E 55, 7 148
05. 11. 1980 - 1 BvR 290/78 E 55, 159 149
24. 11. 1981 - 2 BvL 4/80 E 59, 104 72

27. 01. 1983 - 1 BvR 1008/79, 322/80, 1091/81	E 63, 88	149
19. 10. 1983 - 2 BvR 485, 486/80	E 65, 182	126
22. 11. 1983 - 2 BvL 25/81	E 65, 283	63, 72, 78
14. 05. 1985 - 1 BvR 233, 341/81	E 69, 315	126
19. 06. 1985 - 1 BvL 57/79	E 70, 191	148
23. 04. 1986 - 2 BvR 487/80	E 73, 261	47, 69, 82, 83, 148, 151
14. 05. 1986 - 2 BvL 19/84	E 72, 278	78
14. 04. 1987 - 1 BvL 25/84	E 75, 166	116
05. 05. 1987 - 1 BvR 981/81	E 75, 284	116

II. Reichsgericht

16. 02. 1898 - Rep. I. 376/97	RGZ 41, 32	19
06. 04. 1905 - 494/04 IV.	JW 1905, 336	24
10. 05. 1905 - Rep. I. 208/05	RGZ 60, 426	50
19. 03. 1908 - IV. 322/07	RGZ 67, 431	46
29. 10. 1909 - VII.24/1909	Gruchot 54, 386	124
23. 11. 1922 - IV 167/22	RGZ 106, 120	53
13. 06. 1925 - 447/24 V.	JW 1925, 2237	24
10. 11. 1925 - II 347/25	RGZ 112, 85	50
17. 01. 1928 - II 396/27	RGZ 119, 422.	50
19. 02. 1931 - VI 389/30	RGZ 131, 343	46
23. 04. 1932 - V 3/32	RGZ 136, 232	49
12. 02. 1937 - III 105/36	RGZ 154, 41	24
03. 04. 1939 - IV 165/38	RGZ 160, 109	24
25. 06. 1942 - II 25/42	RGZ 169, 232	134

III. Bundesgerichtshof

23. 05. 1951 - II ZR 71/50	BGHZ 2, 176	44
10. 07. 1951 - II ZR 30/51	BGHZ 3, 82	44
17. 03. 1954 - VI ZR 162/52	BGHZ 13, 28	44
29. 09. 1954 - II ZR 331/53	LM § 549 ZPO Nr. 25	52
05. 01. 1955 - VI ZR 256/53	LM § 317 BGB Nr. 3	134
18. 05. 1955 - I ZR 8/54	BGHZ 17, 266	100
19. 06. 1956 - I ZR 104/54	NJW 1956, 1553	79
28. 06. 1956 - II ZR 12/55	BGHZ 21, 155	51
27. 05. 1957 - VII ZR 410/56	WM 1957, 1222	24
23. 09. 1958 - I ZR 106/57	BGHZ 28, 144	75, 77
07. 07. 1960 - VIII ZR 215/59	BGHZ 33, 321	22
15. 02. 1962 - KVR 1/61	BGHZ 36, 370	22
21. 03. 1962 - IV ZR 251/61	BGHZ 37, 58	22
10. 07. 1963 - VIII ZR 204/61	BGHZ 40, 91	133
30. 06. 1966 - KZR 5/65	BGHZ 46, 74	22, 77
03. 02. 1967 - VI ZR 114/65	BGHZ 47, 75	46
06. 03. 1967 - II ZR 231/64	BGHZ 47, 173	50
01. 07. 1968 - III ZR 214/65	DB 1969, 170	24
04. 06. 1970 - VII ZR 187/68	BGHZ 54, 106	138
05. 02. 1971 - V ZR 75/70	LM § 157 (Ge) BGB Nr. 14	134
10. 01. 1974 - VII ZR 28/72	BGHZ 62, 83.	138
30. 10. 1974 - VIII ZR 69/73	NJW 1975, 44	129

20. 12. 1974 - V ZR 132/73	BGHZ 63, 359	24
03. 02. 1975 - II ZR 128/73	BGHZ 64, 11	50, 52
18. 10. 1976 - II ZR 194/75	WM 1976, 1244	51
05. 05. 1977 - VII ZR 36/76	WM 1977, 741	138
14. 10. 1977 - I ZR 119/76	LM § 339 BGB Nr. 21	134
09. 11. 1978 - II ZR 114/77	WM 1979, 362	50, 52
10. 12. 1980 - VIII ZR 295/79	NJW 1981, 867	53
16. 02. 1981 - II ZR 89/79	GmbH-Rdsch. 1982, 129	50, 52
09. 04. 1981 - IV a B 4/80	BGHZ 80, 242	24
16. 06. 1982 - IV a ZR 270/80	BGHZ 84, 268	53
24. 09. 1982 - V ZR 96/81	NJW 1983, 115	49, 53
22. 12. 1982 - V ZR 315/81	WM 1983, 220	53
20. 01. 1983 - II ZR 243/81	NJW 1983, 1910 f.	50
25. 03. 1983 - ZR 268/81	BGHZ 87, 150	24
10. 06. 1983 - V ZR 252/80	NJW 1984, 169	53
26. 10. 1983 - IV a ZR 80/82	NJW 1984, 721	47, 49
01. 02. 1984 - VIII ZR 54/83	BGHZ 90, 69	138
16. 02. 1984 - V ZB 8/83	BGHZ 90, 181	53
07. 03. 1984 - IV a ZR 135/82	WM 1984, 944	53
26. 10. 1984 - V ZR 67/83	Rpfleger 1985, 101	49, 53
06. 02. 1985 - VIII ZR 61/84	BGHZ 93, 358	138
30. 10. 1985 - VIII ZR 251/84	BGHZ 96, 182	53
17. 12. 1987 - VII ZR 307/86	BGHZ 102, 384	53
06. 07. 1989 - III ZR 35/88	NJW-RR 1989, 1490	133
12. 07. 1989 - VIII ZR 297/88	NJW 1990, 115	138
19. 09. 1989 - VI ZR 349/88	BGHZ 108, 305	137
14. 03. 1990 - VIII ZR 18/89	DB 1990, 1558	125

IV. Reichsarbeitsgericht

04. 01. 1928 - 21/27	BenshSamml. 2, 59.	21
29. 09. 1928 - 88/28	E 2, 235	21
12. 10. 1929 - 175/29	BenshSamml. 7, 192	26
16. 10. 1929 - 222/29	BenshSamml. 7, 187	47
25. 01. 1930 - 319/29	BenshSamml. 8, 337	116
03. 05. 1930 - 50/30	BenshSamml. 9, 464	26
12. 11. 1930 - 258/30	BenshSamml. 11, 45	111, 116
21. 12. 1932 - 374/32	BenshSamml. 18, 391	26
23. 09. 1933 - 107/33	ArbRSlg. 19, 29	21
04. 10. 1939 - 49/39	ArbRSlg. 37, 218	116

V. Bundesarbeitsgericht

15. 01. 1955 - 1 AZR 305/54	E 1, 258 = AP Nr. 4 zu Art. 3 GG	82, 105
22. 06. 1956 - 1 AZR 116/54	E 3, 52 = AP Nr. 11 zu § 611 BGB Urlaubsrecht	23
13. 07. 1956 - 1 AZR 492/54	E 4, 360 = AP Nr. 15 zu § 242 BGB Ruhegehalt.	47
09. 10. 1956 - 3 AZR 643/54	E 3, 159 = AP Nr. 2 zu § 1 TVG Auslegung	111, 114, 115, 135

27. 03. 1957 - 4 AZR 22/55	E 4, 86 = AP Nr. 3 zu § 1 TVG Auslegung	23, 24
29. 03. 1957 - 1 AZR 208/55	E 4, 37 = AP Nr. 4 zu § 4 TVG Tarifkonkurrenz	29
12. 04. 1957 - 1 AZR 559/55	E 4, 156 = AP Nr. 3 zu § 9 TVG	112, 113
17. 09. 1957 - 1 AZR 312/56	AP Nr. 4 zu § 1 TVG Auslegung	24, 31
26. 09. 1957 - 2 AZR 148/55	AP Nr. 10 zu § 1 TVG Auslegung	23, 27, 28, 31
10. 10. 1957 - 2 AZR 48/55	E 5, 323 = AP Nr. 12 zu § 1 TVG Auslegung	24, 28, 31
14. 11. 1957 - 2 AZR 481/55	E 5, 338 = AP Nr. 13 zu § 1 TVG Auslegung	27
25. 06. 1958 - 4 AZR 442/56	AP Nr. 20 zu Art. 44 Truppenvertrag	31
24. 07. 1958 - 2 AZR 287/55	E 6, 174 = AP Nr. 4 zu § 611 BGB Akkordlohn	30
31. 10. 1958 - 1 AZR 632/57	E 6, 321 = AP Nr. 2 zu § 1 TVG Friedenspflicht	141, 142
14. 11. 1958 - 1 AZR 247/57	AP Nr. 4 zu § 1 TVG Friedenspflicht	141
27. 11. 1958 - 2 AZR 9/58	E 7, 81 = AP Nr. 69 zu § 1 TVG Auslegung	23, 24, 31
17. 12. 1958 - 1 AZR 349/57	AP Nr. 3 zu § 1 TVG Friedenspflicht	141
18. 12. 1958 - 2 AZR 24/56	AP Nr. 4 zu § 293 ZPO	23, 24, 79
19. 12. 1958 - 1 AZR 109/58	E 7, 153 = AP Nr. 3 zu § 2 TVG	111
16. 04. 1959 - 2 AZR 95/57	AP Nr. 42 zu § 1 TVG Auslegung	113
22. 07. 1959 - 2 AZR 102/57	AP Nr. 68 zu § 1 TVG Auslegung	111, 112
02. 12. 1959 - 4 AZR 400/58	E 8, 245 = AP Nr. 2 zu § 2 TOA	29, 30
17. 12. 1959 - 2 AZR 45/59	AP Nr. 80 zu § 1 TVG Auslegung	31
22. 01. 1960 - 1 AZR 449/57	AP Nr. 96 zu § 1 TVG Auslegung	23, 31
08. 02. 1961 - 4 AZR 14/59	AP Nr. 105 zu § 1 TVG Auslegung	22, 23, 31
24. 05. 1961 - 4 AZR 96/60	AP Nr. 107 zu § 1 TVG Auslegung	22
02. 06. 1961 - 1 AZR 573/59	E 11, 135 = AP Nr. 68 zu Art. 3 GG	21, 25, 31, 115
16. 03. 1962 - GS 1/61 (GS 2/61)	E 13, 1 = AP Nr. 19 zu § 1 HausarbTagsG Nordrh.-Westf.	124, 126
13. 07. 1962 - 1 ABR 2/61	AP Nr. 3 zu § 57 BetrVG 1952	146
10. 09. 1962 - 5 AZR 367/61	AP Nr. 115 zu § 1 TVG Auslegung	21, 23
19. 06. 1963 - 4 AZR 125/62	AP Nr. 116 zu § 1 TVG Auslegung	23, 27, 31
12. 11. 1964 - 5 AZR 507/63	AP Nr. 4 zu § 34 SchwBeschG 1961	114, 115
26. 11. 1964 - 5 AZR 502/63	AP Nr. 1 zu § 1 TVG Tarifliche Übung	30
28. 09. 1965 - 1 AZR 73/65	E 17, 305 = AP Nr. 1 zu § 4 1. VermBG	30
26. 04. 1966 - 1 AZR 242/65	E 18, 278 = AP Nr. 117 zu § 1 TVG Auslegung	22-24, 26, 28-31, 84, 88
03. 06. 1966 - 3 AZR 18/66	AP Nr. 112 zu § 242 BGB Ruhegehalt	113
09. 09. 1966 - 1 AZR 259/65	AP Nr. 76 zu § 611 BGB Fürsorgepflicht	59
21. 03. 1968 - 5 AZR 299/67	AP Nr. 33 zu § 242 BGB Gleichbehandlung	145
12. 09. 1968 - 5 AZR 240/67	AP Nr. 2 zu § 51 BAT	25
19. 11. 1968 - 1 AZR 195/68	AP Nr. 39 zu § 4 TVG Ausschlußfristen	24
07. 11. 1969 - 3 AZR 9/69	AP Nr. 1 zu § 18 MTB II	24
30. 01. 1970 - 3 AZR 44/68	E 22, 252 = AP Nr. 142 zu § 242 BGB Ruhegehalt	82
04. 11. 1970 - 4 AZR 121/70	AP Nr. 119 zu § 1 TVG Auslegung	29

20. 11. 1970 - 1 AZR 409/69 E 23, 62 = AP Nr. 8 zu § 72 BetrVG 1952 .... 25, 145
15. 09. 1971 - 4 AZR 93/71 E 23, 424 = AP Nr. 15 zu § 611 BGB Bergbau. 26, 27, 30
15. 06. 1972 - 5 AZR 32/72 AP Nr. 14 zu § 242 BGB Auskunftspflicht 59
21. 03. 1973 - 4 AZR 225/72 E 25, 114 = AP Nr. 12 zu § 4 TVG Geltungsbereich 29
28. 03. 1973 - 4 AZR 240/72 E 25, 133 = AP Nr. 5 zu Art. 177 EWG-Vertrag 105
17. 05. 1973 - 3 AZR 376/72 AP Nr. 29 zu § 1 FeiertagslohnzahlungsG 32
13. 06. 1973 - 4 AZR 445/72 AP Nr. 123 zu § 1 TVG Auslegung 113, 114
29. 11. 1973 - 5 AZR 207/73 AP Nr. 8 zu § 3 BUrlaubG Rechtsmißbrauch 29
19. 06. 1974 - 4 AZR 436/73 E 26, 198 = AP Nr. 3 zu § 3 BAT 29
11. 12. 1974 - 4 AZR 108/74 AP Nr. 124 zu § 1 TVG Auslegung 22, 23, 26
18. 11. 1975 - 4 AZR 595/74 AP Nr. 91 zu §§ 22, 23 BAT 29, 32
26. 05. 1976 - 4 AZR 240/75 AP Nr. 92 zu §§ 22, 23 BAT 27, 29, 32
19. 10. 1976 - 1 AZR 611/75 E 28, 225 = AP Nr. 6 zu § 1 TVG Form 63
20. 04. 1977 - 4 AZR 732/75 E 29, 122 = AP Nr. 111 zu Art. 3 GG 131, 132
16. 02. 1978 - 3 AZR 624/76 AP Nr. 178 zu § 242 BGB Ruhegehalt 117
24. 05. 1978 - 4 AZR 769/76 AP Nr. 6 zu § 1 TVG Tarifverträge: Metallindustrie 113
29. 11. 1978 - 5 AZR 553/77 AP Nr. 7 zu § 112 BetrVG 1972 145
07. 02. 1979 - 4 AZR 562/77 AP Nr. 8 zu § 1 TVG Tarifverträge: Rundfunk 22, 27, 29, 30
26. 09. 1979 - 4 AZR 1008/77 AP Nr. 26 zu §§ 22, 23 BAT 1975 .... 111, 116
23. 01. 1980 - 4 AZR 105/78 E 32, 364 = AP Nr. 31 zu §§ 22, 23 BAT 1975 116
16. 04. 1980 - 4 AZR 261/78 E 33, 83 = AP Nr. 9 zu § 4 TVG Effektivklausel 27-29
09. 07. 1980 - 4 AZR 560/78 AP Nr. 2 zu § 1 TVG Tarifverträge: Seeschiffahrt 23, 27, 31
09. 07. 1980 - 4 AZR 564/78 E 34, 42 = AP Nr. 7 zu § 1 TVG Form 63
10. 09. 1980 - 4 AZR 719/78 AP Nr. 125 zu § 1 TVG Auslegung 23
13. 01. 1981 - 6 AZR 678/78 AP Nr. 2 zu § 46 BPersVG 28
09. 09. 1981 - 4 AZR 48/79 E 36, 183 = AP Nr. 34 zu § 1 TVG Tarifverträge: Bau 29
23. 09. 1981 - 4 AZR 569/79 E 36, 218 = AP Nr. 19 zu § 611 BGB Lehrer und Dozenten 111, 113, 116, 117, 128
04. 03. 1982 - 6 AZR 594/79 AP Nr. 3 zu § 77 BetrVG 1972 145
16. 03. 1982 - 3 AZR 625/80 E 38, 166 = AP Nr. 2 zu § 124 b GewO 71
31. 03. 1982 - 4 AZR 1099/79 E 38, 221 = AP Nr. 64 zu §§ 22, 23 BAT 1975 25
27. 05. 1982 - 6 ABR 105/79 E 39, 102 = AP Nr. 3 zu § 80 ArbGG 1979 .... 144, 145
25. 08. 1982 - 4 AZR 878/79 E 40, 67 = AP Nr. 2 zu § 1 TVG Tarifliche Übung 30

25. 08. 1982 - 4 AZR 1064/79	E 39, 321 = AP Nr. 55 zu § 616 BGB 28, 29
25. 08. 1982 - 4 AZR 1072/79	E 40, 86 = AP Nr. 9 zu § 1 TVG Auslösung 23, 106
13. 10. 1982 - 5 AZR 401/80	E 40, 214 = AP Nr. 113 zu § 611 BGB Gratifikation 28
30. 11. 1982 - 3 AZR 214/80	AP Nr. 54 zu § 242 BGB Gleichbehandlung 131
14. 12. 1982 - 3 AZR 251/80	E 41, 163 = AP Nr. 1 zu § 1 BetrAVG Besitzstand . . 17, 117, 129
09. 03. 1983 - 4 AZR 61/80	E 42, 86 = AP Nr. 128 zu § 1 TVG Auslegung 23, 26, 27, 30, 106
20. 04. 1983 - 4 AZR 375/80	E 42, 231 = AP Nr. 71 zu §§ 22, 23 BAT 1975 . . . . 95, 96
20. 04. 1983 - 4 AZR 497/80	E 42, 244 = AP Nr. 2 zu § 21 TVAL II 30
08. 02. 1984 - 4 AZR 158/83	E 45, 121 = AP Nr. 134 zu § 1 TVG Auslegung 23, 24, 27
09. 02. 1984 - 6 ABR 10/81	E 45, 132 = AP Nr. 9 zu § 77 BetrVG 1972 145
30. 05. 1984 - 4 AZR 512/81	E 46, 61 = AP Nr. 3 zu § 9 TVG 1969 25-27
27. 06. 1984 - 4 AZR 284/82	AP Nr. 92 zu §§ 22, 23 BAT 1975 27
29. 08. 1984 - 4 AZR 309/82	E 46, 292 = AP Nr. 93 zu §§ 22, 23 BAT 1975 . . 25, 112, 117, 126
12. 09. 1984 - 4 AZR 336/82	E 46, 308 = AP Nr. 135 zu § 1 TVG Auslegung 17, 21-23, 25, 28, 29, 32
10. 10. 1984 - 4 AZR 411/82	E 47, 61 = AP Nr. 95 zu §§ 22, 23 BAT 1975 25, 112-114, 116, 126
31. 10. 1984 - 4 AZR 604/82	AP Nr. 3 zu § 42 TVAL II 31
27. 02. 1985 - GS 1/84	E 48, 122 = AP Nr. 14 zu § 611 BGB Beschäftigungspflicht . . . 83
17. 04. 1985 - 4 AZR 510/84	AP Nr. 1 zu § 1 TVG Tarifverträge: Chemie 30
14. 08. 1985 - 5 AZR 35/85	SAE 1987, 52 29
11. 09. 1985 - 7 AZR 371/83	E 49, 346 = AP Nr. 76 zu § 242 BGB Gleichbehandlung 131
16. 10. 1985 - 4 AZR 149/84	E 50, 9 = AP Nr. 108 zu §§ 22, 23 BAT 1975 28-30
23. 10. 1985 - 4 AZR 119/84	AP Nr. 33 zu § 1 TVG Tarifverträge: Metallindustrie 144
13. 11. 1985 - 4 AZR 234/84	E 50, 137 = AP Nr. 136 zu Art. 3 GG 105
13. 11. 1985 - 4 AZR 301/84	AP Nr. 4 zu § 1 TVG Tarifverträge: Textilindustrie 29
27. 05. 1986 - 1 ABR 48/84	E 52, 88 = AP Nr. 15 zu § 87 BetrVG 1972 Überwachung . . . 83
27. 08. 1986 - 8 AZR 397/83	E 52, 398 = AP Nr. 28 zu § 7 BUrlG Abgeltung 29
24. 09. 1986 - 4 AZR 400/85	AP Nr. 2 zu § 2 BAT 22
03. 12. 1986 - 4 AZR 19/86	AP Nr. 6 zu § 51 TVAL II 26, 84
10. 12. 1986 - 5 AZR 517/85	E 54, 30 = AP Nr. 1 zu § 42 MTB II 117
25. 02. 1987 - 8 AZR 430/84	E 54, 210 = AP Nr. 3 zu § 52 BAT 105

30. 04. 1987 - 6 AZR 428/84 E 55, 255 = AP Nr. 3 zu § 23 SchwbG 21, 22
30. 04. 1987 - 6 AZR 644/84 E 55, 246 = AP Nr. 2 zu § 1 TVG Ausbildungsverhältnis . . 21, 22
06. 05. 1987 - 5 AZR 610/85 nicht veröffentlicht, wiedergegeben von *Mayer-Maly*, RdA 1988, 136 . . . . 111, 113, 117
14. 05. 1987 - 6 AZR 555/85 AP Nr. 46 zu § 611 BGB Ärzte, Gehaltsansprüche 21-23, 25, 29
19. 08. 1987 - 4 AZR 128/87 AP Nr. 3 zu § 1 TVG Tarifverträge: Fernverkehr . 27
13. 10. 1987 - 1 ABR 51/86 AP Nr. 2 zu § 77 BetrVG 1972 Auslegung . 144, 145
20. 11. 1987 - 2 AZR 284/86 E 57, 30 = AP Nr. 2 zu § 620 BGB Altersgrenze 151
25. 11. 1987 - 4 AZR 361/87 E 56, 357 = AP Nr. 18 zu § 1 TVG Tarifverträge: Einzelhandel 27
25. 11. 1987 - 4 AZR 403/87 AP Nr. 18 zu § 1 TVG Auslösung 21-23, 25, 28-30, 32
24. 02. 1988 - 4 AZR 614/87 E 57, 335 = AP Nr. 2 zu § 1 TVG Tarifverträge: Schuhindustrie. 23, 26, 111-113, 117
24. 02. 1988 - 4 AZR 640/87 AP Nr. 2 zu § 1 TVG Tarifverträge: Dachdecker 32
17. 03. 1988 - 6 AZR 634/86 E 58, 31 = AP Nr. 1 zu § 2 TVRatAng 23, 25, 28-30, 32
27. 04. 1988 - 4 AZR 707/87 E 58, 194 = AP Nr. 63 zu § 1 TVG Tarifverträge: Metallindustrie 30
08. 11. 1988 - 1 AZR 721/87 AP Nr. 48 zu § 112 BetrVG 1972 . . . . . . 21, 144, 145
24. 11. 1988 - 6 AZR 243/87 AP Nr. 127 zu § 611 BGB Gratifikation 21, 23, 25, 28-30, 32
14. 03. 1989 - 8 AZR 447/87 AP Nr. 6 zu § 611 a BGB 104
10. 05. 1989 - 6 AZR 660/87 EzA § 16 BErzGG Nr. 2 . . . 21, 23, 25, 28-30, 32, 113, 115, 116
27. 06. 1989 - 1 ABR 28/88 SAE 1990, 162 148
29. 06. 1989 - 6 AZR 459/88 EzA § 4 TVG Ausschlußfristen Nr. 78 . . . . 21, 23, 25, 28-30, 32
10. 10. 1989 - 3 AZR 28/88 DB 1990, 1095 82
07. 12. 1989 - 6 AZR 322/88 EzA § 4 TVG Metallindustrie Nr. 66 . . . . . . 28, 113
07. 12. 1989 - 6 AZR 324/88 EzA § 4 TVG Bekleidungsindustrie Nr. 4 . . . . 21, 23, 25, 28-30, 32
28. 02. 1990 - 7 AZR 143/89 DB 1990, 1923 . . . . 20, 28

VI. Bundesverwaltungsgericht

28. 11. 1963 - I C 74.61 E 17, 192. 71
27. 01. 1967 - IV C 105.65 E 26, 129. 71
18. 07. 1967 - I C 9.66 E 27, 303 46
30. 01. 1974 - VIII C 20.72 E 44, 333 77
14. 04. 1978 - 4 C 6.76 E 55, 337 77

VII. Bundesfinanzhof

26. 05. 1981 - IV R 128/78 E 133, 405 71

VIII. Gerichtshof der Europäischen Gemeinschaften

12. 02. 1974 - Rs 152/73	AP Nr. 6 zu Art. 177 EWG-Vertrag	105
12. 12. 1974 - Rs 36/74	NJW 1975, 1093	105

IX. Bayerisches Oberstes Landesgericht

12. 04. 1979 - BReg. 1 Z 13/79	DB 1979, 1075	52

X. Oberlandesgericht Düsseldorf

11. 03. 1982 - 6 U 174/81	BB 1982, 76	50

XI. Amtsgericht Frankfurt a.M.

01. 08. 1961 - 5 Sa 89/61	DB 1962, 574	41

XII. Landesarbeitsgericht Baden-Württemberg

07. 11. 1989 - 8 TaBV 2/89	LAGE § 4 TVG Metallindustrie Nr. 19	21, 23, 28-30, 32

XIII. Landesarbeitsgericht Berlin

25. 02. 1974 - 5 Sa 87/73	BB 1975, 92	24

XIV. Landesarbeitsgericht Hamm

06. 04. 1966 - 5 Sa 67/66	BB 1966, 619	113

FSC
www.fsc.org
MIX
Papier | Fördert
gute Waldnutzung
FSC® C083411

Kolibri 360 GmbH
Ferdinand-Jühlke-Straße 7
99095 Erfurt, Deutschland
produktsicherheit@kolibri360.de

Druck:
CPI Druckdienstleistungen GmbH
im Auftrag der
Kolibri 360 GmbH
Ferdinand-Jühlke-Str. 7
99095 Erfurt